Légendes urbaines

DES MÊMES AUTEURS

Véronique Campion-Vincent :

(dir.), *Des fauves dans nos campagnes. Légendes, rumeurs et apparitions*, Paris, Imago, 1992.

La Légende des vols d'organes, Paris, Les Belles Lettres, 1997.

Jean-Bruno Renard :

Bandes dessinées et croyances du siècle. Essai sur la religion et le fantastique dans la bande dessinée franco-belge, Paris, PUF, 1986.

Les Extraterrestres. Une nouvelle croyance religieuse ?, Paris, Le Cerf, 1988.

Rumeurs et légendes urbaines, Paris, PUF, coll. « Que sais-je ? », n° 3445, 1999.

Véronique Campion-Vincent
Jean-Bruno Renard

Légendes urbaines

Rumeurs d'aujourd'hui

Petite Bibliothèque Payot

En admettant que les faits suivants soient radicalement faux, la seule idée de leur simple possibilité *est tout aussi terrible que le pourrait être leur authenticité démontrée et reconnue.*

Auguste VILLIERS DE L'ISLE-ADAM

INTRODUCTION

Une pause café avec des collègues de travail, un repas familial, un dîner au restaurant avec un groupe d'amis, un cocktail bourdonnant de conversations rapides... Autant d'occasions de raconter ce qui nous est arrivé récemment, à nous ou à nos proches. La plupart des histoires relatées renvoient à nos propres expériences, vécues ou directement observées. Certaines sont cependant attribuées à des amis d'amis – ou à la sœur du cousin d'Untel. Parfois, une de ces histoires nous frappe et, à la prochaine occasion, nous la raconterons à notre tour. C'est que celui qui nous l'a racontée est devenu le centre de l'attention générale. Car elle est vraiment curieuse et intéressante – quoique peu vraisemblable à la réflexion. Nous la retrouverons d'ailleurs parfois dans le journal ou nous l'entendrons, un peu modifiée, lors d'une autre réunion : c'est une légende contemporaine.

Cet ouvrage présente et commente un échantillon de ces « légendes de notre temps » qui circulent en France ou ont traversé notre pays dans les vingt dernières années, suscitant des discussions dans des milieux très divers.

Y a-t-il des alligators dans les égouts de New York ? Est-il exact que, voici quelques années, une conductrice allemande bloquée par le passage d'un cirque ait vu un éléphant s'asseoir sur le capot de sa Coccinelle ? Le gouvernement et les écologistes se sont-ils ligués pour lâcher des vipères depuis des hélicoptères au-dessus des campagnes françaises ? Ce livre, pionnier en France, veut répondre à toutes ces questions insolites. Nous souhaitons également sensibiliser un public non spécialisé et lui faire apprécier les légendes contemporaines comme des objets esthétiques, troublants et distrayants.

Il nous faut cependant tout d'abord justifier l'emploi de cette nouvelle expression de « légendes contemporaines » qui unit, d'une façon à première vue paradoxale, un substantif vieillot lié au passé et à l'univers des livres d'images avec un adjectif actuel. Mais on dit aussi « légendes urbaines » ou « modernes », pour souligner leur lien avec des traits dominants de nos sociétés : la ville, la modernité.

En effet, en France, l'opinion commune est que le terme plus usité de « rumeur » – ou rumeurs car il existe deux tendances, celle du singulier exclusif, centrée sur les processus de diffusion, et celle du pluriel, centrée sur l'analyse des contenus –, suffit à décrire la totalité du phénomène. Selon nous, pour progresser dans l'analyse de ce champ, il convient de distinguer plusieurs niveaux : les rumeurs brèves, tenant en une seule phrase (l'actrice X a le sida, Elvis Presley est toujours vivant) ; les légendes structurées en récits, en histoires courtes comportant plusieurs détails significatifs ; enfin la série légendaire ou mythologie composée de légendes signifiantes par leur accumulation même (disparitions dans le triangle des Bermudes, enlèvements par des extraterrestres, complots de la Mafia ou de la CIA). Les histoires passent d'un niveau à l'autre. Cependant, dans cet ouvrage nous avons cherché à nous centrer sur le niveau moyen du récit, les légendes.

Nous considérons les légendes contemporaines comme un genre folklorique de communication collective. Nous savons que l'adjectif « folklorique » est méprisé et le terme « folklore » considéré comme totalement démodé aujourd'hui parmi de nombreux intellectuels en France. « Aucun ethnologue contemporain n'oserait s'avouer folkloriste », a-t-on pu lire récemment dans *L'Homme*, prestigieuse revue d'anthropologie sociale (Belmont). Et le mépris n'est pas réservé aux intellectuels. Pour le *Petit Robert* (dans son édition de 1984), un des usages courants de « folklore » est péjoratif, signifiant « pittoresque mais dépourvu de sérieux » et l'expression familière « c'est du folklore » signifie : « ce n'est pas sérieux ». Nous voudrions plaider pour la réhabilitation du folklore, terme qui, mot à mot, désigne le savoir (*lore*) du peuple (*folk*).

Certes, le sens courant de ce mot souffre du souvenir des théories extravagantes auxquelles l'étude du folklore a donné lieu : celles, oubliées, de l'école de Max Müller, qui déchiffrait dans les coutumes et croyances populaires la trace d'anciens mythes solaires ; celles liées à James Frazer, toujours vivantes dans la culture de masse d'aujourd'hui, qui lisait dans ces coutumes le résidu de cultes païens de fertilité. Néanmoins, sa signification est tout autre actuellement parmi les écoles folkloristes germanique, scandinave et anglo-saxonne.

Pour celles-ci, le folklore est communication et expression du consensus, de l'implicite partagé qui fonde la conformité sociale : il est donc au cœur de la collectivité. Défini « non plus en termes d'objets, mais en termes de processus », le folklore est considéré comme « un ensemble de croyances, d'activités, de façons de faire, de dire et de voir, acquises " par osmose " en quelque sorte, en parlant, observant, nouant des contacts, communiquant avec les autres. Le folklore est une forme de culture – une culture informelle, presque spontanée, que l'on peut distinguer de la culture de masse parce qu'elle ne rapporte rien, et de la culture des élites parce qu'elle n'est jamais enseignée » (Bennett). La distanciation caractéristique des débuts de l'étude du folklore, qui en faisait le domaine exclusif des couches populaires et paysannes et le témoin d'un passé révolu, disparaît avec cette nouvelle définition. Le folklore nous concerne tous. La tradition se recrée et se tisse chaque jour sous nos yeux et tous les groupes sociaux – professeurs, étudiants et intellectuels urbains autant que les paysans ou les bergers de villages éloignés – ont leurs traditions en perpétuel renouvellement, créent leur folklore.

Ces créations sont anonymes et collectives; car, bien que nées d'innovations individuelles, elles sont transmises et constamment réélaborées par le groupe social dans lequel elles jouent un rôle fonctionnel. Nos modernes sociétés pluralistes, où se côtoient des groupes culturellement hétérogènes, constituent un terrain propice aux créations folkloriques; car les identités des sous-groupes s'opposent et rivalisent davantage encore aujourd'hui qu'un système homogène de croyances collectives fait défaut.

Le folklore est partout et s'exprime par des croyances, des pratiques, des rituels, des superstitions. Il passe surtout par des genres narratifs, dont la légende contemporaine fait partie.

Pour définir celle-ci, il faut d'abord dissiper certaines idées reçues. La légende contemporaine n'est pas toujours un récit relevant du surnaturel. Au contraire, elle joue souvent la carte du réalisme. Elle n'est pas non plus fausse, car elle s'élabore à partir de faits réels et mêle le vrai, le vraisemblable et le faux. Elle n'est pas uniquement de transmission orale : les médias, l'écrit, l'image, les messages électroniques la relayent également. Enfin, elle n'est pas populaire; elle surgit à l'intersection des cultures populaires et savantes. C'est ainsi que la culture savante crée des motifs légendaires avec les parasciences, tandis que bien des croyances dites populaires se retrouvent dans tous les milieux.

La légende contemporaine est une narration, un récit collectif, repris et transmis par le groupe au sein duquel il fonctionne. Le contenu de ce récit est situé, chargé d'effets de vérité, d'appel à des autorités servant de référence. Ce récit est donné pour vrai, c'est un objet de croyance mais également de discussion, car le processus de diffusion légendaire oppose sceptiques et croyants. Ce récit est variable : chaque narrateur, chaque relais adjoint, modifie, retranche; c'est la règle de la tradition folklorique qui ne connaît de transmission que par recréation et transformation.

La légende contemporaine ne s'exprime pas uniquement par le récit; elle se vit également dans les comportements d'ostension où les récits légendaires servent de modèles aux actes. Un des objectifs de la Société internationale de recherche sur la légende contemporaine (ISCLR) à laquelle nous appartenons est d'explorer « les modes d'intersection des légendes et de la vie [1] ».

Une comparaison de la légende contemporaine avec les autres genres narratifs folkloriques, mythe, fable, *exemplum*, conte, histoire drôle, anecdote, mémorat, fait divers et rumeur, va permettre de préciser ses traits caractéristiques.

Si dans le langage courant comme dans les travaux de Roland Barthes la notion de mythe se confond avec celle de mystification, d'illusion trompeuse, cette acception n'en épuise pas les sens. Le mythe est aussi

1. D'après le document présentant l'association en 1991. Depuis, celle-ci édite annuellement la revue *Contemporary Legend.*

une explication de l'ordre du monde par un « récit qui se réfère au passé (" En ce temps-là... ", " Il était une fois... "), mais qui conserve dans le présent une valeur éminemment explicative dans la mesure où il éclaire et justifie certaines péripéties du destin de l'homme ou certaines formes d'organisation sociale ». Il est, enfin, producteur d'images et de symboles, mobilisateur : « Par tout ce qu'il véhicule de dynamisme prophétique, le mythe occupe une place majeure aux origines des croisades comme à celles des révolutions » (Girardet). Genre moins grave, la légende, objet de croyance tout comme le mythe dont elle est proche, traite en mineur des constellations mythiques. Elle met en scène dans le présent des personnages situés et non des êtres lointains et quasi abstraits. Dans notre société contemporaine aux groupes hétérogènes, on ne trouve pas une mythologie organisée en système mais des matériaux mythiques fragmentaires.

La fable est un genre à la morale explicite. Elle se présente comme une fiction à laquelle on ne croit pas. Genre qui n'a cessé de vieillir depuis son apogée avec La Fontaine avant de disparaître au milieu du XIXe siècle au profit du roman, elle est aujourd'hui réservée aux enfants. Sa structure de retournement perdure dans la littérature enfantine et les textes à visée moralisante, mais aussi dans le fait divers.

L'*exemplum* est aussi un genre centré sur la morale. Les recueils médiévaux d'*exempla* contenant de nombreux récits à caractère folklorique destinés aux prédicateurs étaient souvent classés selon la leçon qu'il s'agissait d'illustrer. Étudiés de près depuis quelques années par des historiens proches de l'anthropologie, ces récits font fréquemment appel à des « effets de vérité » qui fondent leur message moral et les authentifient « par la convocation de témoignages, par des indications de date et de lieu, par l'intervention de leur propre autorité » (Berlioz).

Les mêmes procédés d'authentification sont à l'œuvre dans les légendes contemporaines, qui sont toujours connues « de source sûre ».

Le conte, comme la fable, est un genre dont l'importance a décliné dans le monde contemporain. Son apogée européen coïncide avec celui de la civilisation paysanne, civilisation dont le déclin a été faussement interprété comme l'indice d'une disparition de la tradition folklorique elle-même avant que l'on comprenne que tradition et modernité n'étaient pas opposées mais complémentaires. Plusieurs traits opposent le conte et la légende : le premier se présente comme une fiction, sa transmission se fait par des narrateurs spécialisés, car tous ne savent pas conter; la légende est donnée pour vraie et chacun sait la raconter ou l'évoquer. Le conte n'est ni situé ni daté, la légende est précise. Enfin, le conte enchaîne plusieurs épisodes alors que la légende est un récit bref.

L'histoire drôle, genre très proche de la légende contemporaine, utilise souvent les mêmes récits. On l'écoute, on l'apprécie et la répète parce qu'elle résume en deux répliques une situation souvent désagréable dont elle sait nous distancier par le comique. L'histoire drôle est donnée pour rire, elle ne se pare donc pas des effets de vérité caractéristiques de la légende. Elle fait appel à des diseurs spécialisés sachant la mettre en valeur. Ce genre de sociabilité superficielle, de soirées au café, est également le domaine des comiques professionnels. Ceux-ci font un large emploi des légendes contemporaines qu'ils transforment en histoires drôles.

Comme la légende, l'anecdote se centre sur un épisode et prétend à l'authenticité. Cependant, on a souvent noté que les mêmes anecdotes sont successivement attribuées à divers grands personnages. Depuis longtemps, elles sont fixées par écrit dans des recueils dont le succès s'est révélé durable.

Le terme « mémorat », réservé aux spécialistes, désigne les récits évoquant des expériences personnelles et des souvenirs vécus. Éphémères, personnalisés et individualisés, ils sont cependant le reflet des collectivités où ils surgissent : ils valident et actualisent des croyances partagées ou discutées. L'hétérogénéité des groupes et des croyances alimente dans notre société un débat sur les croyances parallèles et les événements extraordinaires ou anormaux. Ce débat s'exprime largement par des récits d'expériences personnelles exceptionnelles de rencontre avec l'inexplicable ou le surnaturel.

Le fait divers est aussi un genre narratif. Pierre Lazareff disait que le récit de presse est une histoire vraie qui commence par « Il était une fois... ». Les constantes de l'antithèse et du retournement marquent les récits des faits divers dans les médias et structurent la perception que nous en avons. Ensemble hétérogène où se mêlent crimes, catastrophes naturelles majeures et incidents dérisoires, les faits divers sont devenus les contes du monde moderne. Partant du vrai, le fait divers se rapproche de la légende donnée pour vraie : tous deux sont porteurs d'une morale implicite, d'un message second et inexprimé qui fait qu'on les mémorise et qu'on les transmet. Articulé sur les troubles de la causalité – inexplicable ou dérisoire – et sur la relation de coïncidence qui renvoie à la fatalité et au destin, le fait divers est souvent exemplaire et objet de commentaire social – comme la légende.

Les rumeurs sont très proches des légendes contemporaines, dont les histoires oscillent fréquemment entre l'énoncé bref – les rumeurs proprement dites – et le récit structuré. Le terme a surtout été employé par les sociologues et les psychologues sociaux qui ont été amenés à s'intéresser aux rumeurs dans une optique de contrôle social, la circulation d'informations incontrôlées étant gênante dans les périodes exceptionnelles (guerre, catastrophe naturelle ou émeute) où elles fleurissent. Souvent, on parle de ces rumeurs de l'exceptionnel comme si elles étaient les seules. Cependant, liées aux légendes contemporaines, ce sont plutôt des rumeurs du quotidien qui n'entretiennent avec l'événement que des liens très lâches. Elles s'incarnent en légendes. Ainsi des rumeurs selon lesquelles des boutiques servent de couverture à la *traite des Blanches* * deviennent-elles des légendes quand naît une histoire mettant en scène un personnage et des lieux connus où s'est déroulée l'odieuse tentative, heureusement déjouée, du rapt. C'est le genre narratif le plus proche de la légende, et tout au long de cet ouvrage nous utiliserons souvent le terme « rumeur ».

Les créations du folklore ont toujours été exploitées : dans un sens moralisateur par les clercs rédigeant les *exempla*, par la littérature pour les contes et les anecdotes, par la culture populaire – on dit aussi culture de masse – pour les faits divers. De nombreuses fictions contemporaines ont puisé dans le stock des légendes de notre temps.

Depuis une vingtaine d'années, les légendes contemporaines sont utilisées par des folkloristes populaires qui produisent de nombreux recueils visant à distraire leur public. De multiples références peuvent être énumérées pour la Scandinavie (Klintberg, Virtanen), les Pays-Bas (Portnoy), l'Allemagne (Brednich, Fischer, Klintberg), l'Italie (Bermani, Carbone), l'Angleterre (Dale, Smith), l'Afrique du Sud (Goldstuck) et les États-Unis (Brunvand). Étudiées en France par Jean-Noël Kapferer, les rumeurs sont répertoriées de façon amusante dans de nombreuses compilations américaines (Dickson et Goulden, Morgan et Tucker), tandis qu'on ne compte plus les

---

* Les mots en italique suivis d'un astérisque renvoient à des chapitres de cet ouvrage.

recueils de faits divers insolites, collections de coupures de presse où l'on trouve d'ailleurs de nombreuses légendes contemporaines (Delaloye, Vergez). Ces ouvrages ont fait connaître les légendes contemporaines.

Dans l'ensemble de ces récits qui déchiffrent le monde et en proposent des interprétations, il nous fallait, pour cet ouvrage, faire des choix. La tentation encyclopédique ne nous a pas retenus longtemps : il est impossible d'être exhaustif et tâcher de tout raconter n'aurait conduit qu'à une énumération sèche et lassante. Nous avons renoncé également à des séries légendaires n'ayant guère touché notre pays, comme les récits alarmistes sur les méfaits de sectes sataniques accusées de sacrifier des bébés ou les rumeurs affirmant que lors de la fête d'Halloween, proche de notre Toussaint, les petits Américains déguisés effectuant des quêtes dans le voisinage reçoivent des bonbons empoisonnés. Nous avons aussi écarté des mythologies modernes (les ensembles concernant l'abominable homme des neiges, les anciens astronautes, les monstres des lacs, les ovnis et extraterrestres ou le triangle des Bermudes).

Les chapitres de notre ouvrage sont présentés selon l'ordre alphabétique de leur terme d'appel, d'*alligators* * à *voleur dupé* *. Cette présentation arbitraire a l'avantage de correspondre assez précisément au fonctionnement du souvenir. Car c'est bien une phrase, un titre spontané qui surnagent de ces histoires.

Nous avons voulu équilibrer récit et commentaire. Pour chaque chapitre, après la narration d'un récit type ou d'un scénario résumant l'histoire, nous en présentons les principales variantes et en notons les traits permanents. Puis nous nous interrogeons sur le degré de véracité de ce récit, sur ce qui le rend plausible et crédible, sur les mélanges de réalité et de fiction qu'il contient. Nous explorons ensuite le contexte socio-culturel de sa diffusion : quand et où s'est-il répandu ? Qui le diffuse ? Nous passons enfin à l'interprétation des motifs et des thèmes. Chaque chapitre est suivi d'une bibliographie qui fait le point des études sur le récit et indique nos sources.

Bibliographie

Nicole Belmont, « Le folklore refoulé, ou les séductions de l'archaïsme », *L'Homme*, 97–98, 1986, p. 259–268.

Gillian Bennett, *Traditions of Belief. Women, Folklore and the Supernatural Today*, Londres, Penguin Books, 1987.

Jacques Berlioz, « L'homme au crapaud. Genèse d'un *exemplum* médiéval », *Tradition et histoire dans la culture populaire*, Grenoble, Centre alpin et rhodanien d'ethnologie, 1990, p. 169–203.

Cesare Bermani, *Il Bambino è servito. Leggende metropolitane in Italia*, Bari, Dedalo, 1991.

Rolf Wilhelm Brednich, *Die Spinne in der Yucca-Palme : Sagenhafte Geschichten von heute*, Munich, Beck, 1990.

–, *Die Maus im Jumbo-Jet : neue Sagenhafte Geschichten von heute*, Munich, Beck, 1991.

Jan Harold Brunvand, *The Vanishing Hitchhiker. American Urban Legends and their Meaning*, New York, Norton, 1981.

–, *The Choking Doberman and Other « New » Urban Legends*, New York, Norton, 1984.

–, *The Mexican Pet. More « New » Urban Legends and Some Old Favorites*, New York, Norton, 1986.

–, *Curses ! Broiled Again. The Hottest Urban Legends Going*, New York, Norton, 1989.

Maria Teresa Carbone, *99 leggende urbane*, Milan, Arnoldo Mondadori, 1990.

Rodney Dale, *The Tumour in the Whale. A Collection of Modern Myths*, Londres, Duckworth, 1978.

–, *It's True, it Happened to a Friend : a Collection of Urban Legends*, Londres, Duckworth, 1984.

Laurent Delaloye, *Quelle planète ! Dix ans de faits divers incroyables et authentiques*, Lausanne, Kesselring, 1988.

Paul Dickson et Joseph Goulden, *There Are Alligators in Our Sewers and Other American Credos*, New York, Dell, 1983.

Helmut FISCHER, *Der Rattenhund : Sagen der Gegenwart*, Cologne, Rheinland-Verlag, 1991.

Raoul GIRARDET, *Mythes et mythologies politiques*, Paris, Le Seuil, 1986.

Arthur GOLDSTUCK, *The Rabbit in the Thorn Tree : Modern Myths and Urban Legends of South Africa*, Londres, Penguin Books, 1990.

Jean-Noël KAPFERER, *Rumeurs. Le plus vieux média du monde*, Paris, Le Seuil, 1990 [1987], coll. « Points actuels ».

Bengt af KLINTBERG, *Rattan i pizzan. Folksänger i var tid*, Stockholm, Norstedts, 1986.

–, *Die Ratte in der Pizza und andere moderne Sagen und Grosstadt Mythen,* Kiel, 1990.

Hal MORGAN et Kerry TUCKER, *Rumor*, New York, Penguin Books, 1984.

–, *More Rumors*, New York, Penguin Books, 1987.

– et Marc VOLINE, *Vraies ou fausses ? Les rumeurs*, Paris, First, 1988.

Ethel PORTNOY, *Broodje Aap. De folklore van de post-industriele samenleving*, Amsterdam, 1987.

Paul SMITH, *The Book of Nasty Legends*, Londres, Routledge and Kegan Paul, 1983.

–, *The Book of Nastier Legends*, Londres, Routledge and Kegan Paul, 1986.

Michel VERGEZ, *Un monde fou, fou, fou. Les dépêches de l'AFP*, Paris, Balland, 1985.

–, *Faits divers. Un étonnant portrait du monde*, Paris, AFP-Lieu commun, 1990.

Leea VIRTANEN, *Varastettu isoäiti. Kaupungin kansantarinoita,* Helsinki, Tammi, 1987.

À la fin de chaque chapitre une bibliographie sélective est donnée. Les références aux ouvrages ci-dessus y sont abrégées.

Les alligators dans les égouts de New York

> Il y a des alligators adultes dans les égouts de New York City. À l'origine charmants petits animaux de compagnie rapportés de vacances en Floride, ils furent évacués par les toilettes lorsque leurs propriétaires s'en fatiguèrent (années soixante).
>
> (« Probablement vrai », Morgan et Tucker, 1988, p. 180 [1].)

Cette présentation résume l'essentiel d'une des légendes contemporaines les plus célèbres et les plus répandues. D'un bout à l'autre de la planète, chacun connaît cette présence insolite et a entendu parler de ses causes.

Les grands traits de la légende sont présents dans cette version du milieu des années quatre-vingt : l'arrivée des alligators comme petits animaux de compagnie depuis la Floride, leur expulsion par les toilettes, leur survie et leur croissance dans les égouts. Certaines caractéristiques manquent cependant : la cécité et l'albinisme (les alligators seraient devenus aveugles et blancs comme neige dans l'obscurité

---

1. Pour faciliter la lecture, nous avons fait suivre les citations des seuls nom d'auteur et date de parution. Le lecteur trouvera, à la fin de chaque chapitre, une bibliographie complète sur le sujet.

constante de leur nouveau milieu), tout comme la férocité (ils seraient responsables de plusieurs attaques dans les toilettes publiques de la ville).

À la fin des années soixante, les étudiants californiens de l'université de Berkeley avaient ajouté une variante à la légende. Dans les égouts de New York, on trouvait, affirmaient-ils, une excellente variété de marijuana, la « blanche de New York ». Les plants avaient prospéré dans ce nouveau milieu après avoir été jetés dans les toilettes lors de raids antidrogue. Cependant, cette excellente variété était extrêmement difficile à récolter. En effet les égouts contenaient aussi de gros alligators dangereux...

La variante montre bien que, une dizaine d'années après son apparition, la légende était prétexte à élaboration collective dans des groupes de jeunes. Parmi les étudiants, originaires ou non de New York, l'histoire sert à illustrer la Ville et à agrémenter des fantasmes collectifs lors de soirées arrosées et « enfumées » :

> Une fois, avec les copains, on traînait et on a commencé à expliquer la fumée qui sort des égouts pendant l'hiver. On a pensé que la marijuana, les fœtus et les alligators jetés dans les toilettes grossissent tous et que, tout en fumant la drogue devenue très forte, les bébés chevauchent les alligators qui tournent en rond, et c'est pour ça que les égouts fument.
> (Brunvand, 1981, p. 95.)

Mêlant l'« hénaurme » comique (la sardine ayant bouché le Vieux-Port n'est pas loin) à l'angoisse, ce récit délirant d'un étudiant new-yorkais, recueilli en 1978, est exceptionnel par l'ampleur de son élaboration.

Depuis, l'histoire a essaimé dans le monde entier et l'inquiétante présence est affirmée un peu partout. Les polémiques prolongées entourant, depuis 1982, des projet d'élevage de crocodiles dans le midi de la France – il s'agissait d'utiliser les rejets d'eau chaude provenant de la centrale atomique du Tricastin, à

Bollène (Vaucluse) – ont suscité des récits dénonçant la présence de reptiliens dans le Rhône, mais aussi dans le Gard. On affirme également l'existence de piranhas dans la Garonne (*Le Monde*, 31 août 1991). Eux aussi auraient été importés comme animaux d'agrément, puis relâchés par leurs propriétaires.

L'existence des alligators est devenue un lieu commun de l'évocation fantastique urbaine contemporaine. Ainsi la trouve-t-on, au début des années soixante-dix, dans ce texte de Gilbert Lascault qui introduit le recueil *Un monde miné* consacré aux *Mensonges et menaces de l'en dessous* :

> Tous les égoutiers savent qu'au-dessous du boulevard Saint-Marcel, il leur est interdit de pénétrer dans un couloir gardé, jour et nuit, par trois CRS armés et masqués. À partir de là, un large labyrinthe puant peut être parcouru sur un bateau à moteur armé de mitrailleuses. Tu croiserais des flottilles de crocodiles blanchâtres et affamés.
>
> (Lascault, 1973, p. 5.)

Dans un texte moins littéraire, François Maspero a cru retrouver tout récemment la trace des alligators ubiquistes près de Paris lors de son exploration des banlieues :

> Passage à La Plaine-Saint-Denis.
>
> Est-ce ce jour-là que, tard dans la soirée, dans la pizzeria de la place de la Mairie, quelqu'un leur parle des alligators qui se rassemblent dans les égouts de La Villette, au débouché d'une canalisation du chauffage urbain ? Les notes de François sont toujours plus floues.
>
> (Maspero, 1990, p. 264-265.)

En Floride, l'histoire existait déjà à la fin des années cinquante, nous assure Kenneth Thigpen, qui avait dix ans en 1958, et elle prouvait, pour les enfants qui la relataient, combien les New-Yorkais, ces touristes yankees du Nord, étaient stupides. En effet, ceux-ci ne savaient pas maintenir une distance prudente face aux dangereux reptiles, ils les ramenaient chez eux, les abritaient dans leurs baignoires. Il leur fallait bien s'en débarrasser en les jetant dans les toilettes ! Mais les alligators infestaient ensuite les égouts.

Cette croyance contient-elle une part de vérité ? Telle est la question que chacun se pose. Un alligator a bel et bien été capturé à New York alors qu'il sortait d'une bouche d'égout près de la Harlem River. Ce haut fait d'un groupe de jeunes de la 123e Rue dûment relaté dans le *New York Times* se déroula le 10 février 1935. Dans les années trente, d'autres alligators avaient été trouvés à New York ou dans les environs, l'un dans une station de métro de Brooklyn, d'autres dans les fleuves Bronx et East River, d'autres encore dans des lacs des environs. Ainsi, le 16 août 1938, le *New York Times* annonça que cinq alligators avaient été capturés pendant le week-end par les pêcheurs fréquentant le lac Huguenot de New Rochelle.

Ces faits anciens étaient, semble-t-il, oubliés quand parut, en 1959, *Un monde sous la ville*, du journaliste sportif du *New York Times* Robert Daley. Traitant des égouts de la ville, cet ouvrage consacrait un chapitre à la présence des alligators dans le sous-sol de New York au cours des années trente. L'inspecteur général des égouts y racontait sa campagne d'éradication des animaux à la présence desquels il n'avait tout d'abord pas cru, soupçonnant ses agents d'aller travailler lestés de whisky. Cette campagne s'était faite entre 1935 et 1936. Elle fut couronnée de succès, et les alligators avaient disparu à la fin de 1936. Cependant, dans les nombreuses critiques consacrées à l'ouvrage de Daley, chacun parla des alligators mais rarement du succès de la lutte de l'inspecteur. Daley lui-même, dans un extrait du livre publié dans le *New York Times Magazine*, oublia de mentionner que l'invasion des années trente s'était conclue par une éradication.

Le véritable lancement de la légende des alligators a cependant été littéraire. En 1963, le romancier Thomas Pynchon en fit un thème majeur de son roman *V.*, qui connut un grand succès auprès des jeunes. La présentation du thème était traditionnelle :

> Se souvenait-il des bébés alligators ? L'an dernier ou peut-être l'année d'avant, tous les gosses de Nueva York [c'est un Portoricain qui parle] ont acheté ces petits alligators. Macy's les vendait pour 50 cents ; chaque enfant en voulait un. Mais ils s'en fatiguèrent vite. Certains les lâchèrent dans les rues, mais la plupart les jetèrent par les toilettes. Puis ils avaient grandi, s'étaient reproduits, mangeant les rats et les ordures, et on les trouvait à présent, aveugles et albinos, dans tous les égouts. Dieu sait combien il y en avait là-dessous. Certains étaient devenus cannibales car dans leur coin tous les rats avaient été mangés ou avaient fui terrifiés.
>
> (Pynchon, 1963, p. 43.)

Mais ensuite, l'auteur innovait et mettait en scène une « patrouille des alligators » travaillant en binômes, l'un muni d'un projecteur, l'autre d'un fusil à répétition et de douze cartouches, arpentant les profondeurs des égouts à la recherche de leur dangereux gibier.

Fallait-il lire dans cette expédition souterraine la résurgence des motifs folkloriques AT 300 (Le tueur de dragons), AT 301 (Les trois princesses enlevées) et AT 303 (Les jumeaux ou frères de sang), motifs comportant des épisodes de poursuite du dragon dans les mondes souterrains par le héros ? Kenneth Thigpen, le folkloriste ayant proposé cette interprétation, a fait remarquer que la conclusion de *V.* revient à la modernité en rejetant cependant tout triomphalisme, toute héroïsation : l'alligator est tué, mais celui qui l'exécute s'excuse envers lui et se sent coupable.

Il y avait des bases réelles à ces récits d'apparitions insolites, car le commerce des petits alligators comme animaux familiers existait et existe encore aux États-Unis, ainsi qu'en France.

L'importation de petits crocodiles sauvages capturés dans les marais de Floride ou, plus souvent, issus des élevages pour maroquinerie existant déjà, était une activité tout à fait florissante dans les années trente. L'article d'une jeune Poitevine, paru en 1932 dans le revue locale *La Grand'Goule,* relatait sa rencontre dans le train de nuit reliant New York à Jacksonville, en Floride, avec un représentant en alligators. Ce camelot en crocodiles transportait de nombreuses petites bestioles vivantes dans ses poches, affirmant vivre de ses ventes de reptiles à des New-Yorkaises excentriques. Les petits animaux provenaient d'un élevage et il s'engageait à racheter à ses clientes, « au cours du crocodile », ceux qui avaient trop grandi [1]. L'évasion ou le lâcher de ces animaux familiers expliquait sans doute les présences constatées à cette période à New York.

L'apparition de crocodiles dans des lieux insolites n'est pas exceptionnelle. Ainsi, en France, les jeunes reptiliens sont souvent animaux de compagnie et des adultes sont exhibés dans des cirques. Au cours d'une enquête que je fis en mars 1988, le directeur du zoo de Vincennes m'indiqua que trois crocodiles étaient ainsi remis chaque année aux zoos parisiens, après que la police les avait retrouvés, sur la voie publique le plus souvent ! Certes, c'était peu à côté des douze pythons ou boas, douze singes, vingt-quatre lézards et plus de cent tortues d'eau figurant dans cette énumération ! Mais trouver un crocodile en région parisienne était tout de même un événement régulier et banal.

La presse signale souvent les évasions de pythons ou de boas familiers, par les canalisations des immeubles. Elle le fait selon un schéma stéréotypé : l'animal surgit, par les toilettes ou la baignoire, dans le logis d'une femme seule. Suivant le scénario new-yorkais légendaire, un crocodile fut d'ailleurs capturé dans les égouts parisiens le 26 septembre 1985. Rendant compte de l'événement, *France-Soir* publiait la

---

1. Je remercie Jean-Loïc Le Quellec qui m'a signalé cette référence.

photo de l'animal et évoquait, bien sûr, la légende new-yorkaise.

> Il y a quelques années, à New York, sévissait la mode des petits sauriens domestiques. Effrayés par la croissance aussi rapide qu'inquiétante de leur animal familier, les maîtres indignes les jetaient avec l'eau du bain. Résultat, quelques mois plus tard, les égouts de Manhattan grouillaient de crocodiles...

Victor Hugo, évoquant, dans *Les Misérables*, l'héroïque curage accompli sous l'Empire par le créateur des égouts parisiens modernes, Bruneseau, montrait déjà de bien étranges découvertes souterraines.

> Bruneseau, dans son exploration, procéda d'amont en aval. [...] On crut reconnaître, çà et là, notamment sous le palais de justice, des alvéoles d'anciens cachots pratiqués dans l'égout même. *In pace* hideux. Un carcan de fer pendait dans l'une de ces cellules. On les mura toutes. Quelques trouvailles furent bizarres : entre autres, le squelette d'un orang-outang disparu du Jardin des Plantes en 1800, disparition probablement connexe à la fameuse et incontestable apparition du diable rue des Bernardins dans la dernière année du XVIIIe siècle. Le pauvre diable avait fini par se noyer dans l'égout.
>
> (Hugo, 1951 [1862], p. 1292.)

Tout récemment, l'hebdomadaire semi-parodique *Jour de Paris* affirmait le plus sérieusement du monde que le crocodile Bernard, originaire de Guyane et abandonné à trois ans par ses maîtres, était une vedette parisienne partageant son temps entre les égouts et la Seine où « nombreux sont les touristes sur les bateaux-mouches qui l'acclament ». Héroïque, Bernard s'occupait à sauver les suicidés du fleuve et les égoutiers en difficulté.

Cependant, ce ne sont pas des réalités qui ont fait le succès de cette légende, mais sa valeur symbolique, sa richesse en associations significatives.

Les artistes, créateurs d'images et d'histoires pour la culture de masse comme pour celle qui est destinée aux élites, ont tout de suite identifié les potentialités du récit des alligators dans les égouts de New York et ont largement contribué à son lancement. Le rôle de Pynchon a déjà été évoqué. Dès 1967, le film britannique *Penthouse* exploitait pour un public mondial la valeur symbolique du récit. Les malfaiteurs mis en scène – ils terrorisent tout un week-end un jeune couple demeurant dans une *penthouse*[1] –, justifiaient leur sadisme en s'identifiant aux alligators des égouts new-yorkais. Comme eux, expliquaient-ils à leurs victimes, ils avaient été projetés dans un monde hostile et il leur avait également fallu être sans pitié pour survivre dans notre univers de bêtes fauves.

Repris dans plusieurs séries télévisées des années soixante-dix, dont *Barney Miller* et *The Honeymooners* qui mettait en scène le comique Art Carney comme travailleur des égouts, ce thème a également inspiré un film d'horreur en 1980 : *Alligator*, sorti en France sous le titre *L'Incroyable Alligator*. Dans ce récit, douze ans après son rejet dans les égouts à coups de chasse d'eau, l'animal, devenu monstrueusement gros à cause des pollutions chimiques et des hormones déversées par des laboratoires sans scrupules, surgit dans les égouts, puis dans les rues de Manhattan pour massacrer tout ce qu'il trouve sur son chemin. On notera ici une variante écologique, l'animal étant devenu dangereux à cause de la pollution.

Pourquoi cette histoire est-elle devenue emblématique dès son apparition ? Il faut, pour répondre à cette question, analyser davantage ses éléments afin de comprendre son succès. Deux données fortement symboliques la structurent : les alligators et les égouts.

---

1. Une *penthouse* est un logement luxueux situé dans les derniers étages d'un immeuble.

L'alligator représente l'agressivité pure dans notre bestiaire symbolique. Un caricaturiste sera universellement compris s'il le représente par une gueule dévorante. Des alligators dans les égouts de nos villes nous renvoient, affirment les folkloristes férus d'interprétation psychanalytique, à l'angoisse de castration qui nous habite en permanence. C'est là une clef souvent – trop souvent, c'est un peu un passe-partout apte à rendre compte de tous les motifs – proposée par les tenants de cette interprétation. Pour étayer ses propositions, Michael Carroll s'interroge sur une affirmation invariable : c'est par les toilettes que les alligators sont jetés pour rejoindre les égouts. L'alligator est loin d'être l'animal familier le plus courant ; il se situe loin derrière les chatons ou les cobayes. En outre, il serait plus rationnel de le jeter directement dans des bouches d'égout situées dans la rue.

C'est cependant l'association alligators-toilettes qui suscite la création orale et les récits : c'est donc qu'elle correspond à une équivalence symbolique satisfaisante. Et plutôt à une chaîne d'équivalences, car l'alligator, animal considéré comme visqueux de même que l'ensemble des reptiles, est ici un substitut des excréments qui, eux, empruntent le chemin des toilettes [1], et la défécation est un substitut de la castration redoutée. Mechling, qui dresse un panorama des conduites symboliques dont l'alligator est le support, confirme l'association alligator-castration dans le bestiaire américain en évoquant ces parcs d'attractions de Floride où les touristes se font photographier le postérieur à moitié enfoncé dans la gueule béante d'un alligator empaillé et les nombreuses cartes postales évoquant le même motif. D'autre part, il cite l'expression « *When you're up to*

1. Dans son ouvrage *Des serpents et des hommes*, Desmond Morris confirmait cette équivalence en notant les affirmations courantes quant à la chaleur et à la viscosité du serpent.

your ass in alligators », dont le mot à mot – « Quand on est jusqu'au c... dans les alligators » – renvoie également à une attaque castratrice (et le sens véritable à une cascade d'ennuis). La variante de notre légende, dans laquelle les alligators sortent des égouts et attaquent les usagers des toilettes publiques de New York, variante évoquée en couverture de l'anthologie de légendes de Dickson et Goulden, renforce également ce message.

C'est dans les égouts d'une grande cité que rôde l'alligator menaçant. Les égouts sont inquiétants, ils sont le lieu où se concentrent les rejets des concentrations urbaines. Revenons à Victor Hugo, pionnier de cette conception dramatique de notre sous-sol dans son ouvrage visionnaire sur la grande ville moderne.

> Au commencement de ce siècle, l'égout de Paris était encore un lieu mystérieux. La boue ne peut jamais être bien famée : mais ici, le mauvais renom allait jusqu'à l'effroi. Paris savait confusément qu'il avait sous lui une cave terrible. [...] La science et la superstition étaient d'accord pour l'horreur. [...] Le Moine-Bourru était éclos sous la voussure fétide de l'égout Mouffetard ; les cadavres des Marmousets avaient été jetés dans l'égout de la Barillerie.
>
> (Hugo, 1951 [1862], p. 1289-1290.)

Les égouts sont un lieu de dangers, de vermine et d'animaux grouillants. Le riche légendaire des rats en atteste. Dans le monde contemporain, la montée des préoccupations écologiques a aggravé cette vision inquiétante. Un lieu commun des fictions mettant en scène nos grandes villes est d'ailleurs l'apparition dans les profondeurs des égouts d'animaux ayant muté à cause de la pollution – et dont l'agressivité et la taille ont monstrueusement crû. La légende des alligators dans les égouts de New York se contente souvent de petites modifications : cécité, albinisme, férocité augmentée. Mais le gigantisme est réservé au film d'horreur. Les tortues Ninja jetées dans les égouts new-yorkais et mutant à cause de la pollution nucléaire sont les successeurs des alligators, destinées à toucher un public enfantin.

Comme souvent dans le légendaire, qu'il soit traditionnel ou contemporain, les éléments symboliques apparemment éloignés que l'histoire rapproche ont des significations communes : l'alligator symbolise l'agressivité cachée sous des eaux troubles, il aime les proies décomposées, et les égouts sont l'équivalent artificiel des marécages boueux et pourrissants.

Une caractéristique de la légende des alligators dans les égouts est qu'elle ne s'est pas personnalisée en anecdotes attribuées à des amis d'amis. Est-ce parce qu'elle est apparue d'emblée crédible, sans nécessiter un effet de vérité supplémentaire ?

En dehors de l'interprétation psychanalytique qui voit dans ce récit un cas illustrant l'angoisse de castration, d'autres explications sont possibles.

C'est une histoire morale sur la revanche d'animaux maltraités par les hommes. Jetés dans les toilettes, les reptiliens ont été abandonnés de manière répugnante et précipités dans l'univers hostile et repoussant des égouts. Du foyer familial où ils s'épanouissaient dans la quiétude comme animaux familiers, les voici projetés dans un lieu où ils sont redevenus des animaux sauvages et agressifs.

C'est aussi une métaphore de l'impossibilité de dominer totalement la nature sauvage. On y retrouve un message implicite analogue à celui qui dynamise les épisodes de *félins-mystères* * : la nature sauvage est toujours prête à ressurgir à nos portes ou sous nos pieds. À la ville, expression de la civilisation et de l'ordre, s'oppose le sous-sol, refuge de forces naturelles incontrôlables.

Mais peut-on encore parler de la ville comme d'un lieu d'harmonie où s'exprime une culture ? La légende est, surtout, un récit qui commente les dangers de la grande ville inhumaine moderne, une métaphore de la ville comme jungle qui fait écho à l'anonymat de nos cités. Ce qui se passe *sous* la ville est révélateur de ce qui se passe *dans* la ville. Car dans l'inhumaine grande cité moderne, les habitants sont proches des bêtes sauvages. Il est logique que le récit se soit enraciné dans la ville par excellence, New York, cité de la violence urbaine.

V. C.-V.

Bibliographie

Jan Harold Brunvand, *The Vanishing Hitchhiker*, 1981, p. 90-100.

Véronique Campion-Vincent, « Légendes urbaines et représentations de la ville », *Ethnologues dans la ville,* Paris, CTHS, 1988, p. 125-132.

Michael Carroll, « Alligators in the sewer, dragons in the well and Freud in the toilet. Some contributions to the psychoanalytic study of urban legends », *The Sociological Review,* 32, 1984, p. 57-74.

Peter Collinson, *The Penthouse,* film britannique, 1967, 90 mn, scénario de Peter Collinson tiré d'une pièce de C. Scott Forbes, *The Meter Man.*

Paul Dickson et Joseph C. Goulden, *There Are Alligators in Our Sewers and Other American Credos,* 1983.

Gary Alan Fine, « The Kentucky fried rat : legends and modern society », *Journal of the Folklore Institute,* 17, 1980, p. 222-243.

France-Soir, 26 septembre 1985, « Le crocodile des égouts de Paris s'est bien défendu ».

Victor Hugo, *Les Misérables,* Paris, Gallimard, « Bibliothèque de la Pléiade », 85, 1951 (1862), livre II, p. 1289-1290 et 1292.

Jour de Paris, 5 mai 1992, « Ce crocodile est un héros ! Bernard le crocodile a déjà sauvé plusieurs désespérés de la noyade ! »

Gilbert Lascault, *Un monde miné (Mensonges et menaces de l'en-dessous),* Paris, Christian Bourgois, 1973, p. 5.

François Maspero, *Les Passagers du Roissy-Express,* Paris, Le Seuil, 1990, p. 264-265.

Jay MECHLING, « The alligator », *in* Angus K. Gillepsie et Jay Mechling (eds), *American Wildlife in Symbol and Story,* Knoxville, The University of Tennessee Press, 1988, p. 73-98.

Hal MORGAN et Kerry TUCKER, *Rumor!,* 1984, p. 149-153.

– et Marc VOLINE, *Vraies ou fausses? Les rumeurs*, 1988, p. 180-185.

Patrick B. MULLEN, « Modern legend and rumor theory », *Journal of the Folklore Institute,* 9, 1972, p. 95-109.

Andrée RENARD, « Petite histoire à l'usage des quelques personnes qui n'ont pas visité la Floride », *La Grand'Goule,* Poitiers, 23, 1932, p. 13-15.

Kenneth A. THIGPEN, « Folklore in contemporary American literature : Thomas Pynchon's *V.* and the alligators in the sewers legend », *Southern Folklore Quarterly,* 43, 1979, p. 93-105.

L'animal avalé vivant

Une grenouille d'1,8 kilo est extraite de l'estomac d'une femme.

[...] Marianne Kosse, âgée de vingt-neuf ans, ne put tout d'abord expliquer pourquoi un batracien géant avait élu domicile dans son ventre, jusqu'à ce qu'elle se souvienne d'avoir avalé un têtard lors d'un pari fait en état d'ivresse.

« Le têtard est resté dans l'estomac, se transformant en grenouille, remarque le Dr Giles Lebideux. Tant bien que mal, sa peau épaisse l'a protégé des sucs digestifs. L'animal se rassasiait de la nourriture avalée par la femme, ce qui explique sa taille gigantesque. »

L'incident commença durant la fête d'anniversaire de Marianne, lorsqu'un ami la défia d'avaler un têtard qu'il avait capturé dans une mare voisine. Hésitant tout d'abord, Marianne s'enhardit après quelques verres. « Je ne suis pas portée habituellement à ce genre d'excentricités, explique-t-elle. Mais le têtard était si minuscule. Je pensais qu'il ne pourrait pas me faire de mal. Je l'ai avalé d'un coup et je n'ai rien senti du tout. »

Marianne oublia rapidement cet aliment répugnant et ne commença à se sentir mal que des mois après. « Peu importe ce que je mangeais, je devenais de plus en plus faible, comme si j'étais privée de nourriture, se souvient-elle. En même temps, j'avais un ventre qui paraissait anormal et j'entendais d'étranges bruits venant de mon estomac. Pendant toute la journée, j'avais une terrible sensation de nausée, comme si quelque chose se tortillait en tournant à l'intérieur de moi. » Le médecin de Marianne fit une radiographie qui montrait une grande masse circulaire à l'intérieur de l'estomac. Craignant une tumeur cancéreuse, le Dr Lebideux ordonna immédiatement une opération.

[...] Abasourdi, le chirurgien vit avec horreur la plus grosse grenouille qu'il ait jamais vue sauter hors de l'estomac de Marianne sur le sol de la salle d'opération.

On referma le ventre de la jeune femme qui est maintenant, selon les médecins, en parfaite santé. Chose étonnante, la grenouille est aussi en pleine forme ! Mesurant presque le double de n'importe lequel de ses congénères, elle est devenue l'attraction vedette d'un zoo local d'Arles, en France.

(*The Sun*, 12 décembre 1989, p. 15.)

Ce fait divers, publié par un journal américain, est un faux événement mais une authentique légende. L'histoire est supposée s'être déroulée en France, où elle n'a cependant laissé aucune trace ! Les invraisemblances s'accumulent : les protagonistes sont inconnus en Arles et dans tout le département (leurs noms correspondent visiblement à des patronymes français déformés : « Kosse » provient peut-être de Causse et « Giles Lebideux » de Gilles Lehideux) ; il n'y a pas de zoo en Arles ; le têtard n'aurait pu survivre dans l'estomac et, par conséquent, toute la suite du récit est impossible.

En revanche, cette histoire présente la structure complète de la légende type du *bosom serpent*, selon l'appellation anglo-saxonne, c'est-à-dire du « serpent dans les entrailles ». Indépendamment de l'ordre dans lequel les place la dramaturgie narrative, les séquences de la légende peuvent être représentées dans le tableau page 38, établi d'après le corpus rassemblé par Gillian Bennett (1991).

Chaque groupe de variantes fonctionne comme une classe d'équivalences : pour chaque séquence, une variante peut fort bien être substituée à une autre, le reste du récit étant inchangé. Ceci explique la grande variété des histoires correspondant à des combinaisons différentes, et par conséquent la difficulté que l'on éprouve à vouloir classer les récits selon des types.

Ancienneté et variété de la légende de l'animal dans le corps

En association avec l'existence réelle de vers parasites du corps humain (ténia, ascarides, oxyures, bilharzies, anguillules), l'homme a imaginé que des animaux serpentiformes pouvaient vivre dans ses organes internes. L'expression « tuer le ver » désigne la coutume, aujourd'hui encore attestée dans les milieux populaires, de boire le matin à jeun un petit verre d'eau-de-vie ou de vin blanc afin d'éviter la présence d'un ver dans les entrailles ou d'y remédier. Selon Maurice Rat (1957), cette « superstition médicale » remonte fort loin, puisque la locution date du Moyen Âge.

Les médecins du XVIe siècle mentionnent des vers remontant de l'estomac par le nez ou bien des vers dans le cœur. Dans le *Journal d'un bourgeois de Paris*, on peut lire qu'en 1519 des chirurgiens découvrirent un ver vivant sur le cœur d'une femme qui venait de mourir subitement. L'animal lui avait percé le cœur. En 1548, dans son *Quart Livre*, Rabelais décrit un individu en convulsions « comme si quelque serpent lui fût par la bouche entré dedans l'estomac ». Le célèbre chirurgien Ambroise Paré observe à Paris, en 1561, l'imposture d'une femme qui prétendait avoir un serpent dans son ventre : les mouvements internes étaient simulés par les muscles de l'abdomen. En 1639, une feuille d'information anglaise est publiée sous le titre « Relation très certaine et véridique d'un monstre étrange ou serpent trouvé dans le ventricule gauche du cœur de John Pennant, gentilhomme âgé de vingt et un ans ». Quelques années plus tard, en 1675, c'est l'histoire d'un cordonnier qui se suicide d'un coup de poignard dans le ventre après dix ans de douleurs dans l'abdomen : la blessure laisse échapper un serpent de

STRUCTURE DE LA LÉGENDE TYPE DE L'ANIMAL DANS LE CORPS		
SÉQUENCE	LA GRENOUILLE D'ARLES	VARIANTES
Actes imprudents	Faire un pari stupide ; ivresse ; avaler un têtard.	Boire de l'eau de mare ou de rivière ; manger des aliments dans lesquels des animaux ont pondu ; dormir, se baigner ou uriner dans la nature ; sorcellerie ou acte criminel ; péché.
Nature et description de l'animal entré ou se développant dans le corps	Têtard qui se transforme en grenouille d'1,8 kilo conservée au zoo d'Arles.	Œufs, larves ou adultes de serpents, grenouilles, crapauds, lézards, tritons, salamandres, anguilles, pieuvres, vers, insectes, araignées, souris, rats.
Orifice par lequel pénètre l'animal	Bouche	Bouche, vagin, urètre, anus, nez, oreilles, peau.
Organe où se loge l'animal	Estomac.	Estomac, intestins, vagin, utérus, rectum, cœur, poumon, cerveau, peau.
Symptômes ressentis par la victime	Faiblesse, amaigrissement, gonflement du ventre, nausée, perception de bruits et de mouvements dans l'estomac	Amaigrissement général, gonflement de certaines parties du corps, manque d'appétit ou excès d'appétit, faiblesse, nausées, perception de mouvements internes, démangeaisons, douleurs, mort.
Sortie de l'animal	Opération chirurgicale.	Vomissement, lavement, ruse pour l'attirer au-dehors (diète, manger du sel, bol d'eau, de lait, oignons, fromage), force brutale (tirer par une extrémité qui dépasse), accouchement, intervention chirurgicale, départ au moment de la mort de la victime.

la longueur d'un bras d'homme et large de deux doigts (Bennett, 1991, p. 6-7).

Au XVIIIe siècle, où d'éminents savants étaient persuadés que des crapauds enfermés dans des blocs de pierre pouvaient rester vivants, il paraissait très vraisemblable de voir ces animaux vivre confortablement dans un estomac humain (*Foaftale News*, 1987). En 1780, en Angleterre, un crapaud est trouvé dans le ventre d'un jeune homme. En 1790, une femme vomit un serpent qui se trouvait dans son estomac depuis sept ans, après qu'elle eut mangé du cresson contaminé par de la semence de serpent. L'animal aurait été conservé dans de l'alcool chez un apothicaire pour être remis au British Museum (Wright, 1930).

À Paris, en 1822, les médecins de l'hôpital Saint-Louis retirent un serpent de deux pieds et demi de long lové près du cœur d'un paysan qui affirmait avoir avalé, cinq ans auparavant, un reptile caché dans la nourriture et qui depuis avait vécu dans son estomac (Barnes, 1972). En 1896, au Kentucky, une femme se plaignant de douleurs à l'estomac vomit un triton vivant de trois pouces de long; elle avait bu, peu de temps avant, de l'eau provenant d'une rivière (Barnes, 1972).

Le XXe siècle n'a pas vu disparaître les histoires de ce genre, loin de là ! Les récits sont aussi fabuleux que dans les temps anciens et une certaine presse populaire leur fait périodiquement écho, surtout dans les pays anglo-saxons. En 1916, dans le Gloucestershire, on a pu faire sortir une grenouille de l'estomac d'une femme en plaçant un morceau de fromage sur la langue de celle-ci : la grenouille, alléchée, a sauté hors de la bouche (Schechter, 1988) ! Au milieu des années trente, sur la côte atlantique des États-Unis, on racontait l'histoire d'une jeune fille ayant couvé un œuf de pieuvre dans son utérus (Bennett, 1991, p. 26). Dans les années quatre-vingt, une anecdote semblable circula sur la côte californienne : une adolescente qui présentait tous les symptômes d'une grossesse avait dans son estomac une pieuvre (Brunvand, 1984, p. 110-111).

La crainte d'une fécondation orale ou par le bain se manifeste aussi dans des rumeurs sur la sexualité : « On peut tomber enceinte en avalant le sperme » (Morgan, 1988, p. 70) ; « Il paraît qu'une femme peut tomber enceinte si elle se baigne dans une piscine publique » (Morgan, 1988, p. 70 et Roberge, 1989, p. 81). En 1990, Le Quellec a recueilli cette même rumeur en Poitou et en Vendée : « On a construit une piscine dans laquelle se trouvent des spermatozoïdes : les filles qui s'y baignent deviennent enceintes » (Le Quellec 1991, p. 70). Un analogue masculin existe avec la peur d'attraper des microbes ou des animalcules qui remonteraient le jet urinaire. Au temps des rumeurs sur la syphilis, on affirmait qu'il fallait uriner par à-coups dans les vespasiennes afin d'éviter que la bactérie serpentiforme de la syphilis ne remonte le jet (Le Quellec, 1991, p. 70). Dans les années soixante, nous avons entendu affirmer à Paris qu'il existait, dans les rivières des pays tropicaux, de minuscules poissons qui, attirés par la chaleur du jet urinaire, s'introduisaient dans la verge où ils restaient coincés.

À la fin des années soixante-dix, une rumeur nord-américaine prétendait que des pilules amaigrissantes contenaient la tête d'un ténia ou ver solitaire (Tucker, 1978). Une version de cette histoire a circulé en France :

> Une femme veut maigrir et a essayé tous les régimes possibles. Un jour, dans un magazine, elle remarque une publicité pour un produit miracle. Elle le commande et reçoit un paquet de pilules. La femme les avale mais en oublie une dans un coin. Alors que le temps est humide et lourd, elle s'aperçoit que la pilule a grossi. Elle la fait analyser : il y avait un œuf de ténia à l'intérieur.
>
> (D'après Le Quellec, 1991, p. 59.)

Dans certaines variantes, le ténia sort par le nez de la femme pendant son sommeil ou parce qu'on présente devant elle un bol de lait.

À côté des reptiles et des batraciens, les insectes et les araignées s'introduisent également dans le corps humain. Un récit allemand, recueilli par Rolf Brednich en 1988 et intitulé « Le coléoptère de mûre sauvage », fait le lien entre les deux types d'animaux. Il fait aussi le lien entre le motif des animaux immondes dans la nourriture (voir l'*os de rat**), en particulier les vers, et celui de l'animal vivant dans le corps humain :

> Une connaissance de notre voisine ne se sentait pas bien ces derniers mois. Elle ne voulait plus rien manger et devenait toujours plus maigre. À la fin, elle ne pesait plus que 35 kilos, et cela à plus de soixante ans ! Aucun médecin ne savait de quelle maladie il s'agissait, et elle était renvoyée de l'un à l'autre. Enfin, elle est allée chez un médecin qui lui dit que c'était peut-être l'estomac. La femme se rendit donc à l'hôpital et, lorsqu'on lui ouvrit l'estomac, on découvrit à l'intérieur un coléoptère de mûre sauvage. Il était encore vivant ! Il devait être là depuis deux mois environ. Un coléoptère avait pondu ses œufs dans des mûres sauvages et, cet été, la femme avait en effet mangé des mûres dans lesquelles se trouvaient déjà des vers. Ils sont arrivés dans l'estomac et l'un d'eux s'est développé en coléoptère. Mais cette femme pouvait dire qu'elle avait eu de la chance. Un lointain parent de mon mari, un oncle je crois, est mort de cela il y a quelques années. Il se portait toujours bien et n'avait jamais eu quelque maladie que ce soit et, tout d'un coup, il a maigri à vue d'œil et est mort subitement.
>
> (Brednich, 1990, p. 77-78.)

Généralement, les insectes – fourmis et mouches – s'introduisent par les petits orifices de la tête, le nez ou les oreilles, et vont y pondre :

> Une femme s'endort en prenant un bain de soleil et une fourmi pénètre dans son nez et pond dans ses sinus. Les œufs éclosent, et la démangeaison est si forte que la femme s'arrache la chair des joues.
>
> (Morgan, 1988, p. 79.)

L'histoire suivante est proche de celle du petit serpent qui entre dans la bouche d'un bébé pour boire le lait dans son estomac et finit par l'étouffer :

> Une maman couche son bébé dehors l'été sur une couverture dans l'herbe. Pendant qu'il dort, une fourmi s'introduit dans son oreille sans que la mère s'aperçoive de quoi que ce soit. La fourmi pond des œufs et le bébé meurt, le cerveau à moitié mangé.
>
> (Brunvand, 1981 et Roberge, 1989.)

Quant aux araignées, elles pondent sous la peau, comme le prétend la légende connue sous le nom de l'« araignée dans le furoncle » :

> Une femme revenant de vacances d'un pays tropical vit une tache apparaître sur sa joue. La tache grandit de jour en jour et les démangeaisons devenant insupportables, la femme s'arracha la peau en se grattant. Des centaines d'araignées minuscules jaillirent alors de la joue. La femme avait été piquée par une araignée qui avait pondu dans sa joue.
>
> (Morgan, 1988, p. 79.)

On peut aussi mentionner les histoires de cheveux, artificiels ou véritables, jamais lavés et dans lesquels se logent des araignées qui mordent, parfois mortellement, la tête de leur hôte. Une horrible variante raconte comment un hippie a trouvé la mort parce qu'une souris, logée dans son abondante chevelure, s'était creusé un chemin jusqu'au cerveau (Morgan, 1988, p. 78).

Des anecdotes relatent des introductions délibérées d'animaux dans le corps humain. Dans son *Musée des supplices*, Roland Villeneuve cite un ouvrage italien du XVIe siècle selon lequel les protestants ont utilisé des loirs pour torturer les catholiques : « Ils placent sur leur ventre un bassin renversé renfermant à l'intérieur un loir vivant et allument du feu au-dessus du bassin, de sorte que le loir, tourmenté par la chaleur, déchire leur ventre et s'enterre dans leurs entrailles. » Dans *Le Jardin des supplices* d'Octave Mirbeau, un bourreau chinois fait de même avec un rat, qui ne peut fuir le feu qu'en pénétrant par l'anus dans les entrailles du condamné. La volupté se substitue à la souffrance dans la rumeur américaine prétendant que des homosexuels s'introduisent volontairement une gerbille dans le rectum.

Le motif de l'animal intracorporel dans la littérature et le cinéma

Le motif du *bosom serpent* est si constant à travers les siècles que Gillian Bennett s'est appuyée sur ces récits afin de montrer comment les thèmes et les motifs des « légendes modernes », guère nouveaux, sont en réalité des « modernisations » de légendes anciennes (Bennett, 1985). De même, Harold Schechter a significativement intitulé *The Bosom Serpent* (1988) son essai sur la continuité thématique entre le folklore traditionnel et la culture populaire d'aujourd'hui.

Le *Motif-Index of Folk-Literature* de Stith Thompson présente une typologie des motifs des contes traditionnels. On y retrouve presque tous les thèmes des légendes contemporaines de l'animal avalé vivant. La catégorie générale, « Un animal vit dans l'estomac d'une personne », codée B 784, se subdivise en sous-rubriques : comment l'animal pénètre dans le corps, comment il se nourrit, comment s'en débarrasser. Citons en particulier : « Une personne avale des œufs de triton ou de grenouille » (B 784.1.1) ; « Une personne avale de la semence ou des œufs de serpent en mangeant du cresson » (B 784.1.3) ; « Une fille avale une pieuvre qui croît dans l'estomac » (B 784.1.4) ; « Un cafard avalé se reproduit dans le corps d'une personne » (B 784.1.5) ; « Une fille mange des prunes contenant des vers qui se développent dans son corps » (B 784.1.6) ; « Un serpent ou une grenouille est extirpé du corps humain par du lait ou de l'eau »

(B 784.2.1.1) ; « Un médecin retire un animal de l'estomac d'un patient » (B 784.2.4) ; « Un serpent entre dans le rectum d'un homme et le dévore » (G 328).

Une célèbre incarnation littéraire du motif de l'animal dans le corps humain est la nouvelle de l'écrivain américain Nathaniel Hawthorne intitulée *Egotism, or the Bosom Serpent* (*L'Égotisme, ou le serpent dans les entrailles*). Hawthorne lui-même écrit, au début de son récit, que « le phénomène physique auquel on donne ici une signification morale a été attesté plus d'une fois ». De nombreux chercheurs (Barnes, 1972) ont tenté d'identifier la source directe de la nouvelle d'Hawthorne dans plusieurs articles de journaux du début du XIXe siècle. Le récit littéraire raconte l'histoire d'un jeune homme, Roderick Elliston, qui abandonne cruellement sa charmante femme. Il découvre peu à peu qu'un serpent vit dans sa poitrine. Hawthorne écrit explicitement que cette situation symbolise à la fois « le monstrueux culte du moi » et « le remords » qui ronge le jeune homme. L'allégorie est généralisée : un homme politique ambitieux et sans scrupule abrite un boa constrictor, un avare héberge un *copperhead* – littéralement « tête de cuivre », un jeu de mots : *copperhead* est le nom du serpent trigonocéphale et *coppers* signifie aussi la « monnaie ».

Dans son « conte rustique » *La Bête à Maît'Belhomme* (1886), Maupassant n'a pas de prétention moralisatrice, l'anecdote est prétexte à évoquer la mentalité populaire du XIXe siècle :

> [Dans une diligence, en Normandie, un paysan tient son mouchoir sur l'oreille et gémit de souffrance.]
>
> « Qu'est-ce que vous avez donc dans l'oreille. Un dépôt ? – J' sais point si c'est un dépôt, mais j' sais ben que c'est eune bête, un' grosse bête, qui m'a entré d'dans, vu que j' dormais su l' foin, dans l' grenier. – Un' bête, vous êtes sûr ? – Si j'en suis sûr ? comme du paradis, m'sieu le curé, vu qu'a m' grignote l' fond de l'oreille. A m' mange la tête, pour sûr ! a m' mange la tête. » [...] Un grand intérêt s'était éveillé dans

l'assistance. Chacun donnait son avis. Poiret voulut que ce fût une araignée, l'instituteur que ce fût une chenille. Il avait vu ça une fois déjà à Capemuret, dans l'Orne, où il était resté six ans ; même que la chenille était entrée dans la tête et sortie par le nez. Mais l'homme était demeuré sourd de cette oreille-là, puisqu'il avait le tympan crevé. « C'est plutôt un ver », déclara le curé. [...] « J' croirais ben qu' c'est eune frémi [fourmi], eune grosse frémi, tant qu'a mord... T'nez, m'sieu le curé, a galope... a galope... »

[Dans une auberge, on emplit l'oreille du patient avec de l'eau vinaigrée et on retourne le tout sur une cuvette. On aperçoit alors une bestiole qui s'agite au fond de la cuvette. Maît' Belhomme la contemple gravement puis grogne : « Te voilà, charogne ! » et lui crache dessus.]

La littérature et le cinéma fantastiques ont largement exploité ce motif, source d'angoisse et d'épouvante. La nouvelle d'Hortense Calisher, *Heartburn* (littéralement *Brûlures d'estomac*), raconte comment une « chose vivante » se transmet d'un individu à l'autre si ce dernier manifeste du scepticisme vis-à-vis de l'existence de la « chose » :

> Et ils virent alors, entre eux, sur le bois poli, quelque chose qui semblait bouger, comme si l'une des veines de la plaque d'acajou s'était animée – quelque chose de petit, d'ambigu, d'un brun grisâtre qui rappelait vaguement une peau de phoque. Durant quelques instants, la chose tâtonna, en avant et en arrière, un peu à la manière d'une chenille qui s'oriente. Puis elle bondit pour disparaître dans la bouche grande ouverte du médecin, cette bouche que le choc de la révélation avait paralysée en un rictus d'effroi. [...] « C'est incroyable », murmura-t-il faiblement. Le visiteur leva la main dans un geste de protestation : « Au contraire », déclara-t-il, d'un ton indifférent.
>
> (Calisher, 1964, p. 124.)

Dans les films fantastiques, les monstres ou les extraterrestres pénètrent en parasites dans le corps et l'esprit des Terriens pour les contrôler. Le célèbre *Invasion of the Body Snatchers* (Don Siegel, 1956, *remake* en 1978) – mal traduit en français sous le titre *L'Invasion des profanateurs de sépultures*, le sens littéral, « voleurs de corps », étant plus fort – montre comment les extraterrestres s'emparent peu à peu des corps des personnes entourant le héros. Dans *The Parasite Murders* (David Cronenberg, 1974) – *Frissons* en français –, de dangereux parasites envahissent un immeuble et ses occupants, qui se livrent alors à la violence et à la débauche. Harold Schechter l'a souligné, *Alien* (Ridley Scott, 1979) se rapproche le plus du motif de l'animal dans l'estomac. L'épisode significatif est le suivant :

> En explorant une planète inconnue d'où provenait un message de mise en garde, l'un des membres de l'équipage découvre des œufs de grande taille. Alors qu'il s'approche de l'un d'eux, l'œuf s'ouvre et une créature ressemblant à une araignée de mer lui saute au visage, où elle se colle. L'homme tombe aussitôt dans le coma. Peu de temps après, la créature se détache et meurt. L'homme revient à lui et éprouve une grande faim. Tandis qu'il est assis à table avec ses compagnons, il est pris de convulsions et une créature féroce semblable à une anguille aux dents de piranha sort de sa poitrine dans une explosion de sang. Le monstre provenait d'un œuf pondu dans le corps du malheureux par la créature agrippée à son visage.

De nombreux aspects de la légende se retrouvent dans cet épisode : l'imprudence, l'animal-crampon, la ponte dans le corps humain, la sortie de l'animal au moment du repas. Le motif de l'« animal-crampon » est fréquent dans les mythes et les contes; Jacques Berlioz (1990) en a étudié une occurrence particulièrement intéressante avec l'histoire de l'« homme au crapaud », qui date du début du XIIIe siècle :

> Un jeune homme obtint de son père qu'il se séparât de tous ses biens en sa faveur afin de faire un beau mariage. Chassé alors de sa maison, le père tomba dans la pauvreté. Un jour que son fils était attablé et se préparait à déguster un plat succulent, il frappa à sa porte. Le fils cacha aussitôt la nourriture. Après le départ de son père, il alla rechercher le plat; son contenu se transforma en serpent ou en crapaud, qui lui sauta au cou ou au visage et y resta agrippé. Selon les versions, il erra jusqu'à sa mort affublé de l'animal, ou finit par s'en débarrasser.
>
> (Berlioz, 1990, p. 169.)

On notera l'équivalence entre la nourriture et l'animal, ainsi que les espèces animales choisies, serpent et crapaud : toutes choses que l'on retrouve dans les récits modernes d'animal avalé. L'animal-crampon est symboliquement analogue à l'animal avalé, son rôle de parasite est identique. Le message moral de l'*exemplum* médiéval – la punition du fils ingrat, l'animal symbole de péché – s'affirme plus fortement que dans les légendes contemporaines. Enfin, l'aspect « miraculeux » – transformation de la nourriture en animal – disparaît dans les récits modernes.

Le surprenant *Hidden* (Jack Sholder, 1987) imagine une bête visqueuse et répugnante qui, à la mort de l'être humain qu'elle parasite, sort de la bouche du moribond et se glisse dans celle d'un autre individu, lui conférant une méchanceté totale et une quasi-invulnérabilité.

Le tragi-comique *Elmer, le remue-méninges* (Frank Henenlotter, 1988) raconte comment un animal parasite et intelligent injecte un fluide euphorisant et se nourrit de cervelle humaine.

Enfin, des films qui exploitent un motif plus précis, celui de la fécondation d'une femme par un monstre ou un extraterrestre, représentent parfois celui-ci sous une apparence serpentiforme : dans *Baby Blood* (Alain Robak, 1989), un étrange reptile se glisse dans la couche d'une femme qui se retrouve enceinte d'une créature se nourrissant de sang humain. Les embryons ainsi engendrés dans le ventre des femmes sont souvent comparés à des animaux monstrueux.

Interprétations du motif de l'animal dans le corps

La vraisemblance du motif réside dans l'existence réelle de parasites vermiculaires chez l'homme, dans les ingurgitations volontaires ou accidentelles d'œufs de reptiles ou de batraciens, ainsi que de bestioles vivantes – l' « avaleur de grenouilles » était autrefois une attraction de foire –, enfin dans le fait que des insectes pénètrent, temporairement, dans le nez ou les oreilles. Les légendes prolongent souvent la réalité en la poussant à son comble : on imagine que les vers sont des serpents, que les animaux avalés survivent dans le corps, parfois pendant des années, que les œufs s'y développent, que les bêtes y pondent, etc. Ces histoires, comme le souligne Maupassant, éveillent « un grand intérêt », elles fascinent parce qu'elles incarnent des fantasmes, des croyances, des mythes. On retiendra quatre thèmes majeurs : le fantasme de gestation, le fantasme de pénétration, la victoire de la Nature sauvage et la Mort à l'œuvre.

Ce n'est pas un hasard si, dans la majorité des récits, la victime est une femme. La structure de la légende suit le schéma de la reproduction : fécondation (entrée de l'animal ou de l'œuf), gestation (développement interne de l'animal) et accouchement (sortie de l'animal). Les symptômes décrits sont ceux d'une grossesse : ventre gonflé, manque ou excès d'appétit, nausées, mouvements internes. Peut-être même les histoires qui mettent en scène des hommes évoquent-elles un motif folklorique remarquablement étudié par Roberto Zapperi (1983), celui de l' « homme enceint ».

La symbolique du serpent et de la grenouille renvoie à la fécondation, comme le démontrent les articles « crapaud » et « serpent » du *Dictionnaire des symboles* (1969). Symbole phallique, le serpent incarne la force fécondante, la force vitale, dans de nombreuses traditions. Une légende rapporte qu'à la mort du philosophe grec Plotin, son âme s'est échappée par sa bouche sous la forme d'un serpent. Dans les légendes de l'Antiquité, les mères des grands personnages ont souvent été visitées par un serpent : Atia, mère de l'empereur Auguste, Olympias, mère d'Alexandre le Grand, le mère de Scipion l'Ancien, et même la Vierge Marie dans une vie apocryphe du Christ ! En Afrique noire, la présence des serpents assure la fécondation des femmes et de la terre : au Dahomey, des jeunes filles consacrées au culte des pythons leur sont rituellement fiancées à l'époque des semailles. Dans le tantrisme, la *kundalini*, énergie vitale que l'adepte doit éveiller dans son corps, est symbolisée par un serpent lové à la base de la colonne vertébrale, le long de laquelle il doit monter pour éveiller les *chakras* ou centres d'énergie successifs.

Dans les mythes celtiques, on trouve fréquemment le motif de la fécondation orale : la femme ayant avalé un ver ou un serpenteau en buvant à une fontaine accouchera en même temps d'un enfant et d'un serpent (Le Quellec, 1991, p. 67). Quelques croyances associent le serpent aux menstrues : en Nouvelle-Guinée comme dans une légende juive, les menstruations résultent de la morsure du serpent, maître des femmes et de la fécondité. Dans plusieurs sociétés traditionnelles, les femmes redoutent qu'un serpent, attiré par l'odeur du sang menstruel, ne pénètre dans leur vagin ou dans leur bouche, pour les rendre enceintes, ou bien encore pondre ou mutiler leurs entrailles. Quant à la grenouille ou au crapaud, l'imagination populaire a relevé la ressemblance existant entre cet animal et le fœtus humain : on désigne parfois affectueusement un enfant par le surnom de « crapaud » et, chez les Bambara d'Afrique, l'embryon humain est comparé à cet animal s'il est de sexe féminin, à un petit lézard s'il est de sexe masculin.

La peur de la pénétration corporelle par des êtres visibles ou invisibles, naturels ou surnaturels, est l'une des plus archaïques et des plus universelles. C'est pourquoi la plupart des cultures traditionnelles possèdent des rites et des objets de protection magique des orifices du corps. Les boucles d'oreilles ont sans doute d'abord eu cette fonction magique avant d'être des bijoux esthétiques. S'appuyant sur les fantasmes de pénétration sexuelle – quel que soit le sexe de l'agresseur et de la victime –, le motif de l'animal dans le corps permet de symboliser toutes sortes d'intrusions, d'invasions, de contaminations. Il rationalise et modernise les anciens thèmes de la possession diabolique et de la fécondation par l'incube, démon masculin.

Le serpent qui s'introduit furtivement, le têtard qui se développe, l'insecte qui ronge sont des métaphores de la pénétration des étrangers ou des « ennemis de l'intérieur » (voir le thème xénophobe dans le *serpent de grand magasin**). *Alien* cumule la pénétration corporelle et la pénétration dans le territoire, représenté par le vaisseau spatial. En anglais, le mot *alien* signifie « étranger » mais aussi « opposé, contraire » : dans le film, Alien est l'intrus, l'indésirable, le passager clandestin, « le huitième passager » selon le sous-titre du film. Le motif de l'invasion extraterrestre représentait, dans les années cinquante, le péril communiste ; dans les années soixante-dix et quatre-vingt, il exprime le danger de l'immigration venue du tiers-monde. Si, comme le prétend Roger Caillois (1938), il y a de mystérieuses correspondances entre le comportement instinctif des animaux et les mythes ou les fantasmes des hommes, l'animal qui symbolise toute l'horreur du motif de l'animal dans le corps est l'ichneumon : en effet, cet insecte enfonce sa tarière – parfois à travers l'écorce des arbres – dans le corps des larves d'autres insectes pour y déposer ses œufs, qui vont se développer en dévorant leur hôte.

On en vient donc au troisième thème : celui de la victoire de la Nature sauvage, de l'Animalité sur l'Humanité. Si les légendes contemporaines dénoncent souvent les dangers de la technologie (voir *l'effet Gremlins**), elles mettent aussi en garde contre le retour de l'indomptable Nature (voir *les alligators dans les égouts** et *les lâchers de vipères**). Dans nos récits, les victimes sont trop près de la Nature : elles boivent de l'eau non traitée, dorment dans l'herbe, mangent des mûres « sauvages », etc. L'Animalité s'installe au sein même du corps humain, et les animaux qui y demeurent symbolisent la vie primitive, amphibienne, grouillante. Les savants considèrent que les mammifères, y compris l'homme, ont une origine reptilienne et, déjà, dans l'ancienne Égypte, le serpent et le crapaud symbolisaient les créatures spontanées surgies des eaux primordiales.

Enfin, le motif de l'animal dans le corps est emblématique de la Mort à l'œuvre. Souvent, les victimes meurent ou risquent de mourir, alors même qu'elles se portaient fort bien. Comme le souligne Gillian Bennett, plusieurs récits insistent sur l'impuissance des médecins. Une bête dans le corps est un fantasme d'hypocondriaque, une représentation symbolique des vers qui dévoreront nos cadavres, d'une croyance en l'origine animale des maladies. Bennett le signale, on croyait autrefois que la tuberculose pouvait être provoquée par l'ingestion d'un triton ou de ses œufs, et les microbes sont imaginés comme des « petites bêtes » qui entrent dans le corps. C'est aussi une métaphore pour désigner la maladie. Les médecins de l'Antiquité utilisaient le mot *cancer*, « crabe » en latin, pour nommer – outre le signe astrologique d'une constellation – toute maladie qui ronge : gangrène, chancre, tuberculose, tumeur cancéreuse. Nous avons entendu une Bretonne âgée exprimer son état d'anxiété en ces termes : « J'ai un crabe dans le cœur. » Dominique Eudes (1992), un journaliste qui a lutté contre son cancer, écrit : « Le crabe [...] avait investi mon rein gauche et mes poumons. [...] Il me restait donc un examen capital à passer pour être certain que le crabe n'avait pas fait son nid dans ma tête. » Au Moyen Âge, le serpent et le crapaud symbolisaient la mort et étaient des attributs du squelette. De ces anciens symboles de la sexualité, le christianisme a fait des emblèmes de la luxure et du péché. Le motif représente donc aussi le Mal moral. Les victimes sont punies pour leurs actes fautifs : « Elle a reçu une bonne leçon », conclut l'article sur Marianne et la grenouille. Chez Hawthorne, le *bosom serpent* symbolise le sens du péché et le remords : c'est pourquoi le serpent est souvent situé dans ou près du cœur, siège présumé des sentiments. Dans *Les Fées*, un conte de Charles Perrault (1697), la méchante fille est condamnée à vomir des serpents et des crapauds à chacune de ses paroles, tandis que la bonne fille parle en rejetant des fleurs et des pierreries. Dans *Hidden*, « comme dans les fabliaux du Moyen Âge, le Mal est matérialisé, représenté en action, on le voit à l'ouvrage » (Salachas, 1988).

J.-B. R.

Bibliographie

Daniel R. Barnes, « The bosom serpent : a legend in American literature and culture », *Journal of American Folklore*, 85, 1972, p. 111-112.

Gillian Bennett, « What's " modern " about the modern legend ? », *Fabula*, 26, 1985, p. 219-229.

–, « The legend of the bosom serpent », *Dear Mr Thoms...*, 22, août 1991, p. 1-36.

Jacques Berlioz, « L'homme au crapaud. Genèse d'un *exemplum* médiéval », *Tradition et histoire dans la culture populaire*, Grenoble, Centre alpin et rhodanien d'ethnologie, 1990, p. 169-203.

Rolf Wilhelm Brednich, *Die Spinne in der Yucca-Palme*, 1990, p. 77-78.

Jan Harold Brunvand, *The Vanishing Hitchhiker*, 1981.

–, *The Choking Doberman*, 1984.

Roger Caillois, *Le Mythe et l'homme*, Paris, Gallimard, 1938 (rééd. 1972).

Hortense Calisher, « Le parasite », *Histoires insolites*, Paris-Tournai, Casterman, 1964, p. 109-125.

Jean Chevalier et Alain Gheerbrant (dir.), *Dictionnaire des symboles*, Paris, Laffont, 1969.

Dominique Eudes, « J'ai été un cobaye heureux », *Paris-Match*, nº 2241, 7 mai 1992.
Foaftale News, 6, juillet 1987 (Paul Smith, cité par Bennett, 1991, p. 8).
Jean-Loïc Le Quellec, *Alcool de singe et liqueur de vipère*, Vouillé, Geste Éditions, 1991, p. 57-71.
Octave Mirbeau, *Le Jardin des supplices*, Paris, Fasquelle, 1957, p. 188-193.
Hal Morgan *et alii*, *Vraies ou fausses ? Les rumeurs*, 1988, p. 70, 78-79.
Ambroise Paré, *Des monstres et des prodiges* (éd. Jean Céard d'après l'édition de 1585), Genève, Droz, 1977.
François Rabelais, *Le Quart Livre*, chap. XLIV, 1548 (cité par Le Quellec, 1991, p. 65).
Maurice Rat, *Dictionnaire des locutions françaises*, Paris, Larousse, 1957, p. 396.
Martine Roberge, *La Rumeur*, Québec, Célat-université Laval, 1989, p. 81, 85 et 89.
Gilbert Salachas, « Hidden », *Télérama*, nº 1933, 1988.
Harold Schechter, *The Bosom Serpent. Folklore and Popular Art*, Iowa City, University of Iowa Press, 1988, p. 1-24.
Sun, 12 décembre 1989, p. 15 (article aimablement communiqué par Bill Ellis).
Stith Thompson, *Motif-Index of Folk-Literature*, Copenhague, 1955-1958.
Elizabeth Tucker, « The seven-day wonder diet : magic and ritual in diet folklore », *Indiana Folklore*, 11, 1978, p. 141-150.
Roland Villeneuve, *Le Musée des supplices*, Paris, Henri Veyrier, 1973, p. 70.
A.R. Wright, « Animals in people's insides », *Folk-Lore*, XLI, 1, 1930, p. 105-106.
Roberto Zapperi, *L'Homme enceint*, Paris, PUF, 1983.

Les auto-stoppeurs fantômes

Le 20 mai 1981, quatre jeunes gens qui se connaissent depuis plusieurs années et ont pour habitude de se retrouver assez régulièrement décident d'aller « faire un tour » à Palavas. Il est environ 23 heures.

Vers 0 h 30, ils décident de rentrer sur Montpellier, ils se déplacent à bord d'un véhicule Renault 5 rouge deux portes. Les deux filles sont à l'arrière, les deux garçons à l'avant, le poste radiocassette émet une musique moderne sur une puissance de son élevée.

À la sortie de Palavas, en direction de Montpellier, entre le rond-point et la station-service, au niveau d'un panneau situé sur le côté droit de la route, une dame est aperçue, faisant du stop. Elle est vêtue d'une sorte d'imperméable blanc arrivant aux genoux et d'un foulard blanc sur la tête, elle paraît la cinquantaine.

Le conducteur, M. M..., propose de la prendre en charge et arrête le véhicule quelques mètres après cette personne. Le passager avant, M. L..., s'adresse à la dame en des termes voisins de ceux-ci : « On va sur Montpellier, est-ce que ça vous intéresse ? » La dame, en guise de réponse, sourit et se dirige vers le véhicule. M. L... descend, fait basculer le siège avant, et la dame s'installe entre les deux filles, sur la banquette arrière. Le véhicule démarre, franchit le pont, toujours en direction de Montpellier, et arrive en vue de l'intersection de la route de Villeneuve-lès-Maguelonne, lieu dit le Pont-Vert, où la route de Montpellier dessine une courbe assez prononcée.

L'auto-stoppeuse hurle alors : « Attention au virage ! » Sa voix couvre la musique diffusée dans le véhicule. Le conducteur, surpris, ralentit, son attention est portée quelques instants, comme celle des passagers, sur la route devant eux. C'est alors que les cris conjugués des deux jeunes filles le font se retourner en même temps que le passager avant. La dame prise en stop n'est plus dans le véhicule.

Après quelques secondes de stupéfaction et d'hésitation, M. M... accélère et se dirige vers le commissariat de Montpellier où ils arrivent à 1 heure et relatent leur aventure.

(Extrait du rapport établi fin mai 1981 par l'inspecteur principal du commissariat central de police de Montpellier.)

Cette histoire, reprise par les médias, a connu une très large diffusion en France. Elle est entrée dans le légendaire local où elle se transmet dès le plus jeune âge, puisqu'elle circule déjà – avec des variantes bien entendu – chez les écoliers des classes primaires. L'affaire de la « Dame blanche de Palavas », comme l'a nommée la presse, passionne les amateurs d'histoires insolites. Il s'agit en effet d'un témoignage d'expérience vécue – la police n'a pu démontrer ni l'hallucination causée par une intoxication quelconque ni le canular –, mais en même temps d'un récit comportant de nombreux motifs et traits légendaires caractéristiques de la légende type de l' « autostoppeur qui disparaît » (*the vanishing hitchhiker*) ou « auto-stoppeur fantôme » étudiée par les folkloristes de tous les pays depuis une cinquantaine d'années et codée E 332.3.3.1 dans les index de motifs. L'analyse de cet ensemble, depuis les publications universitaires pionnières de Beardsley et Hankey (1942 et 1943) jusqu'à l'ouvrage de Jan Harold Brunvand *The Vanishing Hitchhiker* (1981), qui a fait connaître le concept de légende urbaine au grand public, a joué un rôle central dans l'émergence de la notion de légende contemporaine. L'influence du modèle légendaire est très nette dans les variantes de l'histoire de Palavas, qui viennent en quelque sorte la compléter. Ainsi, beaucoup de gens racontent que la Dame blanche – l'expression participe déjà de la reconstruction légendaire du récit – serait le fantôme d'une femme morte dans un accident de voiture à l'endroit même où elle a disparu.

Malgré la sécheresse et l'objectivité du rapport de police, les traits légendaires ou susceptibles d'être « tirés » vers le légendaire se perçoivent clairement : l'apparition se manifeste vers minuit, heure propice aux fantômes ; les lieux d'apparition et de disparition sont situés près de croisements de routes et de ponts, endroits traditionnellement choisis par les créatures surnaturelles pour se manifester (ces lieux symbolisent un « passage » entre l'ici-bas et l'au-delà) ; enfin, la « femme en blanc » correspond à une figure classique d'être fantastique du folklore européen. Deux motifs structurent le récit : la disparition inexpliquée et l'annonce du danger que représente le virage. Les variantes ajoutent un troisième motif : la femme est identifiée comme étant une revenante.

La grande variété des récits d'auto-stoppeurs fantômes rend difficile l'élaboration d'une typologie satisfaisante. On avancera l'idée que les histoires se construisent autour d'une constante (un voyageur prend en charge un inconnu) et d'un ou de deux motifs (la disparition et/ou le revenant), auxquels s'ajoute éventuellement celui de l'annonciation. Les récits résultent donc d'une combinatoire, l'accent pouvant être mis sur l'un ou l'autre des motifs utilisés. Enfin une modalité – plus qu'un motif – du récit concerne l'anonymat de l'auto-stoppeur ou, au contraire, son identification à une figure culturelle (entité fantastique, saint, divinité).

Le motif de la disparition

Le motif de la disparition inexpliquée de l'auto-stoppeur se rencontre très fréquemment dans les histoires d'auto-stoppeurs fantômes, d'où l'expression de *vanishing hitchhiker* utilisée par les folkloristes américains. Les histoires donnent plusieurs détails qui rendent cette disparition inexplicable : la voiture roule vite et sans s'arrêter; les portières demeurent fermées; l'auto-stoppeur met sa ceinture de sécurité; il est assis sur le siège arrière d'une voiture à deux portes (comme dans le cas de Palavas où, de surcroît, l'auto-stoppeuse se trouve entre deux passagers). Les récits insistent sur la matérialité de l'apparition : « Nous pouvions sentir le contact de sa peau et la chaleur de son corps », ont déclaré les jeunes filles de Palavas à des journalistes de *France-Dimanche*. L'auto-stoppeur laisse parfois derrière lui un vêtement, un objet, une trace, une odeur qui témoigne de la réalité de sa présence temporaire. On veut signifier que l'auto-stoppeur n'est pas une hallucination, et même si le motif du revenant intervient, le mystérieux passager n'est jamais décrit comme un fantôme impalpable, flou et flottant dans l'air.

Voici deux exemples de récits d'auto-stoppeurs fantômes où ne figure que le motif de la disparition.

Michael Goss, qui a consacré un ouvrage au phénomène des auto-stoppeurs fantômes, a recueilli le récit de l'aventure arrivée à Roy Fulton, un jeune Anglais de vingt-six ans, poseur de moquette, le 12 octobre 1979 à Stanbridge, dans le Bedfordshire :

> J'avais participé à un tournoi de fléchettes à Leighton Buzzard; j'étais parti vers 21 h 20 et je traversais Stanbridge. [...] Environ 90 mètres après la sortie de la ville, j'ai vu une silhouette sur le côté gauche de la route en train de faire du stop. Je me suis arrêté devant lui, c'est pourquoi j'ai pu le voir passer devant les phares. Il avait un pull-over foncé, un pantalon foncé avec une chemise à col blanc ouvert. Il s'est dirigé vers la voiture, est entré et s'est assis. Il a ouvert la portière lui-même, je n'ai rien eu à faire pour ouvrir la porte. Je lui ai demandé où il allait et il a simplement montré la route, sans prononcer un seul mot. J'ai supposé qu'il allait à Dunstable ou à Totternhoe. [...] Je roulais depuis quatre à six minutes environ, à près de 60 km/h; je me suis tourné vers lui pour lui offrir une cigarette et le gars avait disparu. J'ai freiné, regardé rapidement derrière pour voir s'il était là. Il n'y était pas. Alors j'ai serré le volant et j'ai conduit à toute vitesse. Et c'est tout, vous voyez...
>
> (Goss, 1984, p. 90.)

Michael Goss commente : « C'est tout, mais certains diraient que c'est déjà trop ! » En effet, le récit se présente comme l'énoncé sec et précis d'un fait incroyable, impossible, contraire aux lois du monde physique. Aucune explication rationnelle, bien entendu, mais aucune explication irrationnelle non plus, qui ferait de l'auto-stoppeur un revenant, un individu doué d'ubiquité, un double du conducteur. Un fait brut et inadmissible, tels ceux que l'Américain Charles Fort et ses continuateurs recueillent avec minutie et fascination. Les seules connotations légendaires présentes dans cette histoire sont la couleur sombre des vêtements de l'inconnu – qui évoque les « hommes en noir » des légendes de diables et, plus récemment, d'extraterrestres dont les envoyés maléfiques effacent les traces – et le lieu de prise en charge du passager, la périphérie urbaine participant de la symbolique des lieux intermédiaires.

Le second récit diffère du précédent par l'identité de l'auto-stoppeur : il n'est plus anonyme mais culturellement situé. Danièle Vazeilles, professeur d'ethnologie à Montpellier et spécialiste des Sioux, a recueilli en 1970 ce récit auprès d'un jeune Indien demeurant dans une réserve du Sud-Dakota :

> Une nuit de novembre [dans les années 1960], quand la neige recouvrait les collines, mon grand-père décida de nous rendre visite à Eagle Butte. Alors, ils [les grands-parents] sautèrent dans leur voiture, mon grand-père conduisait. Ils venaient de leur maison en bas, à White Horse. Quelques kilomètres après le carrefour de Green Grass, ils virent une femme qui marchait dans la neige. Ils ne comprenaient pas comment ils avaient pu la voir parce qu'elle était habillée de daim blanc. Ils s'arrêtèrent et la prirent dans leur voiture. Ils étaient étonnés parce que sa robe était très belle, et ils savaient qu'il n'y avait aucune danse [indienne] qui se déroulait dans la réserve à cette époque. Mais ils ne dirent rien, car la femme avait l'air triste et gelée. Ils lui prêtèrent une couverture pour se réchauffer.
>
> Ils continuèrent à rouler en respectant son silence. Mon grand-père se rappelle qu'il était très occupé à réfléchir au

sujet du prochain conseil tribal. Et ma grand-mère s'endormit...

À quelques kilomètres d'Eagle Butte, elle se réveilla frigorifiée. Elle se retourna et elle vit que l'étrangère était partie. Elle questionna mon grand-père à son sujet. Et il fut si stupéfait de la savoir partie qu'il arrêta brutalement la voiture. Ils regardèrent avec attention s'ils la voyaient. Mais elle avait disparu et la vitre arrière était ouverte.

Ma grand-mère eut peur. Elle dit à mon grand-père que c'était la Femme Biche car elle pouvait sentir une odeur de daim dans la voiture. Ils repartirent sur-le-champ. Ils étaient étonnés que la Femme Biche ne leur ait fait aucun mal. Peut-être était-ce parce qu'ils avaient été gentils avec elle et l'avaient prise dans leur voiture. Mais ils étaient encore terrifiés quand ils arrivèrent chez nous et nous racontèrent ce qui s'était passé pendant le trajet.

(Vazeilles, 1977, p. 171-172.)

Même mutisme de l'auto-stoppeur, même disparition inexplicable. Mais ici, le mystérieux passager est identifié par son vêtement et son odeur à un personnage de la mythologie sioux, Deer Woman, « Femme Biche ». Cet être fantastique, mi-bénéfique mi-maléfique, apparaît dans les visions de femmes appelées à devenir chamanes ou à exceller dans l'art des broderies, mais elle séduit et tue les hommes en les entraînant dans des danses infernales. On peut la démasquer à cause de ses pieds, qui sont des sabots de daim : ceci correspond étroitement au motif européen de la danse avec le diable trahi par ses sabots ! La grand-mère, parce qu'elle est une Indienne « pur-sang » à la différence du grand-père métissé, a la compétence culturelle pour identifier la mystérieuse auto-stoppeuse. D'ailleurs, comme le souligne Danièle Vazeilles, cette grand-mère a la réputation de savoir expliquer les rêves prémonitoires et d'être une couturière remarquable ! L'expérience de la rencontre fantastique s'intègre donc dans un cadre culturel qui « explique » en partie la présence de la passagère, sans aller cependant jusqu'à lui donner un rôle d'annonciatrice, puisqu'elle reste muette et que sa présence n'annonce rien.

Le motif de l'annonciation

Dans les histoires d'auto-stoppeurs fantômes, ce motif n'apparaît jamais seul, il est toujours associé à l'un ou l'autre des deux motifs disparition et/ou revenant, ou aux deux, qui ont alors pour fonction de valider le message annonciateur par un phénomène extraordinaire. L'annonce se présente sous trois variantes types selon qu'elle est d'intérêt individuel, régional ou mondial : mise en garde du conducteur contre un danger de la route, annonce d'une catastrophe ou prophétie de fin du monde. Le cas de Palavas donne un bon exemple de la première variante. La deuxième peut être illustrée par l'histoire de la religieuse qui faisait de l'auto-stop en 1967 au Québec, annonçait l'effondrement de l'île Notre-Dame à Montréal sur laquelle se tenait alors l'Exposition universelle, puis disparaissait (communiquée par Alain Bouchard, chercheur en sciences religieuses à l'université Laval à Québec). En voici un autre exemple, venant d'Italie :

> En février 1977, deux jeunes gens voyageaient entre San Colombano et Lambro, roulant dans le brouillard qui est toujours très épais dans cette région. Ils remarquèrent sur le bord de la route une petite vieille qui faisait de l'auto-stop. Ils s'arrêtèrent et firent s'asseoir la vieille femme sur le siège arrière. Entre un soupir et une toux, elle lança une terrible prophétie : « Évitez Milan le soir du 27. Il y aura un grand tremblement de terre qui détruira la moitié de la ville. » En se retournant pour regarder la femme, les jeunes gens virent qu'elle n'était plus là, elle avait disparu. Sur le siège restait une carte d'identité qui se révéla plus tard avoir appartenu à une personne morte dix ans auparavant !
>
> (Toselli, 1990.)

Cette légende très complète cumule les trois motifs de l'annonciation, de la disparition et du revenant. La petite vieille n'est pas un personnage connu, mais elle peut évoquer la Befana, vieille femme vêtue de noir du folklore italien qui apparaît entre l'Épiphanie et le mardi gras – donc en février – pour apporter des cadeaux aux enfants.

Un exemple français, celui du « moine vendéen » en mai 1982, a été analysé par Frédéric Dumerchat, à qui l'on doit une importante étude en langue française sur les auto-stoppeurs fantômes.

> Des automobilistes auraient pris un moine qui, une fois dans la voiture, serait resté muet puis, avant de s'évaporer, aurait prononcé une phrase prophétique : « Ce printemps est chaud, l'été sera brûlant, l'automne sera sanglant. » Parfois, on ajoute qu'il aurait appartenu – c'est lui qui le dit – à l'abbaye des Fontenelles, près de La Roche-sur-Yon, au XVIIe siècle. On situe l'aventure un peu partout entre La Roche-sur-Yon et Les Sables-d'Olonne, près de Luçon, de La Mothe-Achard... [...] Pour la presse, c'est une rumeur, et on cherchera des témoins introuvables. Pour la gendarmerie et la police aussi, quitte à interpeller de vrais moines ; mais elles ne recevront que des coups de téléphone leur demandant des explications.
>
> (Dumerchat, 1990, p. 261-262.)

Quelques mois plus tard, en octobre 1982, les médias se firent l'écho de l'histoire suivante, située en Allemagne :

> Une automobiliste, qui roulait le 10 octobre entre Munich et Salzbourg, s'arrêta au bord de l'autoroute pour prendre un auto-stoppeur en blue-jean et sac à dos. À peine embarqué, le jeune homme s'écria : « Je suis l'archange Gabriel et, je vous le dis, l'an 1984 sera l'année du Jugement dernier ! » Avant que son interlocutrice ait eu le temps de répondre, l'ange avait disparu, en marche, à 140 km/h. C'est du moins ce que la conductrice a affirmé devant les policiers, déposition corroborée par une demi-douzaine d'autres « témoignages » d'automobilistes bavarois.
>
> (*Midi libre*, 28 octobre 1982. De nombreux autres journaux publièrent à cette date la même dépêche.)

Au début des années 1970, sur les autoroutes américaines, un auto-stoppeur fantôme à l'allure de hippie vêtu de blanc annonçait le retour de Jésus sur terre (Fish, 1976). Frédéric Dumerchat cite de nombreuses histoires d'auto-stoppeurs prophètes, de la Seconde Guerre mondiale (où ils annonçaient la fin du conflit) à nos jours (où ils annoncent la fin du monde).

Rarement – mais cela mérite d'être noté –, l'auto-stoppeur fantôme est un signe de malheur pour l'automobiliste. Gillian Bennett (1984) signale ce sous-motif de l'auto-stoppeur qui provoque un accident. Une de mes étudiantes, qui s'attache à la légende de la « Dame blanche de Montagnac » (Hérault), a recueilli quelques récits où l'auto-stoppeuse pousse un hurlement, non pas pour prévenir le conducteur de la présence d'un virage dangereux, mais bien pour provoquer un accident, à l'endroit même où elle avait trouvé la mort.

Le motif du revenant

Ce motif implique dans le récit légendaire un développement narratif plus grand que pour les motifs précédents, puisqu'il faut « démontrer » que l'auto-stoppeur est un revenant. Citons les variantes les plus fréquentes : l'auto-stoppeur a donné une adresse (celle de ses parents ou d'un cimetière) et en s'y rendant, l'automobiliste apprend qu'il a véhiculé un revenant; une enquête auprès de la gendarmerie ou du voisinage révèle que l'auto-stoppcur est décédé; l'auto-stoppeur laisse un objet permettant de l'identifier (carte d'identité); des objets ou des vêtements portés ou empruntés par l'auto-stoppeur sont retrouvés sur ou dans une tombe; plus rarement, l'auto-stoppeur déclare lui-même qu'il s'est tué dans un accident.

Voici quelques exemples de récits des années 1950-1960 :

Le cousin d'un ami, un jeune homme de vingt-cinq ans, aurait pris en stop une jeune fille sur sa Vespa alors qu'il roulait vers Strasbourg. Il se sentit « envahi par un froid désagréable ». Il la laissa devant une maison où il revint quelques jours plus tard car il l'avait trouvée jolie. Il fut reçu par un homme âgé qui lui montra un portrait où il la reconnut. Elle était décédée cinq ans auparavant et il était le deuxième à qui c'était arrivé.

(Dumerchat, 1990, p. 261.)

L'impression de froid et la réapparition du fantôme sur les mêmes lieux sont des caractéristiques du revenant.

Le récit suivant, qui a circulé en Italie en 1959, a été rapporté par la presse française :

À Castellamare, une petite ville près de Naples, un jeune homme en scooter, alors qu'il pleuvait, fit monter derrière lui une jeune fille. Il lui prêta sa veste. Elle descendit à un carrefour et lui indiqua où elle habitait, lui demandant de revenir le lendemain. Il apprit qu'elle était morte depuis plus de deux ans; il la reconnut sur une photo et sa veste était sur sa tombe au cimetière.

(Dumerchat, 1990, p. 268.)

Dans une variante plus macabre, l'auto-stoppeuse et le jeune homme ont pris un café ensemble et la jeune fille a taché sa robe : plus tard, en ouvrant la tombe, on découvre que la défunte a une tache de café sur ses vêtements (Carbone, 1990, p. 46-47).

Le plus fréquemment – mais pas toujours –, la mort est accidentelle (accident de voiture) et/ou précoce (personne jeune). On voit aussi que ces récits minimisent parfois, voire ignorent les motifs de la disparition inexpliquée et de l'annonciation.

Un certain nombre de légendes d'auto-stoppeurs fantômes mettent en scène des revenants de personnes célèbres : dans le moine vendéen, on a cru reconnaître le padre Pio; en 1941, à Kingston, dans l'État de New York, une auto-stoppeuse fantôme a été identifiée comme étant la bienheureuse mère Cabrini, fondatrice de l'orphelinat du Sacré-Cœur (Brunvand, 1981); à Memphis, des automobilistes affirment avoir rencontré, faisant du stop, le fantôme d'Elvis Presley. Mais Elvis est-il vraiment mort ? Ceci est une autre légende !

Ancienneté du légendaire de l'auto-stoppeur fantôme

Les récits d'auto-stoppeurs fantômes dérivent des histoires de rencontres avec des êtres fantastiques du folklore (lutins, fées, le diable, la Mort), des histoires de revenants et des histoires de prophètes. Concernant les revenants, Cesare Bermani (1991) a relevé quelques légendes traditionnelles types – dont certaines circulent encore – directement à l'origine des récits d'auto-stoppeurs fantômes : la jeune fille qui va au bal et dont le cavalier découvre qu'elle était décédée ; le voyageur qui, la nuit, prend en charge un revenant dans son véhicule ; le fantôme de la jeune fille qui veut retourner chez elle ; le fantôme qui demande de l'aide pour un être cher en train de mourir.

Une légende bretonne, recueillie à la fin du siècle dernier par Anatole Le Braz, raconte l'histoire de Marie-Job Kerguénou :

> Alors qu'elle se rendait au marché dans une charrette attelée d'un vieux cheval, une nuit d'hiver, ce dernier refusa tout d'un coup d'avancer. Un petit homme, très âgé, monta avec elle, le cheval repartit, il lui demanda d'aller à Ile-Grande (Côtes-d'Armor) où il s'arrêta au cimetière et disparut. C'était un fantôme. Il lui apprit que, frappé par une malédiction, il avait une dette à acquitter. Marie-Job décéda peu après.
>
> (D'après Le Braz, 1902.)

Michael Goss produit un texte suédois du début du XVIIe siècle :

> En février 1602, un pasteur dont on ignore le nom et deux fermiers voyageaient [à cheval ou, plus probablement, en traîneau] en revenant de la fête de la chandeleur, dans la

région du Västergötland. Sur la route de Vadstena, ils furent abordés par une jolie femme habillée comme une servante, qui demanda s'ils pouvaient l'emmener. Ce qui fut fait. Ils descendirent dans une auberge au bord de la route pour prendre quelque nourriture. La jeune fille, cependant, n'accepta que quelque chose à boire. On lui apporta une chope de bière. Le pasteur remarqua que la jeune fille n'y touchait point et découvrit que la chope était remplie de malt. Une deuxième chope de bière vit son contenu mystérieusement changé en glands de chêne et une troisième – presque sous le nez du pasteur – en sang. À ce moment, la servante déclara, comme si elle interprétait ces signes : « Il y aura de bonnes récoltes cette année. Il y aura suffisamment de fruits sur les arbres. Il y aura aussi beaucoup de guerres et la peste. » Sur ce, elle disparut soudainement.

(D'après Joan Petri Klint, manuscrit de la bibliothèque de Linköping, Suède. Résumé par Goss, 1984, p. 46-47.)

L'occurrence la plus ancienne d'une histoire d'auto-stoppeur fantôme a près de deux mille ans et figure, comme l'a remarqué Lydia Fish (1976), dans les *Actes des Apôtres* (*Ac*, **8,** 26-40) ! Cet épisode peut être résumé ainsi :

Sur la route de Jérusalem à Gaza, déserte et à midi, l'apôtre Philippe arrête le char d'un eunuque, haut fonctionnaire de la reine d'Éthiopie, et monte à ses côtés. Après lui avoir annoncé la Bonne Nouvelle de Jésus et l'avoir baptisé, Philippe disparaît, enlevé par l'Esprit saint.

Interprétation des motifs

Le motif de la disparition fait de ces légendes des histoires insolites dont le message implicite est que l'extraordinaire peut surgir dans la vie quotidienne. Les récits tendent d'ailleurs vers la littérature fantastique, avec une mise en scène appropriée : nuit d'hiver, pluie ou brume, minuit – ou midi, qui est aussi l'heure des apparitions comme l'a rappelé Roger Caillois dans *Les Démons de midi* (1991). Dans les sociétés traditionnelles, le mystérieux passager tend à être identifié (revenant, divinité), alors que l'anonymat du fantôme – rappelons que le mot « fantôme » ne signifie pas nécessairement « revenant » – semble plus fréquent (voir les cas de Stanbridge et de Palavas) dans la culture moderne où l'extraordinaire, le paranormal ne sont pas ou ne sont plus pris en charge par des croyances magico-religieuses.

À l'inverse, le motif du revenant prolonge jusqu'à nos jours une croyance traditionnelle, même si elle est aujourd'hui minoritaire dans les sociétés occidentales. Chez les Mexicains du Texas, une auto-stoppeuse fantôme est identifiée à une figure légendaire de revenant, la Llorona ou « Pleureuse », fantôme d'une femme qui hante les lieux où, après avoir été abandonnée par son mari, elle a tué ses enfants par vengeance (Glazer, 1984). Le message implicite des histoires d'auto-stoppeurs fantômes est en ce cas de prouver que les revenants existent. Cesare Bermani l'a bien montré, ces histoires exploitent divers thèmes moraux : fidélité ou vengeance au-delà de la mort; expiation d'une faute en étant condamné à hanter des lieux; mieux vaut la mort que le déshonneur. Bermani interprète en ce sens le détail de la robe tachée qui symboliserait la virginité perdue.

Le motif de l'annonciation, on l'a vu, se rattache aux légendes mettant en scène des visionnaires. De manière générale, qu'il s'agisse de l'annonce d'un tournant dangereux, d'une mort prochaine ou de la fin du monde, ce motif affirme la réalité du Destin. Même si ces croyances sont moins religieuses – la Providence – qu'autrefois, l'idée du destin et de ses intersignes précurseurs reste solidement ancrée dans la mentalité moderne. Lorsque les prophéties sont de nature religieuse, elles sont souvent associées, comme le démontre Dumerchat à propos du moine vendéen, à un certain catholicisme populaire et intégriste friand de miracles, d'apparitions et de catastrophisme.

Enfin, la route et l'auto-stoppeur possèdent une forte charge symbolique. La route a de tout temps été le lieu de l'Aventure (Goss), des rencontres étranges (depuis les diables et les fées jusqu'aux extra-terrestres ; voir Méheust, 1992, p. 51-53), le symbole de la Destinée. Elle est associée à l'angoisse de la mort : c'est pourquoi les revenants tués dans des accidents de la route deviennent en quelque sorte des divinités protectrices. Quant à l'auto-stoppeur, il est l'inconnu, l'étranger qui peut se révéler sympathique ou antipathique, bénéfique ou maléfique. Les légendes contemporaines évoquent des auto-stoppeurs qui sont des assassins déguisés en vieilles femmes et trahis par leur main poilue (Brunvand, 1984) ou bien des *fous au crochet* *. L'auto-stoppeur est semblable à la baby-sitter, sur laquelle circulent aussi des légendes horribles (la *baby-sitter hippie* *) ; car l'un comme l'autre pénètrent dans une sphère de l'intimité, voiture ou maison, et représentent donc un danger potentiel. En Italie, à l'entrée des autoroutes, des panneaux déconseillent aux automobilistes de prendre en charge des inconnus (Carbone, 1990, p. 45). Alors que les fantasmes érotiques sur les auto-stoppeuses et les baby-sitters affriolantes s'expriment dans des plaisanteries, leur contrepartie obscure, les fantasmes de mort, se manifeste à travers les légendes contemporaines.

Plus qu'aucune autre légende contemporaine, l'histoire de l'auto-stoppeur fantôme s'incarne dans de multiples genres : histoire arrivée à l'ami d'un ami, rumeur, mensonge ou canular (voir le chapitre IV du livre de Michael Goss), fiction littéraire, expérience vécue par un témoin identifié. Parce que les récits d'auto-stoppeurs fantômes se renvoient l'un à l'autre, ils tendent à se constituer en série légendaire, en mythologie contemporaine – comme le triangle des Bermudes, les ovnis, le yéti – où le « surnaturel » est beaucoup plus sollicité que dans les légendes contemporaines proprement dites. La coexistence de l'expérience vécue et de la légende – dont certaines occurrences sont des rumeurs infondées – pose un problème crucial : l'expérience est-elle à l'origine de la légende ou la légende « informe-t-elle » des expériences ? Bertrand Méheust propose une nouvelle voie de recherche en considérant toute mythologie comme un système d'interaction entre des « vécus » et des « représentations culturelles », l'absence de l'un ou l'autre des deux termes entraînant la mort de cette mythologie. Empruntant l'expression à l'ethnologue Michel Boccara, Méheust parle de « vécus mythiques » (Méheust, 1992, p. IV-VII). Il ne fait pas de doute que, dans notre domaine, la notion de « vécu légendaire » mériterait d'être approfondie.

J.-B. R.

Bibliographie

Richard K. Beardsley et Rosalie Hankey, « The vanishing hitchhiker », *California Folklore Quarterly*, 1, 1942, p. 303-335.

–, « A history of the vanishing hitchhiker », *California Folklore Quarterly*, 2, 1943, p. 13-25.

Gillian Bennett, « The phantom hitchhiker : neither modern, urban, nor legend ? » *in* Paul Smith (ed.), *Perspectives on Contemporary Legend*, Sheffield, CECTAL, 1984, p. 45-63.

Cesare Bermani, *Il bambino è servito*, 1991, p. 51-111.

Rolf Wilhelm Brednich, *Die Maus im Jumbo-Jet*, 1991, p. 33-35.

Jan Harold Brunvand, *The Vanishing Hitchhiker*, 1981, p. 24-46.

–, *The Choking Doberman*, 1984, p. 52-54.

Roger Caillois, *Les Démons de midi*, Saint-Clément-la-Rivière, Fata Morgana, 1991 (rassemble les études publiées dans la *Revue de l'histoire des religions*, mars-décembre 1937, et la *Revue des études slaves*, 1936-1937).

Maria Teresa CARBONE, *99 leggende urbane*, 1990, p. 45-47.
Frédéric DUMERCHAT, « Les auto-stoppeurs fantômes », *Communications*, 52, 1990, p. 249-281.
Lydia M. FISH, « Jesus on the thruway : the vanishing hitch-hiker strikes again », *Indiana Folklore*, IX, 1, 1976, p. 5-13.
Mark GLAZER, « Continuity and change in legendary : two Mexican-American examples », *in* Paul Smith (ed.), *Perspectives on Contemporary Legend*, Sheffield, CECTAL, 1984, p. 108-127.
Michael GOSS, *The Evidence for Phantom Hitch-Hikers*, Wellingborough, The Aquarian Press, 1984.
Anatole LE BRAZ, *La Légende de la mort chez les Bretons armoricains*, Paris, 1902, t. I, p. 126-140 (cité par Dumerchat, 1990, p. 269-270).
Bertrand MÉHEUST, *En soucoupes volantes. Vers une ethnologie des récits d'enlèvements*, Paris, Imago, 1992, p. IV-VII et 51-53.
Paolo TOSELLI, Document de présentation du *Centro per la Raccolta delle Voci e Leggende Contemporanee*, Alessandria (Italie), novembre 1990.
Danièle VAZEILLES, *Le Cercle et le calumet*, Toulouse, Privat, 1977, p. 171-172.

Les avions casseurs de nuages

> Pendant l'été 1986, une rumeur [...] fut repérée en Dordogne par les médias. On répétait que les vrais responsables de la sécheresse étaient les grandes plantations horticoles et leurs assurances, qui volontairement ou non modifiaient le régime des pluies avec des expériences d'ensemencement contre la grêle. Les journaux régionaux s'en firent l'écho lorsqu'une pétition signée par plus de 500 éleveurs de bovins fut adressée au préfet de Dordogne : « Ils accusent des pilotes d'avions inconnus de dissoudre les nuages d'orage en y déversant de l'iodure ou du nitrate d'argent, faisant disparaître également les nuages de pluie. Cela pour éviter que des nuages porteurs de grêle ne provoquent des dégâts à des plantations de pommiers. »
>
> (*La Montagne*, 5 août 1986, Brodu, 1990.)

Les grandes sécheresses, si elles empêchent la végétation de pousser, suscitent en revanche une belle moisson de rumeurs et de récits légendaires. Le folkloriste Jean-Louis Brodu a ainsi recueilli de multiples variantes de l'histoire des « avions casseurs de nuages ». C'est une légende rurale, certes, par conséquent non urbaine. Mais c'est bien une légende contemporaine, moderne, en raison des moyens techniques évoqués -- avions, produits chimiques – et du choix des coupables présumés, les propriétaires de grandes exploitations de monoculture horticole. Dans le cadre d'une agriculture de plus en plus spécialisée, les souhaits climatiques des paysans deviennent contradictoires : les éleveurs souhaitent surtout de la pluie afin d'avoir une herbe grasse, les horticulteurs ont besoin de soleil pour obtenir de beaux fruits.

En cet été 1986, la Dordogne n'était pas la seule région de France où circulait ce type d'histoire. Dans le Quercy, la sécheresse avait un effet néfaste sur la pousse des truffes : on accusa les arboriculteurs du Tarn-et-Garonne de fréter des avions pour traiter les nuages et empêcher la pluie. La raison avancée était que le système d'irrigation automatisé des grandes plantations d'arbres fruitiers risquait d'être déréglé par les pluies.

L'année précédente, en 1985, un récit semblable était apparu en Espagne, dont le sud subissait une forte sécheresse. La population accusa les divers groupes locaux qui avaient intérêt à ce que le soleil brille de tous ses feux : les gros producteurs de fruits, en particulier les « barons de la tomate », les industries du tourisme, et même les astronomes, qui ont besoin d'un ciel nocturne sans nuages pour leurs observations. L'obsession des avions casseurs de nuages s'exprimait de multiples manières : on scrutait le ciel, on entendait des bruits de moteur sans apercevoir d'engin volant, on tira même des coups de fusil sur un malheureux avion qui arrosait un champ avec des pesticides. Près de 5 000 agriculteurs manifestèrent à Lorca pour protester contre l'« anticyclone artificiel des grandes exploitations ». Certains accusèrent le ministère de l'Agriculture, allié aux militaires, de mener des expériences antigrêle. Ces histoires se répandirent dans tout le sud de la péninsule Ibérique, Murcie, Almería, Grenade, et jusqu'en Catalogne. À la sécheresse s'ajoutait un contexte politico-économique qui explique la large diffusion de cette légende agricole : l'Espagne venait d'entrer dans le Marché commun et les problèmes de l'agriculture occupaient le devant de l'actualité.

Jean-Louis Brodu l'a montré, l'histoire a été transmise en France par l'intermédiaire des ouvriers agricoles saisonniers venus d'Espagne. Les cueilleurs qui passent en septembre en Dordogne pour la récolte des pommes sont aussi employés dans les grandes plantations du sud de l'Espagne. Dans ce milieu de migrants, on racontait l'histoire suivante :

> Alors qu'un orage menace, des cueilleurs d'une exploitation appartenant à un « baron de la tomate » sont quand même employés dans les champs par le contremaître qui leur dit que la pluie ne tombera pas. Après avoir entendu un bruit d'avion, ils s'étonnent de voir le nuage se dissiper sans crever. Voilà la cause de la sécheresse.

D'après Bill Ellis (1990), une histoire semblable a circulé aux États-Unis en 1983. Dans l'ouest du Maryland, alors qu'une sécheresse inhabituelle affectait la région, beaucoup d'habitants crurent que l'absence de pluie était provoquée par des gens « essayant de modifier le temps en déversant des produits chimiques dans les nuages ». Bien que les ensemenceurs de nuages n'eussent jamais été arrêtés, 6 000 fermiers signèrent une pétition de protestation. Une loi interdisant l'ensemencement illicite des nuages fut d'ailleurs promulguée en 1983 par le gouverneur de l'État.

L'analyse de ces divers cas permet de mettre en évidence un même contexte d'apparition, une structure narrative semblable et des comportements psychosociologiques proches.

Le contexte d'apparition comprend à la fois une situation climatique exceptionnelle – une forte sécheresse – et une situation sociale conflictuelle : opposition entre petits et gros agriculteurs, paysans et industriels du tourisme, paysans et État. Face à une sécheresse inhabituelle, les causes naturelles sont écartées et la rumeur remplit sa fonction explicative en désignant un responsable – « celui à qui profite le crime » –, tandis que ceux qui croient en la rumeur souffrent généralement des conséquences de la sécheresse.

Derrière les variantes des récits, on retrouve la même structure narrative, l'ordre des propositions pouvant néanmoins changer :

1. Une sécheresse sévit, mais elle est si forte qu'elle n'a certainement pas une cause naturelle.
2. Elle est créée artificiellement par un groupe X, qui occupe une position sociale dominante et qui profite de la sécheresse.
3. Les moyens techniques utilisés sont des avions qui entrent dans les nuages et y jettent des produits chimiques complexes (d'où l'erreur du « nitrate d'argent » dans la pétition des éleveurs de Dordogne).
4. Ces avions, souvent non identifiés (absence d'immatriculation), apparaissent et disparaissent mystérieusement, sans que l'on sache où se trouve leur aérodrome.
5. Après le passage des avions, les nuages se dissipent et la pluie ne tombe pas (d'où la proposition 1 : la boucle est bouclée !).

Enfin, les mêmes comportements psychologiques et sociaux peuvent être observés. Le mécontentement se traduit par des manifestations, des graffitis, des pétitions pour demander aux autorités d'interdire les pratiques de destruction des nuages. L'obsession des avions maléfiques suscite de mauvaises interprétations et des hallucinations perceptives, des visions d'avions ou des auditions de bruits de moteur, comme c'est toujours le cas pour les histoires d'avions fantômes (Caudron, 1990). De vrais avions et des pilotes hors de cause sont parfois pris à partie. Avec les premières pluies, la croyance diminue ; on l'attribue aux villageois voisins, puis elle tend à disparaître mais reste sous-jacente, prête à renaître ici ou ailleurs.

La vraisemblance de ces histoires d'avions casseurs de nuages repose sur le fait qu'il existe réellement une technique, découverte en 1946, consistant à ensemencer les nuages avec de l'iodure d'argent ou de la neige carbonique afin de faire pleuvoir préventivement, dans le but d'empêcher la grêle de se former et de tomber. L'ensemencement est réalisé à l'aide de fusées, d'avions ou de générateurs au sol. Dès lors, une première inexactitude apparaît dans les récits légendaires, puisqu'il y est question d'empêcher la pluie de tomber. D'autres erreurs ou invraisemblances courent les récits : des termes inexacts sont employés pour désigner les produits chimiques; des avions légers s'aventurent dans des cumulus quand on sait les dangers que cela représenterait pour eux; des avions ordinaires s'envolent et reviennent à leur base sans être repérés, ce qui est peu probable. Enfin, une simple enquête prouve qu'aucun des groupes incriminés n'a cherché à empêcher la pluie, une forte sécheresse étant en définitive préjudiciable à tous (restrictions d'eau, etc.).

L'origine de cette légende

La légende des avions casseurs de nuages trouve son origine dans trois niveaux de profondeur de la mentalité collective.

La source la plus immédiate est la controverse entre spécialistes, et entre les agriculteurs eux-mêmes, à propos de la technique de lutte antigrêle par ensemencement des nuages : elle est efficace pour les uns, inefficace pour d'autres. Certains affirment même que le procédé déclencherait un phénomène inverse de l'effet souhaité en empêchant la pluie de tomber, ce qui correspond exactement à la croyance fondant les histoires d'avions casseurs de nuages. Selon Brodu, en 1964, un programme américain de prévention de la grêle au-dessus des vergers fut arrêté après sept ans d'essais en raison de la crainte des fermiers voisins d'être privés de pluie. Des événements semblables se déroulèrent en 1977 dans la San Luis Valley. En traversant l'Atlantique, le procédé d'ensemencement des nuages par avion amena avec lui son lot de controverses et de craintes concernant la suppression de la pluie.

Dans son deuxième aspect, la légende des avions casseurs de nuages s'enracine dans le terreau de l'imaginaire technico-scientifique, en attribuant aux savants le pouvoir de contrôler le climat. Au XVIIe siècle déjà, dans son récit utopique *La Nouvelle Atlantide*, Francis Bacon rend les Atlantes maîtres du climat. En 1836, Louis Geoffroy parle, dans son *Napoléon apocryphe*, de machines à vapeur « combinées avec des poudres » qui commandaient « à l'atmosphère dont elles chassaient les nues et dissipaient les tempêtes par de prodigieuses détonations ». Il est vrai que, pendant plusieurs siècles, on a tiré au canon sur les nuages pour les dissiper. En 1906, l'écrivain anglais George Griffith écrit un récit d'anticipation – *The Great Weather Syndicate* – dans lequel des ingénieurs dominent le monde grâce au contrôle du climat. En 1943, imaginaire et réalité se mêlent en une rumeur attribuant aux Allemands l'invention d'une arme secrète terrifiante, la « bombe froide », qui gèle tout sur son passage. Cette rumeur a pour origine le phénomène de glaciation du sillage de fumée après le lancement des V1 et des V2, phénomène baptisé « éclair gelé » par les ingénieurs allemands de Peenemünde. La découverte, en 1946, du procédé antigrêle d'ensemencement des nuages renforce la croyance en la possibilité d'« armes météorologiques ». En 1953, dans *Le Cristal ardent*, Charles Morgan décrit la manière d'utiliser les ondes électromagnétiques pour atteindre les particules ionisées des couches supérieures de l'atmosphère et produire ainsi des masses lenticulaires permettant de focaliser les rayons du soleil afin de produire ou de détruire les nuages. Des bandes dessinées touchant un large public diffusent ce thème du contrôle scientifique du climat : ainsi le célèbre *SOS météores* (1959), une aventure de Blake et Mortimer écrite par Edgar P. Jacobs. On peut aussi mentionner une aventure des Schtroumpfs où figure, sur le mode humoristique, une machine à contrôler le climat – *Le Schtroumpfeur de pluie* (1969), dessiné par Peyo sur un scénario de Delporte et Walthery.

Ceci nous amène à la troisième source de la légende des avions casseurs de nuages : les traditions populaires, jamais complètement oubliées. Les savants qui contrôlent le climat sont les successeurs directs des êtres magiques, lutins (ancêtres des Schtroumpfs !), elfes et surtout sorciers, auxquels un pouvoir semblable était attribué. Le Moyen Âge connaissait les « tempestaires » ou faiseurs d'orages, comme en témoigne le traité d'Agobard, évêque de Lyon au IXe siècle, intitulé *De la grêle et du tonnerre*, où il s'élève contre les croyances populaires. Le XVIe siècle accusa les sorcières, entre autres méfaits, de diriger la grêle sur les cultures. Selon la *Revue des traditions populaires* (t. III, 1888, p. 624), au XIXe siècle encore, en Europe centrale, on poursuivait en justice ceux qui étaient soupçonnés d'être des « tempestaires ». Les superstitions populaires fournissent de nombreux exemples de croyances et de pratiques liées à l'action sur le climat : on fait naître des orages en jetant un peu de farine dans l'eau d'une fontaine et en l'agitant avec une baguette de coudrier ; on trempe dans l'eau un talisman pour provoquer de bienfaisantes averses ou des orages destructeurs ; on plante de longues perches dans les champs, surmontées de morceaux de papier où sont inscrites des formules magiques pour écarter la grêle ; on jette un ustensile de cuisine hors de la maison pour éloigner l'orage ; si l'on tire une balle bénite contre l'orage, on verra un sorcier tomber des nuages (Ruffat, 1951, et *Dictionnaire des superstitions*, 1967) ! Dans l'*Apocalypse* (**16,** 9), la « chaleur torride » est l'un des signes annonciateurs de la fin du monde. À l'action maléfique des « meneurs de nuées » s'opposent les conjurations bénéfiques du prêtre, qui a lui aussi le pouvoir, avec l'aide de Dieu, d'éloigner les orages ou de faire pleuvoir. En désignant comme tempestaires des familles entières ou des habitants d'un village voisin qui bénéficie de meilleures conditions climatiques, la rumeur publique exprime une situation de conflit social, celle-là même que l'on retrouvera dans les histoires d'avions casseurs de nuages.

Ainsi, le légendaire climatique contemporain modernise des croyances anciennes en leur donnant une apparence de rationalité scientifique. Ce ne sont plus les sorciers ou les êtres surnaturels qui agissent sur le temps, mais les savants, avec leurs « spoutniks » et leurs expériences nucléaires, ou bien les extraterrestres : « Les soucoupes volantes détraquent le temps », affirme un personnage du film *Gas-oil* (réalisé en 1955 par le Français Gilles Grangier, avec des dialogues de Michel Audiard), reflétant ainsi une opinion qui avait cours dans les années cinquante. À la peur de la magie a succédé la peur de la science...

J.-B. R.

Bibliographie

Jean-Louis Brodu, « Une rumeur de sécheresse », *Communications*, 52, 1990, p. 85-97.

Dominique Caudron, « Le Baron noir et ses ancêtres », *Communications*, 52, 1990 p. 219-248.

Dictionnaire des superstitions, Forcalquier, Robert Morel Éditeur.

Bill Ellis, « Editor's note », *Foaftale News*, 20, décembre 1990, p. 3.

Andrée Ruffat, *La Superstition à travers les âges*, Paris, Payot, 1951.

Pierre Versins, *Encyclopédie de l'utopie et de la science-fiction*, Lausanne, L'Âge d'homme, 1972, article « Météorologie », p. 586-588.

La baby-sitter hippie et l'enfant rôti

Un couple qui avait un fils adolescent et un petit bébé est sorti, laissant le bébé à la garde de cette fille genre hippie qui était une amie de leur fils. Ils étaient à un dîner ou à une soirée et la mère a téléphoné au milieu de la soirée pour voir si tout allait bien. « Bien sûr, répond la fille. Tout va bien. Je viens de farcir la dinde et de la mettre au four. »

Eh bien, la dame savait qu'elle n'avait pas de dinde, alors elle s'est dit que quelque chose n'allait pas. Elle et son mari sont partis à la maison, et ils ont découvert que la fille avait farci le bébé et l'avait mis au four. Le fils prenait de la drogue et cette fille était son amie, alors ils ont compris qu'elle en prenait aussi. C'est une histoire vraie. On a eu une réunion à l'école et le psychologue en a parlé. Je crois qu'il a dit que c'était arrivé à la voisine d'un de ses amis.

(Raconté en 1971 dans l'État de New York par William K. Kreidler à Lydia Fish et publié par Brunvand, 1981, p. 65.)

Au début des années soixante-dix, cette histoire circulait dans le nord-est des États-Unis et au Canada comme exemple particulièrement dramatique des horreurs de la drogue. C'était l'une des nombreuses *horror stories* relatées sur les méfaits de l'abus du LSD. On s'en souvient, on racontait également que certains jeunes expérimentateurs ayant fixé le soleil trop longtemps pendant leur *trip* se réveillaient aveugles. Celle-ci se distingue des *horror stories* d'étudiants comme *le fou au crochet* * en ce qu'elle concerne davantage un public de jeunes adultes déjà entrés dans le monde des responsabilités parentales. Elle exprime évidemment les inquiétudes de parents, jeunes ou moins jeunes – la version citée spécifie que la baby-sitter droguée est l'amie du fils aîné de la maisonnée –, face à cette jeunesse incompréhensible en pleine révolte découvrant la drogue.

Il existe tout un folklore né de la crainte des pratiques néfastes que peut adopter une jeune bonne soucieuse de son bien-être avant tout, à laquelle de jeunes parents inconscients confient trop légèrement leur enfant. Ces récits de jeunes servantes endormant le bambin braillard en lui faisant respirer un peu du gaz de la cuisinière ou en ajoutant quelques doigts d'alcool à son biberon étaient très répandus à la Belle Époque en France. Symptomatiques d'une hostilité et d'une peur des nantis devant les « classes dangereuses », ils traversent les océans. Dans les années cinquante, une version bien vivace dénonçant les horreurs de la grande ville – New York – a été recueillie par Ernest Baughman.

> À New York, il faut faire très attention aux baby-sitters. On ne sait vraiment pas ce qui peut arriver. L'amie de ma sœur était assise dans le métro un jour, quand elle a entendu deux femmes parler des enfants qu'elles gardaient et de ce qu'elles en faisaient. Elle en a entendu une qui disait : « Moi, je les emmène à la cuisine et je leur donne j-u-s-t-e un peu de gaz. » Ça pourrait vraiment être très dangereux ! Il ne faut pas faire confiance à n'importe qui pour les enfants.
>
> (Brunvand, 1984, p. 77-78.)

Notre histoire a également un pedigree très lointain, voire mythologique, si l'on met l'accent sur le sort du bébé servi comme repas à ses malheureux parents. C'est du moins l'interprétation qu'en propose une psychanalyste argentine qui l'a recueillie en 1949 à Buenos Aires dans un contexte tout différent.

> Un jeune ménage prend une bonne, alors que la femme se trouve à la fin de sa grossesse. L'enfant naît. Quelques semaines plus tard, le mari et la femme sortent un soir pour aller au cinéma, et laissent l'enfant sous la surveillance de la bonne, qui jusque-là a mérité leur confiance. Au retour, la bonne les reçoit avec beaucoup de cérémonie, vêtue de la robe de mariée de la dame, et leur dit qu'elle leur a préparé une grande surprise. Elle les invite à passer à la salle à manger où elle va leur servir un mets spécial. Ils entrent et se trouvent devant un spectacle affreux. Au milieu de la table, mise avec beaucoup de soin, ils voient, sur un grand plat, leur enfant rôti avec des pommes de terre autour. La malheureuse mère devient folle aussitôt. Elle perd la parole et personne ne l'a plus entendue dire un seul mot depuis ce jour. Le père [...] sort son revolver et tue la bonne. Puis il prend la fuite. [...] Le drame s'expliquerait par le fait, inconnu du ménage, que la bonne, une psychotique, s'était échappée peu avant d'un asile.
>
> (Langer, 1952, p. 509-510.)

Il s'agit ici d'une jeune bonne vivant à demeure et non d'une baby-sitter engagée pour un service ponctuel. La cause de la tragédie n'est ici ni la drogue ni la culture des hippies, mais l'intemporelle, l'éternelle folie. Le dénouement est tragique, alors que dans plusieurs versions américaines, le couple des parents, alerté par la réponse de la baby-sitter – « J'ai bien mis la dinde au four » – à son coup de téléphone, arrive à temps pour sauver le bébé. Cependant, le motif de l'enfant rôti lie bien nettement les deux récits et ne saurait être négligé dans l'interprétation de l'histoire, comme l'ont souvent fait les auteurs américains – bien qu'une version présentée par Brunvand et recueillie en 1977 dans l'Utah lui donne beaucoup d'importance.

> En arrivant à la maison, ils ont senti une odeur douceâtre écœurante. La mère s'est précipitée à la cuisine. Elle y a trouvé la table mise pour deux, avec sa meilleure vaisselle et les beaux verres. L'électricité était éteinte et il y avait des bougies allumées sur la table. Dans le four, il y avait leur bébé. La fille avait rôti le bébé ! Elle leur dit : « Regardez, je vous ai préparé un dîner spécial. »
>
> (Brunvand, 1981, p. 67.)

Marie Langer, psychanalyste influencée par Marie Bonaparte, qui avait analysé les mythes modernes apparus en réaction à la situation angoissante créée par la Seconde Guerre mondiale, évoque de grands mythes de cannibalisme comme celui de Tantale (il servit aux dieux, pour les mettre à l'épreuve, le corps dépecé de son propre fils Pélops et en fut puni par une condamnation éternelle à une faim et une soif dévorantes), ainsi que les contes. Elle cite rapidement Blanche-Neige, où la marâtre réclame le cœur de la jeune fille comme preuve de sa mort et dévore celui du lièvre que lui a rapporté le chasseur ; puis Hansel et Gretel rôtissant la sorcière qui voulait manger Hansel. On pourrait bien sûr multiplier les références.

Marie Langer interprète ces récits universels comme les symptômes d'une crainte, elle aussi très répandue, de la *mauvaise mère*, image négative créée par l'enfant, lequel y projette les pulsions agressives que lui inspirent sa crainte de l'abandon et sa jalousie face au père. Elle cherche dans le motif de l'enfant rôti un contenu inconscient et universel qui s'incarnerait, selon les problèmes sociaux du temps, dans des histoires différentes. Les rivalités et les tensions sociales de l'Argentine de 1949, où une classe aisée est menacée par l'explosion du péronisme – la bonne ne se permet-elle pas de mettre la robe de mariée de la jeune mère ! –, ou les problèmes causés par les ravages des nouvelles drogues et les styles de vie adoptés par de jeunes contestataires dans l'Amérique de 1970 structurent différemment l'histoire, mais c'est toujours la figure d'une *mauvaise mère* cannibale qui se profile.

Les récits contemporains mettant en scène une femme seule, dépassée par la technologie moderne, et qui se sert mal à propos du four à micro-ondes – voulant y réchauffer son compagnon à quatre pattes, petit chien ou chat, comme dans un four classique, elle le fait exploser –, présentent sans doute un écho affaibli de ces fantasmes d'agression et de cette figure inquiétante.

V. C.-V.

Bibliographie

Jan Harold Brunvand, *The Vanishing Hitchhiker*, 1981, p. 65-73.
–, *The Choking Doberman*, 1984, p. 77-78.
Marie Langer, « Le " mythe de l'enfant rôti " », *Revue française de psychanalyse*, 16, 1952, p. 509-517.

Le cannibalisme involontaire

1. Le doigt coupé dans le pain

Friedrichshafen (RFA), 16 août 1983. Un homme a eu la surprise de trouver un doigt dans le pain qu'il venait d'acheter pour son petit déjeuner. La police locale a découvert que la miche avait été fabriquée à Hechingen (Bade-Wurtemberg), dans une boulangerie industrielle où un employé avait bien, quelques jours plus tôt, perdu un doigt qui n'avait pu être retrouvé malgré des recherches intensives dans la pâte à pain.

(Delaloye, 1988, p. 78.)

Le motif du doigt coupé dans le pain forme avec le cadavre dans la cuve et le repas de chair humaine une gradation dans l'horreur alimentaire où le tabou archaïque de l'anthropophagie est involontairement transgressé. Les histoires du type doigt coupé dans le pain mettent en scène la découverte d'un morceau de corps humain dans les aliments. Le motif du cadavre dans la cuve suggère l'ingestion d'un corps humain mélangé à de la boisson ou à de la nourriture. Enfin, le repas de chair humaine se fonde sur l'épouvantable révélation que la viande mangée était de la chair humaine.

L'anecdote du doigt coupé dans le pain est le prototype des récits exploitant le motif du morceau de corps humain découvert dans la nourriture. On retrouve le schéma, si fréquent dans les légendes contemporaines, du « quotidien piégé » : un geste banal de la vie quotidienne – manger du pain au petit déjeuner – se révèle la source d'une répugnante découverte. Les objets mis en scène ont une forte charge symbolique : le pain est l'aliment par excellence, tandis que le doigt, forme atténuée de la main, organe le plus mobile et le plus « vivant » du corps humain avec la tête, possède comme elle une charge fantastique incontestable (voir *le voyou à la chaîne* *). Enfin, la morale implicite de l'histoire est suggérée par la mention de la « boulangerie industrielle » : il faut préférer les aliments confectionnés par des méthodes traditionnelles à la nourriture fabriquée en usine, tout particulièrement lorsqu'il s'agit du pain.

Susan Domowitz (1979) a recueilli des histoires de doigt trouvé dans des plats exotiques : chop suey d'un restaurant chinois et spaghettis d'un restaurant italien. Ces récits rappellent donc les histoires d'*os de rat* * dans les plats exotiques ou industriels. Brunvand (1984) mentionne un pouce trouvé dans un glaçon, un morceau de peau humaine dans du jus de tomate et un doigt ganté dans une boîte de marinade Progresso. Le folkloriste américain souligne la fréquence du motif des doigts, dont la présence est à la fois vraisemblable (accident de travail) et symbolique (ainsi qu'on l'a vu, et parce que le doigt est une partie immédiatement reconnaissable du corps humain). Les produits incriminés sont fréquemment de couleur rouge comme le sang, et correspondent souvent à des marques connues de l'industrie alimentaire. Les hamburgers McDonald – qui sont l'objet de multiples rumeurs – auraient ainsi contenu des bouts de doigts (Roberge, 1989). Selon Le Quellec (1991), un doigt humain aurait été trouvé dans une boîte de lait Montblanc à Redon (Ille-et-Vilaine) en 1980.

Le motif appartient tellement au folklore qu'un gadget vendu avec le journal pour enfants *Pif Gadget*, en juillet 1991, représentait une imitation en plastique d'un doigt coupé entre deux tranches de pain de mie, permettant aux enfants de réaliser quelques plaisanteries macabres !

Si d'autres parties du corps humain sont rarement attestées dans les histoires de ce type – on trouve parfois des ongles (qui évoquent à nouveau les doigts) ou bien des dents (dent trouvée dans une bouteille de lait, d'après Roberge, 1989) –, en revanche des objets touchant habituellement le corps sont aussi découverts, si l'on en croit les récits, dans les aliments : mégots de cigarettes, épingles à cheveux, épingles de sûreté et même préservatifs (Fine, 1979). D'autres objets ou animaux découverts dans les aliments – comme des souris, des vers, de la peinture, du pétrole, du ciment – peuvent être également associés au corps si l'on en croit l'analyse originale de Françoise Reumaux (1991).

Selon la sociologue, il y aurait en effet, derrière l'apparente hétérogénéité des objets découverts dans les aliments, l'homogénéité d'un argot sexuel qui évoque de manière très négative la sexualité : par exemple *mouse* = souris = fille facile ; *paint* = peinture = rouge à lèvres ; *butts* = mégots = fesses ; *worm* = ver = personnage abject ; *kerosene* = pétrole = vaseline ; *concrete* = ciment = érection, etc. Les victimes qui découvrent ces objets sont souvent des jeunes filles ou de respectables vieilles dames. Leur effroi est donc double, étant donné le double sens, réel et figuré, de ces objets. Cette interprétation a certes des limites, parce que ces récits se rencontrent aussi hors du domaine linguistique anglo-saxon, là où le double sens argotique ne joue plus, et parce que la liste des corps étrangers découverts dans la nourriture comprend de nombreux objets n'ayant pas de significations sexuelles attestées. Mais elle a le mérite d'éclairer le caractère « dégoûtant » des intrus alimentaires. Les fantasmes de répulsion sexuelle ne font que s'ajouter à un symbolisme primordial du « corps étranger », inverse du « corps propre » et expression de la peur de la souillure corporelle (Douglas, 1971). Le vomissement qui, dans les récits, suit souvent la découverte de l'objet dégoûtant dans la nourriture, évoque la nausée après une mauvaise sexualité – comme le souligne Françoise Reumaux –, mais aussi le vomissement consécutif à la révélation du cannibalisme involontaire (voir le cadavre dans la cuve et le repas de chair humaine).

Le préservatif dans les aliments

Parce qu'elles cumulent le dégoût envers l'objet étranger dans les aliments et la répulsion pour le corps et la sexualité d'autrui, les histoires de préservatifs trouvés dans la nourriture peuvent être considérées comme un type particulier de variante :

> En rompant le pain, une brave femme a découvert un préservatif dans sa baguette. Scandale chez le boulanger et transmission de plainte. Après enquête, le jeune mitron a été déclaré coupable... Il s'était coupé un doigt. Comme il n'avait pas de pansement et qu'il est interdit de laisser du sang imprégner la pâte, le jeune apprenti s'est couvert le doigt avec un préservatif. Ce qui devait arriver arriva, et l'objet glissa. Jamais il ne put le retrouver et, toute honte bue, il choisit de se taire.
>
> (*50 Millions de Consommateurs,* 1990, p. 8.)

En janvier 1991, *Le Figaro Magazine* relatait une histoire qui est manifestement une variante du récit ci-dessus :

> Un préservatif dans un pain aux raisins.
>
> En juin dernier, une habituée d'une pâtisserie viennoiserie respectable de la rue Saint-Denis à Paris a découvert, à l'intérieur du pain aux raisins qu'elle venait d'acheter dans l'établissement, un préservatif. Allant protester, elle a été

« sortie » par le patron. Alertés, les services vétérinaires ont prévenu le procureur et se sont rendus sur les lieux. Ils ont finalement découvert, après plusieurs heures de discussion, qu'un des garçons boulangers, s'étant coupé un doigt, l'avait protégé avec un préservatif. Mais, malaxant la pâte, l'objet lui avait échappé. Prenant conscience de cette gaffe au moment où la jeune fille était venue se plaindre, et prévenant le patron, ce dernier lui avait conseillé de ne rien dire. Finalement, plus de peur que de mal.

(*Le Figaro Magazine,* 1991, p. 106.)

Ces histoires possèdent toutes les caractéristiques d'une légende contemporaine : apparence d'un fait divers insolite, variantes autour d'une même structure, protagonistes typés (femme, garçon boulanger), rhétorique du conte (par exemple : « Ce qui devait arriver arriva, et l'objet glissa »). La trouvaille est d'autant plus choquante que la victime est toujours une « brave femme » ou une « jeune fille ». Dans la seconde version, le magasin, bien que « respectable », est situé rue Saint-Denis, célèbre lieu parisien de prostitution. On imagine donc le pire ou bien l'on pense à de « mauvaises habitudes » des garçons boulangers utilisant la pâte à des fins inavouables ! En réalité, rien ne prouve qu'il s'agisse d'un préservatif – lequel pourrait difficilement servir à protéger un doigt, aussi gros soit-il. Il est plus probable que le garçon boulanger a utilisé un doigtier médical – qui ressemble fort à un préservatif – ou bien un morceau découpé de gant de caoutchouc. D'ailleurs, l'objet devait certainement avoir été rendu méconnaissable par la cuisson.

La même mésaventure s'est déroulée un an plus tard aux États-Unis :

M. Maxwell Moglen, de Oakland, a intenté un procès à la chaîne de supermarchés Safeway après que sa femme Ruth eut apparemment trouvé un préservatif dans la tranche d'un pain acheté dans un magasin de Berkeley. Ruth, quatre-vingts ans, mangeait un sandwich lorsqu'elle s'étrangla et recracha un morceau d'objet en caoutchouc encastré dans le pain. Depuis, ni elle ni son mari n'ont pu manger de pain, proclame leur avocat. Les responsables de Safeway ont examiné l'objet et ont suggéré qu'il pouvait s'agir de l'extrémité d'un doigt de gant en caoutchouc. L'affaire est en instance de jugement à la cour du comté d'Alameda.

(*Chronicle*, 1991)

On observera que dans ces histoires le préservatif est un substitut du doigt blessé, ce qui évoque naturellement le doigt coupé. Jean-Loïc Le Quellec rappelle que le motif du cuisinier ou de la cuisinière qui se blesse le doigt en préparant le repas, tout comme la fileuse ou la couturière qui se pique, se rencontre fréquemment dans les contes et le folklore traditionnels, où il a la signification d'une mort symbolique. Par ailleurs, la référence constante à des plaintes et à des poursuites pénales manifeste l'esprit de défense du consommateur dont témoignent nombre de légendes contemporaines.

Ces histoires atténuent l'horreur de la découverte en expliquant la présence du préservatif par un autre usage de l'objet. Parfois, le propos est direct, voire même poussé à son comble. Selon un entrefilet de *Presse-Océan* (1990), une jeune Canadienne de onze ans aurait découvert dans son bol de céréales un « condom déjà utilisé » qu'elle prit pour un cadeau offert par la firme. « Sa mère, très choquée, s'inquiète des risques de contamination du sida. » Au dégoût sexuel s'ajoute la peur récente du sida.

La contamination alimentaire par des liquides corporels

On en arrive tout naturellement aux histoires de contamination alimentaire (voir *l'os de rat* *) par des liquides corporels : sperme, salive, urine. Brunvand (1984) rapporte la rumeur du cuisinier se masturbant dans la pâte à beignets d'une marque connue tandis que Janet Langlois (1991) a récemment étudié la rumeur visant la chaîne Burger King et affirmant qu'un serveur atteint du sida éjaculait dans la mayonnaise afin de contaminer les clients. Le thème de la transmission volontaire d'une maladie sexuelle se conjugue ici avec celui de la contamination alimentaire. Ceci évoque aussi l'histoire des citrons de supermarché dans lesquels les drogués plantent leurs seringues pour les nettoyer (Morgan, 1988, p. 64).

Contagion d'une maladie et contamination des aliments se retrouvent dans des rumeurs et légendes concernant la salive. Doyle (1978) mentionne l'histoire de la gourde contenant les crachats d'un tuberculeux et bue par un voleur assoiffé. Une version française de cette légende est rapportée par Jean-Loïc Le Quellec qui l'a recueillie du folkloriste Michel Valière. Elle circulait dans l'Hérault vers 1950 :

> Dans le train de Narbonne à Montpellier, deux voyageurs se font face. Il fait très chaud, et l'un d'eux paraît boire régulièrement dans une petite bouteille qu'il tient toujours à la main. L'autre a très soif, et est très envieux. Brusquement, il y a un tunnel qui arrive et là, fuiiit ! le type se jette sur la bouteille, il boit tout ce qu'il y a dedans, et la repose. À la sortie du tunnel, l'autre demande : « C'est vous qui avez bu ça ? – Oui... – Ben c'étaient mes crachats, que j'allais porter au laboratoire de Montpellier. »
>
> (Le Quellec, 1991, p. 125 et 249.)

Une variante remplace le tunnel par le fait que le propriétaire de la bouteille se rend aux toilettes. La contagion de la maladie – éventuelle – est ici involontaire et l'histoire exploite le thème du *voleur dupé* *.

La contagion peut aussi être involontaire sans qu'il y ait vol. Au Québec, la rumeur suivante appartient au vaste et récent légendaire suscité par la peur du sida :

> Dans les restaurants, près de la caisse, il y a toujours un petit plat de bonbons à la menthe. Il paraît que si quelqu'un

qui avait le sida éternuait au-dessus de ce plat et que vous preniez un petit bonbon à la suite, vous pourriez attraper le sida.

(Roberge, 1989, p. 89.)

On peut rapprocher ces histoires de l'ancienne légende – attestée dès 1830 – suivant laquelle « on a découvert qu'un lépreux travaillait à l'usine des cigarettes Chesterfield à Richmond, en Virginie » (Morgan, 1988, p. 178).

Au Québec, des gens affirment qu'il y a des crachats dans un chocolat d'une marque connue ou dans la crème des petits gâteaux d'une autre marque (Roberge, 1989).

La contamination de boissons par l'urine est représentée par deux légendes. La première est une variante de la « gourde de crachats » et raconte comment un échantillon d'urine destiné à un laboratoire d'analyse et contenu dans une petite bouteille de whisky a été dérobé par un voleur, trompé par l'apparence du flacon et la couleur du liquide (Doyle, 1978). La seconde rumeur, étudiée par Gary Fine (1989), a circulé en Californie en 1986 : elle prétend que la bière Corona, importée du Mexique, est contaminée par les ouvriers mexicains qui urinent volontairement dans les bouteilles à destination des États-Unis, ce qui donne à la bière sa belle couleur jaune et sa mousse abondante. La dépréciation symbolique des aliments par leur comparaison avec des excréments – la mauvaise nourriture est qualifiée de « merde » et les mauvaises boissons de « pisse de cheval » ou de « pisse d'âne » – est ici actualisée par la rumeur. Fine explique la légende, outre l'« effet Goliath » qui fait que la rumeur s'attaque à un produit en forte croissance, une bière de luxe au second rang des importations de bière aux États-Unis, par le fantasme nord-américain de la vengeance du tiers-monde contre les nantis. Cette rumeur se rattache donc à la série des importations dangereuses du tiers-monde (voir *l'os de rat* * et *le serpent de grand magasin* *).

Trois liquides corporels n'apparaissent pas dans ces légendes : le lait maternel, trop valorisé ; la sueur, difficile à recueillir ; enfin le sang, parce qu'il renvoie au motif plus terrible du repas cannibale.

La pollution des aliments par des morceaux ou des liquides du corps humain utilise le dégoût pour accuser des institutions ou des groupes : l'industrie alimentaire et les restaurants exotiques (dont le prétendu manque d'hygiène laisserait passer des doigts dans les aliments et des épingles à cheveux dans les bouteilles de soda), les pervers sexuels, les voleurs, les malades contagieux, les importations étrangères. Dans l'expression « corps étranger dans la nourriture », le mot « étranger » s'entend dans toutes ses significations.

Enfin, le motif du morceau humain découvert dans la nourriture suggère une réalité plus horrible encore : à savoir qu'un corps humain entier est mélangé aux aliments, faisant du consommateur un cannibale, même involontaire. En 1992, un étudiant nous rapportait la rumeur suivant laquelle « on avait trouvé un dentier dans un pâté de tête » : la question horrible que l'on se pose est, bien sûr : « Une tête de quoi ? »

J.-B.R.

BIBLIOGRAPHIE

Philippe BÉNET, « Vous l'avez échappé belle », *Le Figaro Magazine*, 12 janvier 1991, p. 104-108.
Jan Harold BRUNVAND, *The Choking Doberman*, 1984, p. 115-118.
50 Millions de consommateurs, 227, avril 1990, p. 8 (cité par Le Quellec, 1991, p. 255).

Chronicle (San Francisco), 28 décembre 1991 (cité par *Foaftale News,* 25, 1992, p. 10-11).
Laurent Delaloye, *Quelle planète !,* 1988, p. 78.
Susan Domowitz, « Foreign matter in food : a legend type », *Indiana Folklore,* 12, 1979, p. 86-95.
Mary Douglas, *De la souillure,* Paris, Maspero, 1971.
Charles Clay Doyle, « Roaming cannibals and vanishing corpses », *Indiana Folklore,* 11/2, 1978, p. 133-139.
Gary Alan Fine, « Cokelore and Coke law : urban belief tales and the problem of multiple origins », *Journal of American Folklore,* 92, 1979, p. 477-482.
–, « Mercantile legends and the world economy : dangerous imports from the Third World », *Western Folklore,* 48, 1989, p. 169-177.
Janet Langlois, « Hold the mayo : purity and danger in an AIDS legend », *Contemporary Legend,* 1, 1991, p. 153-172.
Jean-Loïc Le Quellec, *Alcool de singe et liqueur de vipère,* Vouillé, Geste Éditions, 1991.
Hal Morgan *et alii, Vraies ou fausses ? Les rumeurs,* 1988, p. 64 et 178-179.
Presse-Océan, 10 août 1990, p. 4 (cité par Le Quellec, 1991, p. 255).
Françoise Reumaux, « L'actualité de la rumeur », *Sociétés,* 31, 1991, p. 15-20.
Martine Roberge, *La Rumeur,* Québec, Célat-université Laval, 1989.

2. Le cadavre dans la cuve

> En vidant un bateau-citerne venu d'Algérie on s'aperçoit de la présence d'un cadavre. La macabre découverte se fait trop tard pour que l'on puisse rattraper le vin, déjà distribué aux consommateurs. La marque à laquelle est survenue la mésaventure est précisée dans ce récit, parfois localisé dans les chais d'un important grossiste. La nationalité algérienne ou maghrébine du défunt est souvent notée, ainsi que l'origine nord-africaine du vin contaminé. France, années soixante et soixante-dix.
>
> (Campion-Vincent, 1988, p. 78-79.)

Cette histoire, dont le scénario type est résumé ci-dessus, a largement circulé en France. Jean-Loïc

Le Quellec en a recueilli un exemple oral en 1989 à La Roche-sur-Yon (Vendée) :

> À propos du vin d'Algérie, il était tombé un Arabe, donc, dans une cuve. Peut-être même, en réfléchissant, je me demande si [ça] s'était pas passé, cette affaire, immédiatement après la guerre d'Algérie, voire même pendant [...]. Il serait tombé dans une cuve et bon, ben quand la cuve a été vidée, quoi, ils se sont aperçus qu'y avait un cadavre dedans [...]. L'histoire se serait passée en Algérie [...], sans doute, c'était dans une coopérative agricole, quelque chose comme ça.
>
> (Le Quellec 1991, p. 222.)

Le psychologue Jan Berkhout, séjournant en France au début des années quatre-vingt, a entendu plusieurs versions de cette histoire, qu'il a signalées à Jan Harold Brunvand. Dans certaines variantes, la chute n'est pas accidentelle ; on raconte que le cadavre de l'Algérien avait un poignard dans le dos ou une corde autour du cou (Brunvand, 1984, p. 117).

L'histoire peut être interprétée à trois niveaux. Elle évoque tout d'abord le thème de la mort tragique : par accident (conditions de travail difficiles ou dangereuses, par exemple à cause des vapeurs d'alcool) ou bien par assassinat crapuleux, le cadavre étant caché dans un endroit insolite. Le second thème, fréquent dans les légendes contemporaines, est celui de la xénophobie : il s'agit de vin étranger, maghrébin plus précisément, ce qui est significatif pour la mentalité française où la guerre d'Algérie et l'immigration arabe ont suscité des attitudes racistes persistantes. On soulignera également la cruelle ironie qui fait périr un musulman dans une boisson que sa religion lui interdit. Enfin, le dernier thème est celui du cannibalisme involontaire, toutes les variantes de ces histoires insistant sur le fait que la boisson où macérait le corps a été mise en bouteilles et placée dans le circuit de distribution.

Brednich a recueilli une variante allemande en mai 1990 :

> À Francfort, un ouvrier de l'usine Coca-Cola est tombé il y a quelques années dans une cuve et s'est noyé. Son corps a été dissous. Quand on s'est aperçu de l'accident en découvrant le squelette, le contenu de la cuve avait déjà été mis en bouteilles et distribué.
>
> (Brednich, 1991, p. 104-105.)

Ici, la méfiance envers une boisson étrangère se porte sur le Coca-Cola et sur ses conditions de production dans l'usine locale. Le folklore sur le Coca-Cola – « Cokelore », selon l'expression de Gary Fine – se fonde en grande partie sur le mystère qui entoure les éléments composant cette boisson. On a parlé de « sang de bœuf » : pourquoi pas – accidentellement – de chair d'ouvrier ? La légende utilise aussi une autre rumeur concernant le Coca : il dissoudrait la viande – et exploite donc plus encore le thème du cannibalisme involontaire.

En 1981, circula à Tripoli (Libye) l'histoire d'un ouvrier libyen retrouvé noyé dans une cuve de Coca-Cola (Morgan, 1988, p. 172). L'impact de cette rumeur fut tel que les ventes de la boisson chutèrent d'un coup et qu'un démenti fut publié dans la presse. Les Libyens voyaient dans cette histoire une preuve de l'exploitation de la main-d'œuvre locale par la puissance américaine, tandis que les coopérants européens étaient confortés dans leur jugement défavorable sur l'hygiène des pays du tiers-monde.

Au Texas, durant l'hiver 1966-1967, on prétendit qu'un ouvrier s'était noyé dans une cuve de bière de la brasserie Lone Star à San Antonio (Morgan, 1988, p. 172). Dans une variante, des assassins auraient tué l'ouvrier en lui coupant les mains et en le jetant dans la cuve.

Dans les années cinquante, une autre rumeur affirma que l'un des ouvriers mexicains employés pour la récolte était tombé dans le broyeur d'une usine de pickles dans le Michigan (Domowitz, 1979). Cette histoire cumule des thèmes variés, parfois contradictoires : exploitation inhumaine de la main-d'œuvre étrangère, incompétence de celle-ci, danger du travail en usine, composition mystérieuse des pickles (mélange de morceaux pas toujours identifiables), cannibalisme involontaire.

Le « cadavre dans la cuve » et la littérature

Le motif du cadavre dans la cuve a été beaucoup exploité par la littérature. En 1959, dans l'une de ses nouvelles d'humour noir intitulée *Pig* (« Cochon »), l'écrivain anglo-américain Roald Dahl imagine qu'un abattoir-charcuterie-conserverie de New York utilise parfois la chair des touristes qui, visitant l'usine, sont happés par la chaîne de production. Les lecteurs d'Hergé auront reconnu un épisode de *Tintin en Amérique* (1931-1932) où le célèbre reporter, visitant un abattoir-conserverie de Chicago, est jeté dans une cuve et risque d'être broyé puis transformé en corned-beef. Après son méfait, le méchant s'exclame : « Tout de même, si les usines Slift se rendaient compte des produits que j'ajoute à leurs conserves... » Tintin est sauvé grâce à une grève surprise qui stoppe les machines. Comme l'explique un ouvrier : « C'est la grève générale. C'est parce que la direction a baissé les prix auxquels l'usine nous rachetait les chiens, les chats et les rats qui servaient à fabriquer le pâté de lièvre. » Plus loin, des ouvriers fument ostensiblement sous un panneau « Défense de fumer ». Toutes ces joyeusetés provenaient directement ou indirectement – Hergé reconnaît s'être inspiré d'un numéro spécial du *Crapouillot* sur les États-Unis et du roman de Georges Duhamel, *Scènes de la vie future* (1930) – d'un livre publié pour la première fois en 1906 et qui connut de nombreuses rééditions ainsi qu'un succès considérable, *La Jungle*, de l'écrivain américain Upton Sinclair (1878-1968).

Ce romancier aux sympathies procommunistes s'est fait une spécialité de la dénonciation du capitalisme sauvage. Ses romans, qu'il prétendait fondés sur des témoignages authentiques, ont été largement utilisés par la propagande socialiste et progressiste. *La Jungle* se déroule dans le monde des abattoirs-conserveries de Chicago. L'hygiène y est déplorable : les ouvriers se lavent les mains dans l'eau destinée à la fabrication des saucisses ; chaque soir, on jette dans les cuves le produit du balayage du sol sur lequel crachent les ouvriers, dont certains sont tuberculeux. Le slogan anticapitaliste qui accuse les patrons de tuer les ouvriers au travail devient ici réalité. Le capitalisme transforme les citoyens en « chair à canon » et utilise les ouvriers comme « chair à pâté ». Le cannibalisme métaphorique mais volontaire des patrons qui exploitent les ouvriers précède et provoque le cannibalisme réel et involontaire des consommateurs de corned-beef d'ouvriers !

> Quant à ceux qui travaillaient dans les salles de cuisson, remplies de vapeur d'eau, et au milieu desquelles s'ouvraient au ras du sol de vastes chaudières, leur souci continuel était de ne pas tomber dans les chaudières, car le peu qu'on repêchait de ceux qui y tombaient ne ressemblait plus à grand-chose : il arrivait qu'on les y laissât plusieurs jours, et que leur corps s'en allât tout entier, à l'exception des os, courir le monde en qualité de saindoux garanti pur, de Durham et Cie.
> (Sinclair, 1963, p. 245.)

Upton Sinclair n'est pourtant pas l'inventeur du motif du cadavre dans la cuve. Il l'a vraisemblablement recueilli au cours de ses enquêtes dans le milieu ouvrier américain, qui le tenait lui-même de traditions populaires anglaises. Comme l'a montré Jacqueline Simpson (1983), de nombreuses anecdotes figurant dans l'œuvre de Charles Dickens proviennent de légendes du XIXe siècle. La nourrice de l'écrivain, Mary Weller, aimait à lui raconter des histoires d'horreur. Dans *Les Aventures de Monsieur Pickwick* (*Pickwick Papers*, 1837-1838), le domestique de Pickwick, Sam Weller – la coïncidence de noms est sans doute significative –, raconte à son maître l'anecdote suivante à propos d'une boutique de charcuterie de Londres :

> C'est là qu'un respectable industriel a disparu mystérieusement il y a quatre ans. [...] Il était le maître de cette boutique et l'inventeur d'une nouvelle mécanique à vapeur, patentée, pour fabriquer des saucisses sans fin. Sa machine aurait avalé un pavé, si vous l'aviez mis auprès, et l'aurait broyé en saucisses aussi aisément qu'un tendre bébé. [Un jour, après une dispute avec sa femme, le charcutier disparaît.] Alors, tous les canaux sont visités ; et, pendant deux mois après, toutes les fois qu'on trouvait un corps mort, on le portait tout de go à la boutique des saucisses ; mais pas un ne répondait au signalement. [La femme] fit courir le bruit que son mari s'était sauvé, et elle continua son commerce. Un samedi soir, un vieux petit gentleman, très maigre, vient dans la boutique, en grande colère. [...] « Permettez-moi de vous faire observer, madame, que, comme vous ne mettez pas de la viande de premier choix dans vos saucisses, vous pourriez bien trouver du bœuf aussi bon marché que des boutons. – Des boutons ? monsieur, dit-elle. – Des boutons, madame, dit l'autre en déployant un morceau de papier et lui montrant vingt ou trente moitiés de boutons. Voilà un joli assaisonnement pour des saucisses, madame ; des boutons de culotte. – Saperlotte ! s'écrie la veuve en se trouvant mal, c'est les boutons de mon mari ! » Là-dessus, voilà le vieux petit gentleman qui devient blanc comme du saindoux. « Je vois ce que c'est, dit la veuve ; dans un moment d'impatience, il s'est bêtement converti en saucisses ! » Et c'était vrai, monsieur, poursuivit Sam en regardant en face le visage plein d'horreur de M. Pickwick, c'était vrai. Ou bien, peut-être qu'il avait été pris dans la machine. Mais, en tout cas, le petit vieux gentleman, qui avait toujours adoré les saucisses, se sauva de la boutique comme un fou, et on n'en a jamais plus entendu parler depuis !
>
> (Dickens, 1878, t. II, p. 19-20.)

Ce récit contient les principaux motifs du légendaire étudié ici : le corps tombé dans une cuve et mélangé à des aliments (comme chez Sinclair et Hergé, une chaîne d'automatisation fabrique des saucisses) ; l'incertitude sur les circonstances de la chute (suicide, accident, meurtre ?) ; l'indice trouvé dans la nourriture (variante du motif du doigt coupé dans le pain) ; enfin l'épouvante du consommateur qui comprend la nature de ce qu'il a mangé. L'horreur de l'histoire est déjà suggérée par une figure de style : « la machine [...] l'aurait broyé en saucisses aussi aisément qu'un tendre bébé ».

Le motif de la chute accidentelle dans une cuve, qui constitue une composante essentielle de ces histoires, paraît être très répandu. Jean-Loïc Le Quellec écrit :

> En Poitou, certains considèrent comme assez commune – et authentique – l'histoire du grand-père qui monte surveiller la vinification pendant les vendanges : se penchant au-dessus d'un charaud [une cuve] où le raisin travaille, le vieil homme est étourdi par les vapeurs et tombe la tête la première parmi les raisins... Il meurt sur le coup et on ne le retrouve que plus tard.
>
> (Le Quellec, 1991, p. 221-222.)

Dans la mythologie grecque, le jeune Glaucos, fils de Minos et de Pasiphaé, se noie en tombant tête la première dans une grande jarre de miel. Son corps n'est découvert que plus tard, mais un magicien rend miraculeusement la vie à l'enfant.

On peut évoquer à ce propos une série légendaire voisine, celle des histoires de tragiques accidents du travail. Des ouvriers tombent dans le béton d'ouvrages en construction – ponts ou barrages – et les corps demeurent à l'intérieur de l'édifice (Morgan, 1988, p. 175-176) : l'incident fait ici écho au souvenir des sacrifices de fondation inaugurant des ouvrages exceptionnels, souvenir gardé vivant par tout un folklore de ballades en Europe centrale au début du XXe siècle. Des employés chargés du nettoyage ou de la réparation de cuves ayant contenu des produits toxiques restent inanimés au fond de la cuve que l'on remplit à nouveau. Un soudeur est oublié à l'intérieur d'une chaudière mise sous pression en eau bouillante (Smith, 1986, p. 47).

L'eau-de-vie d'amiral et l'alcool de singe

Une variante du cadavre dans la cuve correspond à toute une série d'histoires où des individus boivent le contenu d'un tonneau d'eau-de-vie dans lequel est conservé le corps d'un défunt. Cette pratique de conservation était courante aux XVIIIe et XIXe siècles pour rapatrier les Européens importants morts outre-mer.

L'histoire la plus connue concerne Nelson. Une chanson de marins raconte comment les membres de l'équipage du bateau qui rapatriait le corps de l'amiral anglais, en 1805, burent une partie du tonneau de brandy dans lequel était conservé le cadavre du vainqueur de Trafalgar, ignorant son contenu. L'argot anglais a gardé une trace de cette légende avec les expressions *to drink a drop of Nelson's blood* (littéralement : « boire une goutte du sang de Nelson »), qui signifie « boire un petit coup de gnôle », et *to tap the Admiral* (« mettre l'amiral en perce » ou « siphonner l'amiral »), signifiant « faire n'importe quoi pour boire ». Des histoires semblables circulèrent à propos d'un général anglais (1812), d'un riche négociant français décédé à la Martinique (1826), d'un amiral anglais qui mourut aux Indes (vers 1830-1840) et de l'amiral français Amédée Courbet, mort en Extrême-Orient (1885).

Un sous-type de cette légende atténue l'aspect « cannibalisme involontaire » en remplaçant le corps humain par le cadavre d'un singe. Jean-Loïc Le Quellec, dans *Alcool de singe et liqueur de vipère* (1991), a particulièrement étudié ces récits. Une des occurrences les plus anciennes circulait parmi les cheminots de la fin du siècle dernier :

> Par le terrible hiver de 1861, un chef de train eut à loger dans son fourgon un colis énorme [...] et dans lequel, au cours de la manipulation, les wagonniers et les serre-freins crurent

entendre des glougloutements caractéristiques : le colis contenait du liquide et, aux dires des connaisseurs qu'ils étaient tous, ce liquide était de l'alcool. [...] Le chef de train joua du vilebrequin et, ô merveille, le liquide qui s'échappa était bel et bien de l'alcool, un alcool ambré, de goût très fin et très particulier. [...] À sept, on se contenta sagement de boire deux litres de breuvage [...]. À la gare destinatrice [...], le Professeur, un petit barbichu à lunettes, exigea que le colis fût ouvert afin, dit-il, de voir si la « pièce » n'avait pas été détériorée [...]. On ouvrit donc précautionneusement ce curieux récipient, et les hommes virent alors, recroquevillé dans de l'alcool, le cadavre d'un grand singe de Bornéo que le Professeur contemplait avec ravissement, alors que les serre-freins et le chef de train devenaient verts et étaient pris de coliques rétrospectives.

(Henri Vincenot, 1975, p. 155-156.)

Sur les côtes de la Manche et de l'Atlantique, on connaît la version maritime de l'alcool de singe, où le fût a échoué sur le rivage à la suite d'un naufrage. En Vendée, l'anecdote suivante est particulièrement répandue :

Une bande de marins de Brétignolles avait découvert une barrique de rhum sur le sable de la plage de Saint-Gilles. Plutôt que de la remettre aux Affaires maritimes, ils décidèrent d'en consommer immédiatement le contenu. Ils en avaient déjà bu une bonne quantité, étaient tous bien éméchés [...] quand l'un d'eux eut l'idée d'éventrer le demi-muid pour faciliter leur tâche. Quand il fut éclaté, ils s'aperçurent alors qu'il contenait en réalité un singe conservé dans l'alcool, et destiné au Muséum d'histoire naturelle de La Rochelle. Tous furent malades et vomirent aussitôt...

(Le Quellec, 1991, p. 12.)

Jean-Loïc Le Quellec a remarquablement enquêté sur cette légende locale et en a démonté le mécanisme avec minutie. Un document conservé aux Archives historiques de la marine à Rochefort prouve que, le 27 décembre 1911, un garde-côte récupéra sur la côte de Brétignolles « une barrique contenant un cadavre de singe en assez bon état de conservation, sans marque extérieure ». Le 5 janvier 1912, un journal local, *Le Publicateur de la Vendée*, relate la trouvaille en précisant que le fût échoué paraissait avoir contenu du vin mais ne contenait pas de liquide et renfermait le corps d'un énorme singe. Or le 14 janvier 1912, le *Journal des Sables* (Les Sables-d'Olonne, en Vendée) donne une version parfaitement légendaire de l'histoire : l'événement est incorrectement localisé à Saint-Martin-de-Brem, le fût est rempli d'eau-de-vie, des marins en boivent le contenu, le tonneau est ouvert, les buveurs découvrent un orang-outang et sont alors pris de vomissements... Il n'aura ainsi fallu qu'une quinzaine de jours pour qu'un récit légendaire préexistant – l'alcool de singe – s'incarne grâce à un événement local qui a servi de déclencheur, de structure d'accueil (la découverte d'une barrique contenant un singe). Une fois de plus, on peut souligner le rôle crucial joué par la presse dans la diffusion des légendes.

Dès lors, l'histoire de l'alcool de singe de Vendée va rapidement se répandre. Une série de cartes postales reconstituant le récit de manière très folklorique, comme un roman-photo, a été éditée en 1912 par le magasin Boutain à Saint-Gilles-sur-Vie, près de Brétignolles. En 1913, l'*Almanach du marin breton* rapporte l'anecdote, illustrée par deux vignettes de style bande dessinée. Et surtout, la légende poursuit sa carrière à travers de multiples versions orales où apparaissent des variantes significatives : un buveur « remarqua un poil dans son gobelet, mais n'y prêta pas attention » (motif de l'indice) ; le fût éventré « laissa apparaître deux pieds semblables, à première vue, aux pieds d'une personne humaine » (suggestion d'un corps humain) ; le singe est un orang-outang provenant de Sumatra (l'orang-outang est le singe qui ressemble le plus à un être humain et l'allusion à Sumatra est peut-être un écho du singe de Bornéo des cheminots de 1861).

Ainsi, la légende de l'alcool de singe est l'exact intermédiaire entre le motif du cadavre humain dans la cuve et celui des animaux dans la nourriture (souris au fond de la bouteille de soda, voir *l'os de rat et autres animaux immondes mangés* *).

Histoire amusante, insolite, cette légende est aussi une histoire morale : les protagonistes du récit – à la fois voleurs (souvenir des « naufrageurs » d'antan) et buveurs – sont punis pour leurs fautes. L'utilisation de cette histoire par l'*Almanach du marin breton* était nettement fondée sur le souci de lutter contre l'alcoolisme. On peut même retrouver ce motif dans des contes du monde entier, puisque Le Quellec mentionne un conte centrafricain où Téré l'Araignée voit sa gourmandise punie lorsqu'elle découvre, au fond de la jarre de miel qu'elle mange, le cadavre d'un singe (Le Quellec, 1991, p. 125).

Ce qui nous amène à évoquer les récits anciens où le motif du cadavre humain dans un récipient alimentaire est présent.

Les récits anciens

Dans les *Facéties* (1450) de l'écrivain italien Giovanni Francesco Poggio-Bracciolini (1380-1459), on trouve l'anecdote suivante :

> D'un juif mort qui fut confondu avec de la nourriture par un Florentin.
>
> Comme deux juifs partis de Venise, où ils demeuraient, voyageaient vers Bologne, il arriva que l'un d'eux mourut des suites d'une maladie. L'autre voulait expédier son cadavre à Venise, mais comme c'était notoirement illégal, il le découpa en petits morceaux qu'il plaça dans une jarre, avec du miel et divers aromates, de sorte qu'il se dégageait de ce récipient une odeur étonnamment agréable. Puis il confia le tout à un autre juif qui allait lui-même à Ferrare, sur un petit bateau, par les canaux. Mais de nombreuses personnes s'étaient aussi embarquées sur cette barge, et en particulier un certain Florentin qui s'était assis près de la jarre. La nuit tombée, l'odeur qui s'en dégageait le conduisit à soupçonner qu'elle renfermait quelque chose à manger. Il l'ouvrit subrepticement, et entreprit de goûter son contenu. Le trouvant tout à fait savoureux, il consomma peu à peu, dans la nuit, tout ce

qui se trouvait dans le récipient, en croyant manger quelque chose de vraiment excellent. Au moment de débarquer à Ferrare, quand le juif souleva la jarre, il devina, vu son faible poids, qu'elle était vide, et s'écria que le cadavre avait été dérobé. Du même coup, le Florentin apprit qu'il était devenu le tombeau d'un juif.

(Poggio-Bracciolini, 1450.)

Le recueil des *Facéties* a été traduit en français en 1549 et a connu de nombreuses éditions dans toute l'Europe de la Renaissance. Il a également suscité des imitations : dans une version du XVIIe siècle, des marins affamés prennent le contenu d'un tonneau rapatriant les restes d'un juif d'Alexandrie pour de la viande salée (Ranke, 1973). Poggio-Bracciolini ne devait croire qu'à moitié à cette anecdote, qu'il a vraisemblablement entendu conter oralement. On la trouve en effet déjà dans les contes du fabuliste Nasreddin-Hadja, surnommé l'Ésope turc, au XIVe siècle. L'authenticité de l'histoire paraît douteuse lorsque l'on sait l'obligation de respect envers le cadavre qu'impose la religion juive. Le juif mort a dû être dépecé, voire désossé, ce qui va à l'encontre de la croyance hébraïque en la nécessité pour le défunt de se présenter devant Dieu avec un corps intègre.

Charles Doyle (1978), commentant cette histoire, la rapproche de la légende contemporaine de *la grand-mère volée* *. Les séquences composant les deux types de récits sont en effet les mêmes :

1. Un membre d'un groupe de voyageurs meurt, loin de son domicile.
2. Ses compagnons prennent des mesures précipitées pour rapatrier le corps.
3. La dissimulation du cadavre est rendue nécessaire pour des raisons de contrôles administratifs.
4. Le cadavre est accompagné par un parent ou un compatriote.
5. Chemin faisant, le cadavre est volé.
6. Le voleur ignore initialement qu'il a dérobé un cadavre.

Dans certaines versions de « la grand-mère volée », on laisse entendre qu'elle aurait été mangée. Pour Doyle, que le cadavre volé soit celui d'un animal de compagnie assimilé à un membre de la famille (voir *le voleur dupé* *), d'une grand-mère ou de toute autre personne, il s'agit en dernière instance – que le cadavre soit mangé ou non – d'une évocation du thème du cannibalisme. « Toutes les histoires de cadavres volés expriment une découverte universelle : celle de la réalité macabre de la Mort, de l'effroyable proximité des vivants avec les morts » (Doyle, 1978, p. 138). Le comble de cette proximité étant la manducation du défunt.

Le second récit ancien a été écrit au XIIIe siècle par Abd el-Latif, médecin et voyageur arabe né à Bagdad, dans sa *Relation de l'Égypte* :

> Un homme sûr m'a raconté qu'étant une fois occupés, lui et d'autres personnes, à rechercher des trésors dans le voisinage des pyramides, ils trouvèrent une cruche bien scellée; l'ayant ouverte, et ayant reconnu qu'elle contenait du miel, ils se mirent à en manger. L'un d'eux remarqua un cheveu qui s'était collé à son doigt; il le tira, et l'on vit paraître un petit enfant dont tous les membres étaient encore adhérents.
>
> (Abd el-Latif, 1810.)

La conservation du corps des défunts dans du miel est attestée par plusieurs auteurs de l'Antiquité, dont Strabon et Hérodote. On remarquera le souci du voyageur arabe de rendre crédible l'anecdote (« Un homme sûr m'a raconté... »), même si l'on peut douter de la véracité des propos d'un pilleur de tombes ! L'histoire possède bien sûr sa moralité : le pillage des tombes et la gourmandise sont punis.

La légende du cadavre dans la cuve apparaît donc comme véritablement universelle, chaque culture et chaque époque l'adaptant à sa mentalité propre. Ainsi la pratique funéraire de la crémation a-t-elle suscité une série d'histoires où les cendres du défunt sont mangées par mégarde.

Cendres funéraires et aliments en poudre

Ce motif, qui existe depuis longtemps (Dale, 1978, Newall, 1985), semble avoir connu sa diffusion la plus grande au lendemain de la Seconde Guerre mondiale, peut-être pour exorciser les récents envois de cendres des soldats tués au front, et alors que des compatriotes émigrés faisaient parvenir d'Amérique des colis de nourriture à leur famille dans le besoin.

> Après la guerre, une famille allemande reçoit régulièrement des colis de ravitaillement de la part de proches parents installés aux États-Unis. Ces colis contiennent du chocolat, du café, du lait en poudre, etc. Un jour, ils trouvent dans un colis une belle boîte contenant une poudre inconnue. Pensant qu'il s'agit d'un aliment nouveau, ils en ajoutent chaque jour à leur repas. Quelques semaines plus tard, la famille reçoit une lettre annonçant la mort de la grand-mère et l'envoi prochain de l'urne contenant ses cendres.
>
> (D'après Brednich, 1990, p. 73.)

Selon les variantes, les cendres sont confondues avec de la soupe déshydratée, du Nescafé, de la farine, du curry, des épices, du cacao (cendres envoyées d'Australie dans une vieille boîte de cacao, d'après Dale, 1978). Dans une version anglaise, la grand-mère meurt lors d'un voyage en Extrême-Orient et la famille confond l'urne avec une boîte à épices, utilisant les cendres pour confectionner le gâteau de Noël (Smith, 1983).

Martine Roberge relate une histoire racontée de nos jours au Québec :

> Il s'agit de deux sœurs. L'une vit avec son mari à Toronto et l'autre vit à Montréal. La première écrit une lettre à sa sœur pour lui dire qu'elle lui envoie des épices pour son gâteau. Sauf que pendant ce temps, son mari meurt. Elle envoie aussi les cendres de son mari à sa sœur. Sauf que les cendres sont arrivées avant les épices. Donc la sœur a mangé les cendres dans le gâteau qui fut très bon et les épices furent jetées dans le lac.
>
> (Roberge, 1989, p. 91.)

Suivant un phénomène connu, le récit légendaire s'explicite – équivalence entre épices et cendres – et se structure selon des figures de rhétorique, ici le chiasme entre les cendres dans le gâteau et les épices dans le lac. Comme souvent dans ce type d'histoires – et contre toute vraisemblance –, il est précisé que la nourriture mangée a un goût excellent.

La légende des cendres mangées dénonce tout à la fois le mauvais fonctionnement des postes, le conditionnement moderne des aliments sous forme de poudre méconnaissable et la crémation elle-même, qui fait courir le risque d'un manque de respect envers les morts et d'un cannibalisme involontaire.

La manducation du corps humain, mélangé, presque dilué dans de la nourriture, atténue l'horreur de l'acte cannibale. D'autres récits, en revanche, insistent sur le fait de manger de la viande, dont on a l'horrible révélation qu'il s'agit de chair humaine : c'est le repas de chair humaine.

J.-B.R.

Bibliographie

ABD EL-LATIF, *Relation de l'Égypte* (traduction Silvestre de Sacy, 1810, cité par Morgan, 1988, p. 174 et Le Quellec, 1991, p. 123-124).

Rolf Wilhelm BREDNICH, *Die Spinne in der Yucca-Palme,* 1990, p. 73-76.

–, *Die Maus im Jumbo-Jet,* 1991, p. 104-105.

Jan Harold BRUNVAND, *The Choking Doberman,* 1984, p. 115-118.

Véronique CAMPION-VINCENT, « Les légendes urbaines », *Cahiers de littérature orale,* 24, 1988, p. 75-91.

Rodney DALE, *The Tumour in the Whale,* 1978.

Charles DICKENS, *Les Aventures de Monsieur Pickwick,* Paris, Hachette, 1878.

Susan Domowitz, « Foreign matter in food : a legend type », *Indiana Folklore,* 12, 1979, p. 86-95.
Charles Clay Doyle, « Roaming cannibals and vanishing corpses », *Indiana Folklore,* 11/2, 1978, p. 133-139.
Gary Alan Fine, « Cokelore and Coke law : urban belief tales and the problem of multiple origins », *Journal of American Folklore,* 92, 1979, p. 477-482.
Hergé, *Tintin en Amérique,* Paris-Tournai, Casterman, 1983.
Jean-Loïc Le Quellec, *Alcool de singe et liqueur de vipère,* Vouillé, Geste Éditions, 1991.
Hal Morgan *et alii, Vraies ou fausses ? Les rumeurs,* 1988, p. 172.
Venetia Newall, « Folklore and cremation », *Folklore,* 96, 1985, p. 139-155.
Giovanni Francesco Poggio-Bracciolini, *Facéties,* 1450 (cité par Doyle, 1978 et Le Quellec, 1991, p. 124).
Kurt Ranke, « Zum Motiv " Accidental Cannibalism " », *Dona Ethnologica, Festschrift Leopold Kretzenbacher,* Munich, 1973, p. 321-325.
Martine Roberge, *La Rumeur,* Québec, Célat-université Laval, 1989.
Jacqueline Simpson, « Urban legends in *The Pickwick Papers* », *Journal of American Folklore,* 96, 382, 1983, p. 462-470.
Upton Sinclair, *La Jungle,* Paris, UGE, 1963 (cité par Le Quellec, 1991, p. 149).
Paul Smith, *The Book of Nasty Legends,* 1983.
–, *The Book of Nastier Legends,* 1986.
Henri Vincenot, *La Vie quotidienne dans les chemins de fer au* XIX*e siècle,* Paris, Hachette, 1975 (cité par Le Quellec, 1991, p. 27).

VOUS VOYEZ... LES BŒUFS ARRIVENT PAR ICI, SUR UN TAPIS ROULANT, A LA QUEUE-LEU-LEU.......
....ET ILS SORTENT A L'AUTRE BOUT, SOUS FORME DE CORNED BEEF, DE SAUCISSES, DE SAINDOUX, ETC,
CORNED BEEF
SI VOUS VOULEZ ME SUIVRE, JE VOUS MONTRERAI LE FONCTIONNEMENT DE CETTE MACHINE
SI VOUS TOMBIEZ LA-DEDANS, VOUS SERIEZ AUSSITOT BROYÉ PAR LES ÉNORMES ROUES QUE VOUS VOYEZ....
CE NE SERAIT PAS DROLE....
OH
HA! HA!
HERGÉ
SAUCE ANGLAISE
AIL
POIVRE
SEL
GINGEMBRE
PLATCH

HA! HA! HA! JE N'AURAIS JAMAIS CRU UN REPORTER CÉLÈBRE AUSSI NAÏF!... C'EST LE CHEF QUI SERA CONTENT!...
J'ÉCOUTE!... ALLO!... OUI!.... TOM?... BIEN!........TRÈS BIEN!.....PARFAIT! ......EN CORNED BEEF?....... TU ES UN TYPE ÉPATANT!...... QUOI?.... 5.000 DOLLARS?.... TU LES AURAS........
TOUT DE MÊME SI LES USINES SLIFT SE RENDAIENT COMPTE DES PRODUITS QUE J'AJOUTE A LEURS CONSERVES...
EH BIEN?... QU'AVEZ-VOUS A RESTER LA? VOUS N'AVEZ SANS DOUTE RIEN A FAIRE? .... ET PUIS, QUI VOUS A PERMIS D'ARRÊTER LES MACHINES?? QUE SE PASSE-T-IL ICI???..
CE QUI SE PASSE?... C'EST LA GRÈVE GÉNÉRALE!... C'EST PARCE QUE LA DIRECTION A BAISSÉ LES PRIX AUXQUELS L'USINE NOUS RACHETAIT LES CHIENS, LES CHATS ET LES RATS QUI SERVAIENT A FABRIQUER LE PÂTÉ DE LIÈVRE.
....MAIS ALORS?... TINTIN?... POURVU QUE CETTE GRÈVE N'AIT PAS COMMENCÉ TROP TÔT!... QUE DIRAIT LE CHEF?..
DEFENSE DE FUMER

Planches extraites de *Tintin en Amérique* (1931) par Hergé, © Casterman.

3. Le repas de chair humaine

Djakarta, 28 août 1986, AFP. Un colporteur indonésien, M. Edi Paat, s'était rendu chez un ami, propriétaire d'une échoppe vendant de la nourriture à Kuningan (ouest de Java), avec un morceau de viande, prêt à faire un bon repas, rapporte jeudi l'hebdomadaire *Tempo*. M. Paat fait frire la viande, donnée, dit-il, par un ami, puis s'attable avec son ami commerçant et trois autres personnes. De l'avis général, le plat est délicieux. Mais les amis découvrent un bizarre morceau de coton dans le plat et M. Paat doit alors avouer qu'il a trouvé la viande dans un sac de plastique, dans une gare routière. Le lendemain, un homme était vu en train de chercher frénétiquement son sac disparu. Il contenait, disait-il, une tumeur de deux cent cinquante grammes qu'on venait d'extraire sur son frère. La nouvelle est parvenue à l'oreille des convives, qui ont alors compris la nature exacte de leur dîner de la veille.

(Vergez, 1990, p. 93-94.)

On ne peut que suspecter cette dépêche de l'Agence France Presse. L'affirmation suivant laquelle « le plat est délicieux », la découverte d'un indice (« un bizarre morceau de coton », voir le doigt coupé dans le pain), un paquet volé ou perdu (voir le voleur dupé), la révélation que la nourriture mangée était d'origine humaine : tous ces éléments sont des motifs fréquents des histoires de cannibalisme involontaire. Il est probable qu'un fait divers réel – découverte d'un sac contenant une tumeur humaine ressemblant à de la viande d'animal – s'est coulé dans la structure de la légende type du cannibalisme involontaire, donnant naissance au pseudo-fait divers ci-dessus. L'éloignement du lieu de l'événement (Indonésie) et sa retranscription par des journaux successifs (la dépêche de l'AFP reprend l'article d'un hebdomadaire italien) ont dû jouer un rôle dans le processus de déformation des informations. Ajoutons qu'un homme transportant dans un sac la tumeur extraite sur son frère paraît étrange, les hôpitaux se chargeant en principe des « restes » chirurgicaux !

Cette histoire renforce les préjugés xénophobes des Occidentaux sur le tiers-monde : manque d'hygiène hospitalière, vol de nourriture et, peut-être, l'idée que les cannibales involontaires trouvant délicieuse la chair humaine ne sont pas si différents des anthropophages peuplant jadis, selon les voyageurs occidentaux, les îles de Java et de Bornéo.

Le motif du repas cannibale symbolise aussi les périodes de troubles et de pénuries. Il apparaît dans le roman de Walter Lewino, *Fucking Fernand* (1976), qui tourne en dérision le bouleversement des valeurs provoqué par la guerre et l'occupation allemande. Un épisode raconte comment des miliciens mangent involontairement un officier allemand après avoir saisi une valise qu'ils croyaient remplie de quartiers de porc destinés au marché noir. En apprenant la nature de ce qu'ils avaient mangé, les miliciens sont pris de vomissements. En 1987, le cinéaste Gérard Mordillat a réalisé un film sous le même titre, à partir du roman de Lewino, avec Thierry Lhermitte et Jean Yanne.

De là à imaginer que des individus vendent sciemment de la chair humaine en la faisant passer pour de la viande animale, il n'y a qu'un pas, qui a été franchi depuis fort longtemps : c'est le thème du commerce de chair humaine.

Le commerce de chair humaine

En 1946, dans Berlin en ruine, une jeune femme rencontre un aveugle errant et tâtonnant qui lui demande de bien vouloir porter une lettre à une adresse. Charitablement, elle accepte et prend le chemin de l'adresse indiquée ; mais, en se retournant, elle aperçoit l'aveugle qui s'enfuit en courant, sans aucune hésitation, et qui disparaît au coin de la rue. Trouvant ce comportement suspect, la jeune femme va raconter son histoire à la police. Peu après, les policiers découvrent à l'adresse indiquée deux hommes et une femme ainsi qu'une grande quantité de viande, ce qui valait de l'or à cette époque. Avec horreur, les policiers s'aperçurent qu'il s'agissait de chair humaine. Et le texte de la lettre que la jeune femme devait remettre était le suivant : « Ceci est la dernière livraison pour aujourd'hui. »

(Brednich, 1991, p. 100-102.)

Cette légende circulait dans l'Europe de l'après-guerre et a été relatée par la presse, notamment le journal américain *The New Yorker* en juillet 1946. Une variante, recueillie par Klintberg à Stockholm en 1973, situe toujours l'histoire à Berlin dans l'immédiat après-guerre mais les victimes potentielles sont des enfants orphelins, l'adresse conduit à une usine de saucisses et le texte du message est : « Voici la viande de veau. » Comme souvent dans les histoires de cannibalisme involontaire (voir aussi le cadavre dans la cuve), les aliments fabriqués à partir de chair humaine sont des préparations où l'on ne reconnaît pas les morceaux : saucisses, pâtés, ragoûts, viande en conserve.

Il est intéressant de noter que la même légende sera transposée dans les années cinquante aux histoires de *traite des Blanches* *. Le texte de la lettre y devient : « C'est la dernière que j'envoie. » Après tout, la prostitution est bien, aussi, un commerce de chair humaine !

Le motif du charcutier qui utilise sciemment de la chair humaine possède une longue tradition dans la littérature populaire et le folklore (Meurger, 1988).

En 1840, un livret de colportage, publié sans nom d'auteur à Londres et intitulé *Le Collier de perles,* met en scène Sweeney Todd, un diabolique barbier de Fleet Street dont l'ingénieux fauteuil à bascule expédie les clients égorgés sur l'étal du garçon boucher qui ravitaille le magasin de délicieux pâtés en croûte de Mrs. Lowett.

Toujours à Londres, en juin 1818, une feuille de faits divers éditée par James Catnach commençait par ces phrases : « Une nouvelle et horrible découverte ! Un grand nombre de corps humains trouvés dans la boutique d'un charcutier. » Ce pamphlet suscita des manifestations populaires contre plusieurs boucheries suspectées d'être celle du fait divers. En réalité, l'information publiée était purement romanesque et Catnach fut inculpé et condamné pour diffamation (Simpson, 1983).

Paul Sébillot mentionne de nombreuses traditions concernant des bouchers de chair humaine. Une légende se rattache par exemple à la place Labourey à Besançon :

> Un assassin de ce nom qui l'habitait aurait été exécuté devant sa maison, qui fut rasée et la place qu'elle occupait labourée et semée de sel. Cet homme était un pâtissier qui, pour rendre ses pâtés plus succulents, y faisait entrer de la chair de petits enfants qu'il égorgeait après les avoir attirés chez lui ; un petit doigt trouvé dans un pâté amena la découverte d'ossements et du corps non entièrement haché de la dernière victime.
>
> (Sébillot, 1906.)

Jean-Loïc Le Quellec souligne la coïncidence, trop belle pour être vraie, entre le dénommé Labourey et l'emplacement « labouré » de la maison de l'assassin. Par ailleurs, il paraît peu probable que le nom d'un criminel soit donné à une place dans une ville. On reconnaît au passage le motif légendaire du doigt trouvé dans la nourriture. Parfois, dans d'autres histoires, c'est la découverte de la bague de fiançailles de l'une des victimes – et qui dit bague dit doigt ! – qui provoque l'arrestation du boucher criminel (Simpson, 1983). La Belgique a son charcutier assassin à Bruxelles et un barbier égorgeur dans la province de Liège, où il tenait une auberge isolée. La variante rurale des commerçants de chair humaine est en effet l' « auberge sanglante » où les aubergistes égorgent des clients pour les dépouiller puis les transformer en ragoût. Fait divers et légende se mêlent dans la célèbre et ténébreuse affaire de l'auberge de

Peyrebeille, en Ardèche, dont les aubergistes furent accusés par la rumeur publique d'avoir assassiné 53 voyageurs. En octobre 1833, les époux Martin et leur domestique furent condamnés à mort et guillotinés pour le meurtre d'une seule personne et sur la foi d'un unique témoignage ! Claude Autant-Lara s'est inspiré de ce fait divers pour son film tragi-comique *L'Auberge rouge* (1951) avec Fernandel et Françoise Rosay, où le motif du cannibalisme est plaisamment évoqué.

À Paris, on aurait arrêté un charcutier d'enfants, dans le quartier Saint-Sulpice, à la suite de la découverte par une femme d'un petit doigt dans une saucisse (Alfred Harou, *Revue des traditions populaires,* t. XI, 1896, cité par Le Quellec, 1991, p. 140). Mais l'affaire parisienne la plus connue est sans aucun doute celle de la rue des Marmousets, au XIIe siècle. Au XIXe siècle, cette histoire inspirera le roman populaire anglais *Le Collier de perles* cité plus haut. Les figures du barbier assassin et du charcutier, son complice et voisin qui confectionnait des petits pâtés avec la chair des victimes, sont évoquées dans une complainte populaire, dans les livres d'histoire de Paris, dans les ouvrages sur les meurtres horribles – de Paul Féval, *Drames de la mort* (1865), à Roland Villeneuve, *Les Cannibales* (1979) –, ainsi que dans des guides des rues de Paris. Ces ouvrages racontent la découverte des méfaits, grâce au fidèle chien d'un étudiant assassiné qui s'obstinait à demeurer près de la boutique du barbier d'où son maître n'était pas ressorti, le châtiment des coupables qui furent exécutés et leurs maisons rasées, enfin la commémoration des victimes par une stèle aujourd'hui disparue mais qui était encore visible en 1848. Dans l'une des variantes de l'histoire, le barbier est juif, ce qui renvoie aux accusations antisémites de cannibalisme ou, plus récemment, de *traite des Blanches* * (comme la rumeur d'Orléans).

À Paris comme à Besançon, la destruction des maisons des criminels apparaît comme une sorte de rituel de purification face à la souillure et au blasphème de l'acte cannibale. L'horreur éprouvée face au cannibalisme – et l'existence d'un interdit de l'anthropophagie – explique la grande ancienneté du thème du repas cannibale involontaire.

Le repas cannibale involontaire dans les contes et les mythes

Dans son recueil de contes facétieux *Joci et Sales* (1524), l'écrivain allemand Othmar Nachtgall, dit Luscinius (1487-1535), raconte l'histoire du stratagème d'un seigneur de Dalmatie pour se venger du refus des prêtres d'enterrer un serf excommunié. Le noble invita les prêtres à un banquet sous prétexte de réconciliation, et leur donna à manger la chair du serf. Après qu'il eut révélé son action, des prêtres vomirent immédiatement sur lui tandis que d'autres se retinrent pour se vider dans les latrines. Le récit conclut ironiquement : « Le débat continue encore pour savoir où le serf a été enterré : soit dans la personne des prêtres – comme le soutient le seigneur –, soit dans les latrines, soit encore sur les genoux du noble » (cité par Doyle, 1978, p. 136).

Le thème du corps du cannibale comme tombe était déjà évoqué dans le conte du Florentin devenu le tombeau d'un juif (Poggio-Bracciolini, 1450; voir le cadavre dans la cuve). L'esprit satirique de la Renaissance se prolongera au XVIIIe siècle : ainsi Voltaire, dans son *Dictionnaire philosophique* (1764), se demande ce qui se passe au moment de la résurrection des corps pour un soldat affamé qui a mangé un Iroquois dont les repas se composaient habituellement de missionnaires jésuites! Comment chacun reprendra-t-il précisément ce qui lui appartient?

Le Quellec souligne l'existence d'une variante du repas cannibale comme vengeance contre l'infidélité féminine. Dans ces récits, la femme, cannibale involontaire, mange les organes sexuels de son amant. Ainsi, un récit courtois du XIIIe siècle raconte l'histoire du chevalier Ignauré, amant de douze femmes, assassiné par les maris jaloux qui servent ses organes sexuels en ragoût aux épouses. Les maris révèlent alors la vérité – « Voilà que vous avez mangé l'objet de votre grand désir » – et les femmes se laissent mourir de faim (Régnier-Bohler, 1979, p. 221-239). Un conte populaire de Brière (région de la Loire-Atlantique) met en scène un « saigneur de gorets » qui tue l'amant de sa femme, mouline son corps dans les boudins et les sert lors de la fête du village (Le Quellec, 1991, p. 45).

Ce motif semble universel : Claude Lévi-Strauss (1991) a relevé le mythe amérindien de l'animal séducteur que le mari trompé tue et émascule afin de faire manger à sa femme les organes sexuels de son amant.

Les spécialistes des contes traditionnels connaissent bien le motif de « la chair humaine mangée involontairement », qui porte le numéro G60 dans la classification de Stith Thompson. Souvent, le repas cannibale a pour victime un membre de la famille, cumulant l'interdit culinaire (anthropophagie) et l'interdit familial (inceste), deux tabous équivalents puisque l'anthropophagie est une sorte d'inceste alimentaire. Par exemple : le père qui mange son enfant tué et cuisiné par la mère ; le Petit Chaperon rouge auquel le loup fait manger par ruse des morceaux de sa grand-mère ; le frère qui mange sa sœur, etc. L'ogre du Petit Poucet cumule le thème du cannibalisme volontaire – l'ogre mange de la chair humaine – et celui du cannibalisme familial involontaire, puisqu'il dévore ses propres enfants en croyant manger le Petit Poucet et ses frères. Parfois, le repas cannibale est évité grâce à une intervention miraculeuse : chacun connaît la légende de saint Nicolas qui ressuscite les trois enfants tués et mis au saloir par un boucher.

La mythologie grecque offre plusieurs variantes du motif du repas de chair humaine offert par ruse aux dieux. Tantale, désirant éprouver la clairvoyance des Immortels, les convia à un repas où son propre fils Pélops fut servi en ragoût : Zeus ressuscita l'enfant et condamna Tantale au supplice qui porte son nom. Lycaon invita Zeus à un festin comprenant de la chair d'un nourrisson (selon certaines variantes, il s'agissait de son petit-fils Arcas, lui-même fils de Zeus) : le roi des dieux rappela l'enfant à la vie et métamorphosa Lycaon en loup. Les fils de Lycaon commirent le même péché que leur père en proposant de nouveau à Zeus – déguisé en vagabond – les membres d'un enfant à manger : Zeus foudroya les scélérats. Tous ces mythes rappellent l'interdit de l'anthropophagie. Ils avaient peut-être aussi pour fonction de condamner l'ancienne coutume des sacrifices humains offerts aux dieux.

Le cannibalisme volontaire

Il y a pire que le cannibalisme involontaire, c'est le cannibalisme volontaire. Les rumeurs accusant des groupes ethniques ou religieux de le pratiquer sont innombrables.

Vers 1985, on racontait à Paris l'histoire du « Noir à la valise » : dans un wagon de métro, à une heure de pointe, la valise d'un Africain s'ouvre malencontreusement, laissant tomber une main humaine au milieu des voyageurs. L'idée du commerce de chair humaine au cœur de la cité – la valise évoquant le marché clandestin – réapparaît ici. Dans les années soixante-dix, les dictateurs africains étaient accusés de cannibalisme : festin cannibale à la cour de Bokassa, réfrigérateurs des ministres du Katanga bourrés de chair humaine. Michel Meurger le remarque (1988), ces histoires racistes condamnent non seulement la « sauvagerie » des Noirs mais suggèrent que la « civilisation » ne les change pas, puisqu'ils utilisent les techniques modernes – métro, valise, réfrigérateur – pour satisfaire leurs coupables habitudes.

En 1983, à propos de la rumeur sur l'absence de décès déclarés dans le quartier chinois de Paris, on a suggéré l'utilisation des défunts dans la nourriture, même si cette explication était moins fréquente que les enterrements dans les caves ou les incinérations clandestines. On se souvient de la phrase du romancier Alain Robbe-Grillet dans *La Maison de rendez-vous* (1965), évoquant l'existence d'un restaurant chinois d'Aberdeen (Écosse) qui servait de la viande humaine : « La cuisine chinoise a l'avantage de rendre les morceaux méconnaissables » (cité par Le Quellec, 1991, p. 53).

Selon un fait divers relaté par *L'Aurore* du 28 mars 1963, il y aurait un commerce de chair humaine aux Indes : « L'ogre de la Nouvelle-Delhi vendait des enfants à un restaurant [...] où les clients sont amateurs de chair humaine » (cité par Le Quellec, 1991, p. 53).

Des grandes découvertes jusqu'au XIXe siècle – pour ne pas dire jusqu'à nos jours – l'imaginaire occidental a développé deux stéréotypes du « primitif » : le bon sauvage et le féroce cannibale. Sur la foi des relations de voyage qui interprètent mal les rites et les coutumes, les Européens croiront pendant longtemps que certains peuples pratiquent l'anthropophagie comme mode quotidien et normal d'alimentation. Le cannibalisme a également été imputé à des populations de la préhistoire, comme en témoignent les « romans préhistoriques » (le livre et le film *La Guerre du feu*, la bande dessinée *Rahan*, etc.). L'ethnologie considère aujourd'hui que si la pratique sociale de l'anthropophagie existe incontestablement, elle a toujours été exceptionnelle, et n'a jamais été un mode d'alimentation (Arens, 1979).

Par un juste retour des choses, les Blancs furent aussi accusés par les indigènes d'être des cannibales. En Afrique, en Chine, les Blancs étaient soupçonnés de tuer des adultes ou des enfants pour manger ou utiliser certains organes. En septembre 1959, le Congo commanda des boîtes de conserve de viande de bœuf. La firme américaine sollicitée crut bon de mettre sur ses boîtes d'exportation une étiquette représentant un Noir. Dès lors, une rumeur naquit, suivant laquelle les conserves contenaient en réalité de la chair humaine d'Africains : un mystérieux homme blanc hypnotisait des Noirs avec une lampe électrique et les envoyait à l'abattoir. Cette rumeur suscita des émeutes et des Blancs furent attaqués (*Le Figaro* du 14 septembre 1959, cité par Le Quellec, 1991, p. 146-147). En Tanzanie, on prétendit que les Blancs égorgent des indigènes pour récupérer leur sang, qui est transformé en « pilules rouges » nécessaires aux Blancs pour survivre en Afrique. Une forme récente et rationalisée de ces légendes se retrouve dans les histoires de trafic d'organes où pauvres et riches s'accusent mutuellement d'enlèvements et de mutilations (voir *le rein volé* *).

À l'intérieur même des cultures européennes, des accusations de cannibalisme ont été portées contre les juifs, depuis l'Antiquité jusqu'au milieu du XXe siècle, contre les premiers chrétiens par les Romains, contre les sorcières au XVIe siècle, contre les Tziganes de Hongrie au XVIIIe siècle. Des monarques vieillissants et contestés furent accusés par la rumeur publique de faire enlever des enfants afin de boire leur sang ou de s'y baigner pour guérir leurs maladies : Louis XI, le pape Innocent VIII, Louis XV (voir Farge et Revel, 1988).

Les paysans, les bûcherons, habitant des lieux isolés et vivant de manière archaïque, prolongent dans l'imaginaire collectif du XIXe et même du XXe siècle le mythe de l'ogre. Des récits racontés comme authentiques, qui sous-entendent l'anthropophagie, ont des allures de contes ou d'épisodes de contes :

> Avant la dernière guerre, deux amis qui s'étaient égarés en Forêt-Noire (Allemagne) trouvèrent l'hospitalité chez un bûcheron. Ils dînèrent d'un excellent ragoût. L'un d'eux trouva quelque chose dans sa viande et le mit dans sa poche. Rentrés chez eux, ils découvrirent que c'était un ongle humain.
>
> (D'après Dale, 1978, p. 144-145.)

> Avant guerre, il y avait en Vendée des maçons journaliers qui allaient travailler chez les paysans, ici ou là. L'un d'eux, un jour qu'il était resté à souper chez des gens, trouva un petit sabot dans la soupe, un sabot d'enfant. La femme brassait la soupe dans une grande marmite dans la cheminée. Le maçon ne dit rien et cacha le sabot dans sa poche.
>
> (Le Quellec, 1991, p. 110.)

Les contes et légendes traditionnels usent et abusent des êtres fantastiques anthropophages : ogres, sorcières, loups-garous, vampires. La littérature d'épouvante contemporaine a modernisé le thème et ses histoires se rapprochent des légendes urbaines : *Taboo* (1936) de Geoffrey Household; *L'Ongle* de William Irish (*Les Chefs-d'œuvre du crime*, 1961), où l'auteur utilise le motif légendaire de l'ongle humain trouvé dans la nourriture; *Comment servir l'homme* de Damon Knight (*idem*), qui n'est pas le titre d'un manuel du parfait domestique mais celui d'un livre de cuisine; *Les Enfants de Noé* (vers 1960) de Richard Matheson (*Les Chefs-d'œuvre de l'épouvante*, 1965), où les habitants d'une petite ville américaine du Maine se révèlent être des cannibales. Le meilleur texte sur ce thème est à notre avis *La Spécialité de la maison* (vers 1960) de Stanley Ellin (*idem*), qui décrit le restaurant Chez Sbirro et sa délicieuse spécialité, l'agneau Amirstan. La nouvelle se termine sur cette phrase pleine de sous-entendus :

> Laffler et Sbirro avaient déjà atteint la porte de la cuisine, Sbirro tenant le battant ouvert d'une main engageante, cependant que l'autre reposait, presque tendrement, sur les épaules dodues de Laffler.

L'utilisation d'une expression codée pour parler de chair humaine – ici « agneau Amirstan » – rappelle la « viande de veau » des légendes berlinoises. C'est souvent le cas lorsqu'une nourriture ou une drogue est interdite. Au Nigeria, un jargon permet de parler secrètement de viande de chien entre fournisseurs et amateurs : le « haut-parleur » désigne la tête, le « téléphone » les boyaux, etc. (Vergez, 1990, p. 94).

Le cinéma de science-fiction exploite le thème du cannibalisme avec des extraterrestres humanoïdes anthropophages ou bien à travers la transformation d'êtres humains en nourriture pour remédier à l'explosion démographique et à la diminution des ressources naturelles (*Soylent Green, Soleil vert*, Richard Fleischer, 1974). De leur côté, des films d'épouvante évoquent les « primitifs » cannibales ou renouvellent le motif des auberges sanglantes : dans *La Nuit de la mort* (Raphaël Delpard, 1980), des vieillards habitant un manoir isolé se nourrissent de la chair de jeunes gens pour prolonger leur vie ; dans *Motel Hell (Nuits de cauchemar*, Kevin Connor, 1980) les tenanciers d'un motel de Californie provoquent des accidents de voiture, coupent les cordes vocales des blessés et les engraissent pour leur fabrique de viande fumée.

L'humour cannibale

Il y a des « histoires de cannibales » comme il y a des « histoires de fous », des « histoires juives » ou des « histoires belges ». Swift a peut-être inauguré le genre lorsqu'il proposait de réduire l'explosion démographique des classes populaires anglaises en mangeant les enfants des vagabonds. Chacun connaît la plaisanterie : « Tu aimes ta grand-mère ? – Oui. – Alors mange... » Doyle relate une histoire drôle racontée en 1968 chez les étudiants de Yougoslavie, dont les universités recevaient des Africains :

> Le maître interroge un petit Noir : « Si tes deux parents meurent, que seras-tu ? – Un orphelin. – Bien. Et si tes parents, tes frères et tes sœurs meurent, que seras-tu ? – Le caveau de famille. »
>
> (Doyle, 1978, p. 136.)

On retrouve ici le thème ancien du corps du cannibale comme tombe. Le motif de l'utilisation de la modernité est présent dans cette blague récente :

> Le chef d'une tribu cannibale montre à un voyageur son nouveau congélateur : « Et qu'est-ce qu'il contient ? – Les deux livreurs de chez Darty... »
>
> (*Picsou Magazine*, juillet 1992, p. 50.)

S'il ne fait pas de doute qu'un certain racisme – même très abstrait – imprègne ces histoires, leur fonction première est d'exorciser par le rire la peur et le dégoût de l'anthropophagie.

L'horreur cannibale

L'anthropophagie surgit parfois brutalement dans l'actualité, à propos d'un cannibalisme de survie ou d'affaires de criminels psychopathes.

Le cannibalisme de survie est attesté de longue date : par exemple lors de sièges de villes (celui de Jérusalem, en l'an 70, a été décrit par l'historien Josèphe, qui relate le célèbre et tragique épisode de la femme tuant et mangeant son enfant) ou lors de naufrages (l'histoire du radeau de *La Méduse* est bien connue et des chansons de marins évoquent le tirage à la courte paille « pour savoir qui sera mangé »).

En 1972, un fait divers défraya la chronique : à la suite d'un accident d'avion dans les Andes, des membres d'une équipe de rugby de Montevideo ne purent survivre qu'en mangeant les morts. La famine – parfois doublée de folie – explique aussi les cas réels ou légendaires d'enterrés vivants qui commencent à se dévorer eux-mêmes. L'autophagie par contrainte relève de pratiques sadiques : en mai 1990, à Johannesburg, cinq jeunes Noirs furent obligés par une bande rivale à manger des morceaux de leurs propres oreilles (Vergez, 1990, p. 97). Des épisodes réels ou légendaires font état d'actes ou simplement de menaces de mutilation des parties génitales que l'on force la victime à manger pour l'humilier.

C'est enfin le sinistre et authentique dossier des assassins psychopathes qui, après avoir tué leurs victimes, les découpent en morceaux qu'ils conservent dans leur réfrigérateur et font frire dans une poêle avant de les manger ; par exemple Friedrich Haarmann, le « boucher de Hanovre » dans les années vingt, qui cuisinait et dévorait les restes de ses favoris d'un soir ; Issei Sagawa, le cannibale japonais qui tua et dévora une jeune Hollandaise à Paris en 1981 ; Jeffrey Dahmer, le « boucher de Milwaukee » (Wisconsin), arrêté en août 1991 pour le meurtre et le dépeçage d'une quinzaine d'hommes et de jeunes garçons. « C'était une façon de “ garder ” quelqu'un avec lui, une perversion de l'idée romantique “ d'avoir et de tenir ” », commente un chroniqueur en s'interrogeant sur les pratiques nécrophages de Jeffey Dahmer (Masters, 1991).

Les légendes contemporaines sont au fantasme ce que ces effroyables faits divers sont au passage à l'acte. Elles permettent de « gérer » au mieux, en les exorcisant et en les symbolisant, les pulsions régressives sexuelles et alimentaires dont la psychanalyse a bien montré la proximité. Les mythes et les religions elles-mêmes participent de ce travail de sublimation du cannibalisme, comme en témoigne tout particulièrement l'eucharistie chrétienne : « Prenez et mangez, ceci est mon corps. Prenez et buvez, ceci est mon sang. »

J.-B.R.

Bibliographie

William ARENS, *The Man-Eating Myth : Anthropology and Anthropophagy*, Londres-New York, Oxford University Press, 1979.

Rolf Wilhelm BREDNICH, *Die Maus im Jumbo-Jet*, 1991, p. 100-104.

Rodney DALE, *The Tumour in the Whale*, 1978, p. 144-145.

Charles Clay DOYLE, « Roaming cannibals and vanishing corpses », *Indiana Folklore*, 11/2, 1978 p. 133-139.

Arlette FARGE et Jacques REVEL, *Logiques de la foule. L'affaire des enlèvements d'enfants (Paris, 1750)*, Paris, Hachette, 1988.

Bengt af KLINTBERG, *Rattan i pizzan*, 1986.

Jean-Loïc LE QUELLEC, *Alcool de singe et liqueur de vipère*, Vouillé, Geste Éditions, 1991.

Claude LÉVI-STRAUSS, *Histoire de lynx*, Paris, Plon, 1991, p. 146-147.

Brian MASTERS, « Dahmer's inferno », *Vanity Fair*, 54, 11 novembre 1991, p. 94-101 et 164-169.

Michel MEURGER, *De l'ogre noir au rat blanc. L'insolite alimentaire dans la rumeur*, Paris, Pogonip, 1988.

Danielle RÉGNIER-BOHLER, *Le Cœur mangé. Récits érotiques et courtois, XIIe et XIIIe siècles*, Paris, Stock-Plus, 1979 (cité par Le Quellec 1991, p. 44-45).

Paul SÉBILLOT, *Folklore de la France*, Paris, Maisonneuve et Larose, t. IV, 1968 (cité par Le Quellec, 1991, p. 140).

Jacqueline SIMPSON, « Urban legends in *The Pickwick Papers* », *Journal of American Folklore*, 96, 382, 1983, p. 462-470.

Stith THOMPSON, *Motif-Index of Folk-Literature*, Copenhague, 1955-1958.

Michel VERGEZ, *Faits divers*, 1990, p. 93-94 et 97.

Roland VILLENEUVE, *Les Cannibales*, Paris, Pygmalion, 1979.

Craig Shergold et sa belle histoire

Vraie, récente, touchante, la belle histoire de Craig Shergold n'a à première vue rien d'une légende. Sa présentation nous permettra cependant de voir à l'œuvre le processus de l'« ostension » (terme utilisé par les folkloristes pour désigner la mise en action de thèmes décrits dans des récits populaires) et l'importance des conduites de solidarité et de participation s'exprimant à l'occasion des rumeurs de rachat.

Depuis les années soixante, ces rumeurs récurrentes affirment que la collecte d'emballages de cigarettes, d'alcools, de boissons gazeuses ou de bonbons – produits mauvais pour la santé – permet de réaliser des actions humanitaires bénéficiant à des malades ou à des handicapés. Par ailleurs, les courants de solidarité mis en œuvre pour Craig ont fait appel au mécanisme multiplicateur bien connu des chaînes magiques, utilisé surtout par des lettres, mécanisme qu'ils ont semblé légitimer. Mais écoutons l'histoire de Craig.

L'histoire

Elle commence le 28 septembre 1989, quand le journal populaire anglais *The Sun* lance un appel à ses lecteurs : un petit garçon de dix ans, Craig Shergold, de Carshalton, petite localité au sud-est de Londres, près de Croydon, est atteint d'une tumeur maligne au cerveau. Traité par chimiothérapie mais cependant dans un état grave, il tente de battre le record mondial de réception de cartes postales (*Get well cards* souhaitant une prompte guérison), afin d'être mentionné dans le *Livre Guinness des records du monde*. Le *Sun* joignait un coupon-réponse à son appel et demandait à ses lecteurs de se manifester en grand nombre : le record à battre, détenu par un jeune Anglais de douze ans, Mario Mosby, était en effet impressionnant : 1 000 265 cartes postales.

L'appel circulait déjà, lancé par les parents de Craig au début du mois, et avait suscité des réactions importantes. Une société d'objets de décoration avait faxé le message à sa centaine de dépôts en Grande-Bretagne et reçu 30 000 cartes, renvoyées à Craig par porteur spécial. La poste de Carshalton avait accepté d'entreposer les cartes, que les parents de Craig disposaient en sacs de 2 000 envois dans un local mis à la disposition des Shergold.

Fin octobre, le *Sun* demande à nouveau à ses lecteurs d'intervenir : il s'agit de convaincre le directeur du *Livre Guinness* d'accepter d'homologuer le record de Craig, ce qu'il se refuse à faire, jugeant l'opération malsaine. Harcelé par les courageux lecteurs du *Sun*, il cède. Le 18 novembre 1989, la 1 000 266e carte arrive, et Craig bat le record. À la fin du mois de novembre, on en est à 1 256 266 cartes. Les parents déclarent l'appel clos et prient le public de ne plus envoyer de cartes.

La tentative de Craig s'inscrivait dans une suite de tentatives analogues faites en Grande-Bretagne mais mobilisant des volontaires bien au-delà des frontières. En 1982, à la suite d'appels lancés par des radio-amateurs écossais, des cartes avaient commencé à arriver du monde entier pour Little Buddy (« le petit pote ») dans la ville de Paisley proche de Glasgow. Little Buddy était leucémique, il allait mourir et souhaitait être inscrit dans le *Livre Guinness* grâce aux cartes postales reçues. Les organisateurs avaient clos l'appel en juin 1983 et vendu les cartes d'origine lointaine. Un philatéliste en acheta un lot de 33 000 à une vente londonienne cette année-là (Dash). Cependant, quatre ans plus tard, des cartes arrivaient toujours : en mars 1987, leur nombre était estimé à 4 millions et le bureau de poste local souhaitait vivement que se terminent ces envois, dont le traitement lui coûtait fort cher. Les cartes arrivées étaient renvoyées à l'expéditeur ou détruites suivant les règlements en vigueur pour les correspondances sans destinataires. Little Buddy, au nom si générique, avait-il seulement existé ?

Craig, en tout cas, existait bel et bien. Mais son histoire ne s'arrête pas là. L'appel continuait à circuler, avec des déformations importantes signalées dès le mois de novembre 1989. Ainsi, à Hong Kong, les lecteurs du *South China Sunday Morning Post* apprenaient qu'il avait sept ans et non dix, qu'il souhaitait recevoir 2 millions de cartes et qu'il était mourant. On les invitait à participer aux chaînes boule de neige lancées par fax fin septembre à l'instigation d'un directeur d'ICI (Imperial Chemical Industries) qui s'était adressé à tous ses bureaux sur la planète, priant chacun de répercuter l'appel à trois sociétés. Un journal moscovite publia l'appel fin 1989, avec un coupon-réponse comme le *Sun* et la réponse soviétique fut massive. Un mois après l'appel de la famille, les cartes arrivèrent de plus belle, le compte officiel s'établissant à 1 800 000 cartes le 19 décembre. Aux États-Unis, en avril 1990, l'appel de Craig fut relayé sur les réseaux de messageries électroniques. L'adresse de retour indiquée était celle d'une Children's Wish Foundation située à Atlanta. Cette organisation qui recueillait des fonds pour enfants malades était surveillée de près par les autorités qui la soupçonnaient de conserver pour elle-même une part substantielle de l'argent collecté.

En mars 1990, Craig, dont l'état s'était amélioré, réalisa un vœu en allant visiter Disneyworld en Floride – le voyage et le séjour de trois semaines lui furent offerts, ainsi qu'à ses parents, par les pompiers de Croydon. À son retour, bronzé et ayant retrouvé ses cheveux que la chimiothérapie avait fait tomber, il pouvait quitter sa chaise roulante. 7 500 000 cartes l'attendaient, et l'on prévoyait l'arrivée de 2 500 000 autres. À l'automne, Craig avait reçu 16 250 692 cartes. C'est le chiffre que publia le *Livre Guinness des records du monde 1991.*

À l'automne 1990, Craig visita à nouveau la Floride et Disneyworld en faisant également un saut à Atlanta, où la Children's Wish Foundation lui réserva une réception de grand style avec transport dans une voiture de police aux sirènes hurlantes. En décembre 1990, de retour à Londres, Craig inaugura l'exposition consacrée à Guinness où étaient exposées quelques-unes de ses cartes. On estimait alors le total reçu à 33 millions. Beaucoup parmi les envois contenaient des friandises ou des jouets offerts aux autres petits malades de l'hôpital Royal Marsden, dans le sud de Londres, où était traité Craig. La revente des timbres des lettres avait rapporté en 1990 à l'hôpital plus de 200 000 francs, versés à un fonds pour la recherche sur la leucémie.

Un nouvel appel se mit à circuler de façon spontanée début 1991 : il s'adressait aux milieux d'affaires et demandait aux correspondants d'envoyer par fax des *business cards* – cartes portant l'en-tête de l'affaire – à l'adresse de Carshalton en y inscrivant leurs vœux de guérison. En France, les appels, apparus en 1990, présentent Craig comme âgé de sept ans et mourant ; ils demandent qu'on lui envoie « de belles cartes postales ». La technique de chaîne boule de neige s'était généralisée, dans les appels anglais comme dans ceux circulant en France, et chaque correspondant était prié d'en toucher dix autres. Dans le *Sun* du 9 février 1991, Craig pria les lecteurs d'ignorer les appels de *business cards* et annonça qu'il avait décidé de collecter des fonds pour le Royal Marsden.

Et puis, en mars, tomba la grande nouvelle, annoncée en exclusivité par le *Sun* le 7 et reprise par les agences et la presse américaine le 20 : Craig était guéri ! En septembre 1990, le millionnaire et bienfaiteur John Kluge, l'homme le plus riche des États-Unis selon *Fortune*, avait été touché par l'appel de Craig dont il venait de prendre connaissance. Il contacta le neurochirurgien Neal Kassell, spécialiste du cerveau travaillant au Centre John Kluge de réhabilitation infantile de l'université de Virginie et le pria d'entrer en contact avec la famille Shergold. Celle-ci venait de s'entendre dire par les chirurgiens anglais qu'ils ne pouvaient plus traiter Craig : il fallait le ramener chez lui pour qu'il y meure en paix. La lettre de Kassell arriva le lendemain de ce sombre verdict. Les parents acceptèrent l'offre de Kluge et décidèrent de risquer une opération qui eut lieu à Charlottesville, Virginie, le 1er mars 1991. Kassell enleva 90 % de la tumeur, qui n'était pas cancéreuse, et l'enfant réagit très bien aux traitements complémentaires destinés à lui redonner l'usage de son bras gauche affaibli. Tous les frais avaient été payés par le millionnaire et American Airlines. Il est maintenant question de tourner un film sur l'histoire de Craig. Il rêve d'en être le héros.

L'appel continue cependant de courir : relancé par des politiciens locaux aux États-Unis, publié le

27 avril 1991 dans *Le Monde* (billet « Carte postale » de Claude Sarraute), il mobilise chez nous les élites. Des professeurs d'université réagissent dans un de nos documents qui circulait fin 1990 dans le Sud-Ouest, des professeurs en médecine d'hôpitaux parisiens signaient l'appel relayé par *Le Monde*. Les traits mythiques l'ont emporté sur le réel : Craig a toujours sept ans, il est toujours mourant. Les cartes arrivent toujours.

L'histoire de Craig Shergold est un vrai conte de fées pour journaux, et c'est ce qui fait sa force. C'est du contraste avec la tonalité dominante de l'information, toute en violence et angoisse, que vient son attrait. De quoi s'agit-il ? Une chaîne de solidarité permet une guérison apparemment miraculeuse grâce à des actes au premier abord futiles, voire dérisoires. Car que représente l'envoi d'une carte postale souhaitant un prompt rétablissement face à une maladie inexorable ? « Ce sont sans doute les cartes », disait la mère de Craig quand l'état de l'enfant semblait s'améliorer au printemps 1990 ou après sa guérison. Les journaux populaires anglais se sont bien entendu jetés sur cette histoire touchante, qui de plus était vraie.

Le *Sun* s'est beaucoup impliqué dans cette histoire. Ce quotidien populaire s'est montré, depuis son lancement, véritablement novateur sur le plan de la participation active de ses lecteurs. Ainsi, dans un élan d'indignation contre Jacques Delors et unc résurgence de la guerre du mouton franco-anglaise le 2 novembre 1990, ce journal avait organisé une séance collective d'insultes anti-françaises qu'il demandait à ses lecteurs de hurler vers notre pays en se réunissant à Trafalgar Square. L'initiative eut peu de succès. On verra ailleurs quel fut son rôle dans l'histoire du chromo maudit du *garçonnet qui pleure* *.

Les rumeurs de rachat

L'extraordinaire, dans la belle histoire de Craig Shergold, c'est qu'elle succède à une série d'opérations de collecte pour l'assistance médicale, généralement infondées mais régulières depuis une trentaine d'années aux États-Unis comme en France. Dans notre pays, ces rumeurs ont d'ailleurs un pedigree ancien : les trente premières années de ce siècle étaient ponctuées d'appels des missions catholiques demandant aux enfants de mettre de côté les papiers métallisés entourant le chocolat « pour les petits Chinois » ou autres bonnes œuvres d'au-delà des mers. Dénommées rumeurs de rédemption par les Américains sensibles aux connotations négatives des produits – cigarettes, boissons gazeuses, bières et alcools –, dont les emballages de peu de valeur sont thésaurisés pour faire le bien, il convient sans doute mieux de les appeler rumeurs de rachat en Europe, où la culpabilité devant l'alcool, le sucre et le tabac est moins forte. Ces histoires sont connues à cause des actions qu'elles suscitent : en recevant d'énormes collections de paquets de Gitanes, la Seita apprend qu'on attend d'elle qu'elle fournisse en échange un chien d'aveugle ou un fauteuil roulant. Elles sont donc par essence des occasions d'ostension : l'histoire n'est pas racontée mais vécue, montrée, traduite en actes. C'est bien sûr ce besoin de participer, de faire quelque chose face à l'inévitable, à l'inexorable de la maladie et de la mort, de sortir des cadres bureaucratiques et des relations hiérarchisées qui explique, davantage que des pratiques réelles de rabais consentis par les firmes en échange de coupons découpés dans des emballages, le succès de ces rumeurs de rachat face aux démentis du réel. Car dans la plupart des cas, la firme refuse les emballages, l'hôpital dément, il n'y a pas de Little Buddy identifiable.

Des réseaux réels de collecte se sont cependant greffés sur ces organisations imaginaires : des bénévoles assurent la valorisation des collections de capsules métalliques d'aluminium en contactant des firmes qui retraiteront le métal et en versant les bénéfices à une œuvre de leur choix. Gary Fine, qui a créé le concept de rumeur de rédemption et identifié le phénomène, est tombé, en allant chercher ses enfants à l'école, sur un réseau authentique dont l'organisatrice, une infirmière, avait eu l'idée en voyant fonctionner dans son hôpital un réseau imaginaire. L'organisation a pour objectif d'aider une maison d'accueil familial pour les parents d'enfants en traitement dans un centre anticancéreux. Le réseau fonctionne depuis 1988 avec 15 volontaires et a réussi : à la fin de 1989, le recyclage avait rapporté plus de 20 000 dollars (soit 120 000 francs) ; en mars 1990, la somme se montait à 30 000 dollars (180 000 francs). L'infirmière et la maison d'accueil – qui a édité une brochure pour présenter le projet – ont dû combattre le scepticisme de ceux qui « savaient », comme Fine, que la rumeur était sans fondement. Il leur a aussi fallu s'organiser : stocker les capsules, se faire donner par des sociétés des sacs pour les transporter chez le recycleur... Le prix qu'on leur donne est en baisse : de 0,70 dollar pour 500 grammes, il est tombé à 0,48 dollar et se trouve au bord de l'irrationalité économique. Ainsi, ceux qui envoient leur moisson par la poste dépensent, en frais d'envoi, bien plus que ce que peuvent rapporter les capsules. Certes, un chèque serait plus avantageux pour l'œuvre ; mais l'on perdrait alors l'action participative, qui explique le succès de cette campagne.

Ces opérations de prise en charge se multiplient dans la presse populaire, à une échelle souvent modeste. Ainsi, en août et septembre 1991, *France-Soir* lance une opération de solidarité intitulée « Des pin's pour Mickaël » et annonçant que ce garçonnet, atteint d'une tumeur cancéreuse, et qui devait subir une greffe de la moelle, souhaitait recevoir des pin's pour commencer une collection. Le 16 septembre, le journal annonce à ses lecteurs que Mickaël a reçu « 3 100 pin's, 3 100 messages d'espoir ».

Les malades qui suscitent ces élans de sympathie collective ont un profil bien précis : ce sont des enfants de race européenne âgés de quatre à dix ans. Ce ne sont ni des adultes – moins innocents que des enfants – ni des vieillards – qui ont déjà vécu leur vie –, ni même des bébés – dont l'existence est trop végétative. La maladie est celle qui effraye le plus : le cancer. On peut noter qu'une nouvelle imagerie populaire voit le jour avec ces portraits stéréotypés d'enfants au crâne lisse (rendus chauves par la chimiothérapie), souriant parmi les cadeaux reçus.

L'histoire de Craig est donc l'histoire de l'incarnation d'une légende, du passage à l'acte non plus d'un meurtrier hanté par des pulsions violentes, mais de gens qui, frappés par le malheur, font appel à la solidarité d'anonymes, à des actes dérisoires manifestant une sympathie, une communion. Ils utilisent des armes de notre temps : le pouvoir extraordinaire des techniques modernes de communication – en particulier le fax –, mêlées à des pratiques intemporelles, quasi magiques, comme l'injonction de multiplication que transmet la chaîne boule de neige. Ils accomplissent, semble-t-il, des merveilles. Il va sans dire que la presse populaire joue un rôle capital dans la structuration de ces appels et la mobilisation du public ; elle transforme en épopée grandiose une réalité plus complexe qu'elle simplifie et stéréotype.

Une légende-rumeur peut donc susciter une réponse créatrice, laquelle transformera le monde qui nous entoure.

V.C.-V.

Bibliographie

Jan Harold Brunvand, *The Mexican Pet,* 1986, p. 169–174.
Michael Dash, « Buddy, can you spare a stamp ? », *Fortean Times*, 59, septembre 1991.
–, *Dear Mr. Thoms*, n° 10, décembre 1988 (« Little Buddy ») ; n° 15, avril 1990 ; n° 20, avril 1991.
Gary Alan Fine, « Redemption rumors : mercantile legends and corporate beneficience », *Journal of American Folklore*, 99, 1986, p. 208–222, et « Redemption rumors and the power of ostension », *ibidem*, 104, 1991, p. 179–181.
–, *Foaftale News*, 16, décembre 1989 ; 18, juin 1990 ; 21, mars 1991 ; 22, juin 1991.
–, *Folklore Society News,* n° 11, juillet 1990.
Patrick Matthews, « Endless cards on the end of a chain », *The Independent*, 24 juillet 1991.
Clara Mallory, « Guéri, il devient une star de cinéma », *Voici*, 17–23 juin 1991.
Claude Sarraute, « Carte postale », *Le Monde*, 27 avril 1991.

Découvertes scientifiques et anecdotes légendaires

La vie créée en laboratoire.

Dans les années cinquante, des savants américains ont reconstitué en laboratoire, dans un ballon de verre, l'atmosphère de la terre au moment de l'apparition de la vie : de l'eau, un mélange gazeux et des décharges électriques simulant les éclairs. À la fin de l'expérience, les savants ont découvert dans l'eau la présence de substances organiques. La vie a ainsi été recréée en laboratoire.

Les émotions du philodendron.

Dans les années soixante, un chercheur américain eut un jour l'idée de placer les électrodes d'un détecteur de mensonge sur une plante d'appartement. En l'arrosant, il obtint une réaction qui indiquait la détente, la relaxation. Au moment où il pensa à brûler une feuille avec une allumette, et avant même d'avoir esquissé le moindre geste, la plante réagit vivement. La démonstration était faite que les végétaux ont une forme de conscience leur permettant d'éprouver des émotions et de lire dans les pensées. D'autres expériences extraordinaires eurent lieu. En présence d'une personne qui a détruit des végétaux, les plantes survivantes réagissent. On utilisa même le détecteur de mensonge sur des plantes qui se trouvaient dans une pièce où un assassinat avait été commis, afin de découvrir le coupable parmi les suspects que l'on faisait défiler devant les plantes. Enfin, les plantes réagissent, même en l'absence d'êtres humains, chaque fois qu'il y a destruction de matière vivante, comme le montre une expérience où, à côté d'une plante reliée à un détecteur, un appareil jette dans de l'eau bouillante tantôt des crevettes vivantes, tantôt de la matière inanimée.

Le folklore traditionnel connaît les légendes de fondation qui, analogues aux mythes d'origine, racontent la naissance d'une cité, d'une coutume, et en donnent la raison d'être. L'histoire des sciences abonde en anecdotes relatant une expérience fondatrice ou une *observatio princeps*, une première observation. Authentiques ou non, elles présentent toujours un contenu fortement symbolique et leur évocation permet de rappeler une découverte ou de justifier une « croyance scientifique ». À quelques détails près, les deux anecdotes ci-dessus sont connues du grand public sous cette forme. Bien qu'il y manque les précisions de noms et de dates, souvent oubliées, ces récits reposent sur une certaine réalité historique. Mais leur fonction légendaire commune est de mettre en scène des éléments à forte charge symbolique et d'asseoir sur l'autorité de la science une extrapolation imaginaire : on tire plus de ces expériences que ce qu'elles apportent réellement.

Le premier récit fait référence à l'expérience de Harold Hurey et de son disciple Stanley Miller en 1952. Deux récipients reliés entre eux contenaient l'un de l'eau et l'autre un mélange d'hydrogène, d'ammoniac et de méthane ainsi que des électrodes pouvant produire des décharges électriques. Le ballon d'eau étant chauffé, la vapeur se mettait à circuler et se mêlait au mélange gazeux, tandis que des arcs électriques étaient produits. Au bout d'une semaine, la solution contenue dans le ballon d'eau fut analysée chimiquement : on y découvrit des acides aminés, qui sont les composants essentiels de la matière vivante. Non la vie, mais du moins les briques de la vie. Le but de l'expérience était de démontrer qu'en reconstituant l'atmosphère terrestre d'il y a 4 milliards d'années, on recréait les conditions de la « soupe primitive » à partir de laquelle la vie a pu émerger.

Le récit légendaire retient les éléments symboliques : le ballon de verre, réduit à un seul, et semblable à celui des alchimistes, la reconstitution du chaos primitif, l'océan maternel et la foudre paternelle. Les éclairs électriques évoquent ceux que le cinéma fantastique a popularisés comme agent indispensable à la création artificielle de la vie, de *Frankenstein* (1931) à *Une créature de rêve* (1985). Plus encore, le récit légendaire va jusqu'à affirmer que la vie a réellement été recréée en laboratoire, répondant ainsi au projet – implicite ou explicite – de l'expérience. Jouant sur l'anagramme entre les acides *aminés* et la matière *animée*, d'aucuns franchissent allègrement le gouffre qui sépare la chimie de la biologie, la matière inerte de la matière vivante. Le message implicite de ce récit légendaire est que l'homme peut être l'égal de Dieu, en créant la vie à partir de la matière. Les écrivains scientifiques entretiennent cette idée, dont la réalisation est toujours imminente et toujours repoussée. En 1971, dans *Les Frontières du possible*, Jacques Bergier consacre son premier chapitre à ce qui est pour lui une certitude, « on peut créer la vie » : « On peut donc parfaitement imaginer – et cela pourrait peut-être avoir été fait lorsque cet ouvrage paraîtra – la fabrication de la vie à partir d'éléments extrêmement simples » (p. 9). Cette prédiction, écrite vingt ans après l'expérience de Hurey et Miller, ne s'est toujours pas réalisée au bout de vingt ans. La science ne sait pas comment amener des acides aminés à former une chaîne pour donner naissance à la forme la plus élémentaire de vie, le virus. En revanche, et cela est peut-être bien plus inquiétant, elle sait manipuler le capital génétique des êtres vivants. Par ailleurs, la théorie de la « soupe primitive » est contestée par les tenants de la théorie de la « panspermie » (Fred Hoyle), suivant laquelle l'apparition de la vie sur terre serait consécutive à l'« ensemencement » de celle-ci par des molécules prébiotiques venues de l'espace.

Si le premier récit se situe malgré tout dans le cadre de la science officielle, le second relève plutôt des parasciences. Il évoque des « expériences » réalisées en 1966 et 1967 par un ancien employé de la CIA, Cleve Backster. Une véritable inflation légendaire s'est développée à partir de ces événements, comme l'a bien montré Henri Broch (1985). Cleve Backster, qui donne des cours d'initiation au maniement du « détecteur de mensonge » dans une école de police de New York, n'occupe aucune fonction officielle dans la recherche scientifique. Il est pourtant promu « chercheur », « psychologue », « meilleur spécialiste américain de la détection de mensonges » (*Réponse à tout*, 13, 1991), etc. L'unique publication de Backster sur ses observations a paru dans un périodique parascientifique, l'*International Journal of Parapsychology* (10, 1968), et non dans une revue scientifique incontestable, comme on l'affirme parfois. Les « expériences » elles-mêmes ont été largement critiquées. Le « détecteur de mensonge » est un appareil peu fiable : il s'agit d'un électrodermographe qui mesure les variations de conductibilité électrique de la peau, consécutives en particulier à des réactions émotionnelles. De multiples facteurs peuvent influencer le détecteur : l'humidité, l'environnement électromagnétique, etc. Dans l'affaire de l'assassinat, les plantes n'ont réagi devant aucun employé de l'usine parce que le coupable, appréhendé plus tard, n'appartenait pas au personnel. Cette « preuve négative » laissera rêveur plus d'un expérimentaliste ! Enfin, le fait le plus important est que les scientifiques qui ont étudié le rapport de recherche de Backster ou qui ont reproduit ses expériences (*Science*, 189, 1975) n'ont abouti à aucune conclusion positive qui prouverait l'existence d'une « perception primaire » des plantes. Robert Charroux n'hésita pourtant pas à écrire de l'« effet Backster » :

> C'était un fait incontestable dont témoignaient les appareils enregistreurs de tous les laboratoires et on l'attribua à une faculté extrasensorielle analogue à l'instinct, à la voyance

ou à la prémonition. Car, expérimentalement, c'était vrai : le dracéna, l'oignon et le citronnier devinaient et expertisaient les pensées humaines.

(Charroux, 1974.)

Depuis les années soixante-dix jusqu'à nos jours, les magazines populaires exploitent le thème du psychisme des plantes. Les croyances traditionnelles sur la « main verte » s'enrichissent désormais d'une légende contemporaine, d'apparence scientifique. On rejoint presque le motif des plantes qui parlent dans les contes merveilleux. Les journaux titrent sur les « émotions des plantes », les « philodendrons télépathes », le « dialogue avec les plantes », la « musique préférée des plantes », etc. Pour Henri Broch, il y a eu effet boule de neige, « dans lequel chaque " rapporteur " ajoute un embellissement entièrement personnel au " fait " qui sert de point de départ ». Ce processus, caractéristique de la formation des rumeurs, s'est ici déroulé au profit d'un légendaire scientifique.

Le message implicite de cette légende est qu'il faut croire à l'universalité de la conscience, à l'unité de la nature. De la matière inorganique à l'homme, de l'atome au cerveau, on retrouve les mêmes constituants physiques et psychiques. Aux interactions matérielles correspondent des interactions spirituelles. Ces idées, chères à l'occultisme, trouvent ici une démonstration moderne et « scientifique ». Elles se diffusent d'autant mieux que la mode est à l'écologie.

Une autre parascience, l'iridologie – une méthode de diagnostic médical fondée sur l'examen de l'iris de l'œil – fait état d'une légende de fondation :

Dans les années 1850, un jeune Hongrois passionné de nature et d'animaux ramassa une chouette blessée, échouée sur le sol. Il la ramena chez lui et soigna sa patte cassée. Tant et si bien qu'elle devint son amie. Un jour, il aperçut une trace dans un des yeux de l'animal. Précisément du côté de la patte cassée. Il se demanda longtemps s'il y avait une relation de cause à effet entre ces deux événements. Mais comment une blessure physique pouvait-elle s'imprimer ainsi dans la partie colorée de l'œil ? Un beau matin, n'y tenant plus, Ignaz von Peczely cassa l'autre patte de sa chouette adorée. Une trace identique à la première apparut dans son autre œil !

(Portell, 1991, p. 88.)

Le fondateur de l'iridologie est en effet le médecin hongrois Ignaz von Peczely, qui publia en 1881 le premier traité d'iridologie systématique. Cependant, les iridologues eux-mêmes ne tiennent pas cette cruelle anecdote pour authentique !

Ce récit est légendaire par plusieurs de ses aspects. Le hasard – chouette blessée, observation de la tache – y occupe une place importante, comme dans beaucoup de légendes de découvertes scientifiques. Nous reviendrons plus loin sur ce point. Le récit cumule deux « premières » qui fondent l'iridologie : la première observation et la première expérimentation. Chez le savant, la curiosité scientifique l'emporte sur l'amour des animaux : d'où cette action choquante qui consiste à casser volontairement la patte de la chouette. Dans l'imaginaire populaire, le savant a toujours un côté « diabolique », « savant fou ». Le récit est facilement mémorisé en raison d'une structure narrative, bien connue des sémioticiens, qui fait se succéder l'épreuve qualifiante (le médecin recueille et soigne la chouette), puis l'épreuve principale (il note la correspondance entre une atteinte corporelle et une tache dans l'œil), enfin l'épreuve glorifiante (l'expérience de la patte cassée prouve la réalité de cette correspondance). La légende permet, de manière simple, de raconter l'origine de l'iridologie tout en expliquant ce qu'elle est et en justifiant sa véracité. La présence de l'animal, indispensable à l'épisode de la patte cassée (on imagine mal l'équivalent avec un être humain !), sert également à montrer que si l'iridologie est prouvée sur les animaux, elle l'est par conséquent sur les êtres humains : le phénomène est de nature objective, physiologique, et non psychique ou psychosomatique.

Le rôle du hasard ou la pomme de Newton

Le hasard joue fréquemment un rôle dans les récits légendaires de découvertes scientifiques. L'iridologie est née parce qu'une chouette blessée est un jour tombée aux pieds d'un jeune homme doué pour l'observation. Concernant la « découverte » du psychisme des plantes, Robert Charroux écrit avec enthousiasme :

> La Bastille des pseudo-rationalistes a été emportée, balayée et cela parce qu'une jolie fille blonde avait posé un jour sur le bureau de Backster un pot de terre où poussait un vert dracéna.
>
> (Charroux, 1974, p. 327.)

L'histoire des sciences abonde en anecdotes de ce genre. Archimède, tracassé par un problème que lui avait posé Hiéron, roi de Syracuse, qui soupçonnait son orfèvre d'avoir mêlé de l'argent à l'or de sa couronne, était allé se délasser aux bains : c'est là qu'il découvrit – *Eurêka !* – le principe du poids spécifique des corps plongés dans l'eau. Que cette histoire soit authentique ou non, la vraisemblance historique veut en tout cas qu'il s'agisse de bains publics et non d'une baignoire comme on le dit souvent.

Une anecdote moins connue concerne Galilée :

> Il était encore élève à l'université de Pise lorsque, à l'âge de dix-neuf ans (1583), il fit une de ses belles découvertes en physique. Un jour, dans la cathédrale, ses yeux rêveurs se portèrent sur une lampe suspendue à la voûte, et à laquelle le sacristain venait, en l'allumant, de communiquer un mouvement oscillatoire. Galilée remarqua que les oscillations conservaient la même durée, bien que leur amplitude diminuât peu à peu. Cette observation lui inspira l'idée d'appliquer le pendule à la mesure du temps, idée sur laquelle il

revint plusieurs fois dans la suite, et qui n'a été réalisée qu'après lui.

(Grand Dictionnaire Larousse du XIX*e siècle.)*

Le récit prototype de la découverte scientifique suscitée par le hasard est bien entendu l'histoire de la pomme de Newton. En 1666, une épidémie avait dispersé les élèves de Cambridge et le jeune Newton s'était momentanément retiré dans sa famille à Woolsthorpe, dans le Lincolnshire. On raconte – sans que cette anecdote soit prouvée – qu'il s'était allongé sous un pommier et que la chute d'une pomme à ses pieds attira son attention sur les lois de l'attraction universelle, son esprit passant de la pomme à la lune, de la lune à la terre, de la terre aux autres planètes du système solaire. En 1687, il énonçait ces lois dans ses *Principes mathématiques de philosophie naturelle*. Le pommier de Woolsthorpe, vite devenu célèbre, fut entouré de vénération et, lorsqu'il mourut, des morceaux en furent conservés dans des musées ou servirent à confectionner des tabatières que leurs possesseurs considèrent comme de précieuses reliques. L'expression « pomme de Newton » se dit de toute circonstance banale qui aboutit à une importante découverte.

On observera qu'entre la chute de la pomme et la publication des *Principes*, il faudra tout de même une vingtaine d'années de réflexions et de calculs mathématiques !

Au XVIIe-XVIIIe siècle, Denis Papin aurait découvert la force motrice de la vapeur après avoir observé le couvercle d'une bouilloire qui se soulevait. Au XVIIIe siècle, Joseph Montgolfier aurait aperçu une chemise, que l'on séchait au-dessus d'un feu, qui se gonflait et tendait à s'élever : il conçut ainsi l'idée du ballon à air chaud, premier aérostat qui permit à l'homme de s'affranchir de la pesanteur.

Tous ces récits plus ou moins authentiques traduisent une conception empirique et matérialiste de l'invention comme simple imitation de la nature. On pense à l'ethnologue James Frazer pour qui la technique de production du feu par frottement de morceaux de bois a été acquise après l'observation de la combustion spontanée de bambous se frottant l'un contre l'autre sous l'action du vent ! La bande dessinée française *Rahan* met en scène un héros préhistorique qui invente une technique nouvelle à chaque épisode de ses aventures, simplement en observant des phénomènes naturels : de la queue des poissons, il déduit le gouvernail ; de gouttes de graisse tombant d'un rôti, il a l'idée de la lampe à huile ; d'un bambou coupé en longueur qui recueille la pluie, il va faire un aqueduc ; d'une samare d'érable empalée sur une épine, il tire l'idée de l'éolienne (et non de l'hélice d'avion, qu'on se rassure !) [Renard 1979]. Cette conception de l'invention est tout à fait contestable et relève d'une idéologie positiviste et matérialiste. Dans le domaine des sciences et des techniques, la théorie préalable et l'imagination jouent sans doute un rôle plus important que le hasard et l'imitation de la nature : on serait bien en peine de trouver dans la nature ce qui a pu susciter par exemple la roue ou la fermeture à glissière, la montre ou l'écriture alphabétique ! L'aéronautique ne s'est développée que lorsqu'on a abandonné l'idée de construire des avions avec des ailes battantes comme celles des oiseaux.

Le génie incompris

Les légendes scientifiques illustrent parfois le thème du « génie incompris » qui se heurte à la résistance de ses contemporains.

Le *Grand Dictionnaire Larousse du* XIX*e siècle* juge peu vraisemblable l'anecdote suivante : « On raconte aussi que Papin avait fait construire un bateau muni de roues que sa machine aurait mises en mouvement, et que les mariniers de la Weser, jaloux de leurs privilèges, brisèrent le bateau. » Le *Petit Larousse illustré* d'aujourd'hui confirme l'expérimentation d'un bateau à vapeur à quatre roues à aubes, en 1707 en Allemagne, mais ne dit mot de l'action des mariniers. Au XVIIIe siècle, Vaucanson, le célèbre constructeur d'automates, améliora le fonctionnement des métiers à tisser : « S'étant attiré par ses simplifications la haine des ouvriers en soie de Lyon, il construisit pour se venger [...] une machine au moyen de laquelle un âne exécutait une étoffe à fleurs » *(Grand Dictionnaire Larousse du XIXe siècle).* Chacun connaît les mésaventures de Jacquard, qui automatisa partiellement les métiers à tisser et diminua ainsi le nombre de personnes nécessaires à leur fonctionnement : une troupe d'ouvriers canuts tenta de le précipiter dans le Rhône et le conseil des prud'hommes de Lyon ordonna que la machine fût brisée publiquement.

Là encore, authentiques ou non, toutes ces histoires se perpétuent et se ressemblent parce qu'elles véhiculent un même message implicite : l'inventeur se heurte à la résistance au progrès. Légendes de l'industrialisation triomphante, elles diffèrent sensiblement de la plupart des récits contemporains qui mettent l'accent sur les dangers des technologies nouvelles.

D'autres anecdotes révéleront le génie précoce des inventeurs. On leur attribue presque toujours la réalisation de quelque mécanique merveilleuse alors qu'ils étaient enfants. C'est l'équivalent scientiste des miracles de l'enfance dans les récits hagiographiques. Ainsi de Vaucanson :

> On cite de son enfance des faits évidemment exagérés dans les détails, mais qui reposent sans doute sur un fond de réalité. L'examen d'une horloge à laquelle il ne pouvait toucher lui aurait suffi pour en construire une en bois, qui marquait assez exactement les heures. [...] Comme on parlait en sa présence de la nécessité d'une machine hydraulique pour donner de

l'eau à Lyon, il en imagina, dit-on, une qu'il fut bien surpris de retrouver, en arrivant à Paris, à la Samaritaine du pont Neuf.
(Grand Dictionnaire Larousse du XIXe siècle.)

Les anecdotes qui peuvent circuler aujourd'hui sur les savants ou les inventeurs de notre temps descendent en droite ligne de ces histoires. Si l'on ajoute à cela les rumeurs d'inventions fabuleuses (depuis la poudre Turpin de la guerre de 14-18 jusqu'aux avions renifleurs de pétrole dans les années soixante-dix), les croyances parascientifiques (parapsychologie, ovnis, biorythmes, etc.) et les fraudes ou les mystifications en science (voir par exemple Broad et Wade, 1987), il semble que le légendaire scientifique occupe une place non négligeable dans la mentalité contemporaine. Elle est la contrepartie imaginaire de la position dominante de la science dans notre société.

J.-B.R

Bibliographie

Jacques Bergier, *Les Frontières du possible*, Paris, Casterman, 1971, p. 7-25.

William Broad et Nicholas Wade, *La Souris truquée. Enquête sur la fraude scientifique*, Paris, Le Seuil, 1987.

Henri Broch, *Le Paranormal*, Paris, Le Seuil, 1985, p. 9-11 et 25.

Robert Charroux, *L'Énigme des Andes*, Paris, Robert Laffont, 1974, p. 326-332.

Grand Dictionnaire Larousse du XIXe siècle, articles « Archimède », « Galilée », « Jacquard », « Montgolfier », « Newton », « Papin », « Pomme de Newton », « Vaucanson ».

Inexpliqué, Éditions Atlas, 1981, t. II, p. 394-397, 414-415, 438-440, 450-453 et 466-469.

Florence Portell, « Iridologie. T'as d'beaux yeux tu sais », *Psychologies*, 92, novembre 1991, p. 88-90.

Jean-Bruno Renard, « L'histoire mythique de la technique dans la bande dessinée », *Histoire et bande dessinée*, La Roque-d'Anthéron-Marseille, Objectif Promo Durance-Bédésup, 1979, p. 157-167.

Le jeune dévoyé et le dîner en ville

En 1972, le récit mettant en scène le jeune dévoyé et le dîner en ville est apparu dans la presse française sous la plume de Pierre Viansson-Ponté, chroniqueur réputé du *Monde*. Abusé, il l'a relaté dans la rubrique hebdomadaire où il commentait l'actualité comme s'il s'agissait d'un fait divers réel, représentatif de l'esprit du temps :

> Un dîner mondain à Neuilly, banlieue élégante de la capitale. Un des couples invités a laissé pour la soirée ses deux enfants seuls à la maison : le garçon, qui a dix ans, dûment chapitré, veillera sur sa petite sœur, qui en a quatre. Qu'il n'ouvre à personne, aille se coucher à 9 heures – c'est promis – et, pour le cas où il arriverait quelque chose, le numéro des amis chez lesquels dînent papa et maman est placé, bien en évidence, près du téléphone. À 10 heures, le téléphone sonne : c'est le petit garçon. À moitié en larmes, à moitié rieur, très excité : « Papa, il y a un voleur qui est venu. Je l'ai tué. » Le père croit d'abord à un conte, lève les yeux au ciel, s'efforce d'apaiser, mais les précisions affluent, alarmantes : « Si, c'est vrai. Avec ton revolver, qui est dans le tiroir de ton bureau. Un grand monsieur avec un masque sur la figure. Il est là, dans le salon, par terre... » Le père s'inquiète enfin : « J'arrive. »
>
> Le voleur est là en effet, sur le tapis du salon, dans un flot de sang, bel et bien mort. Quand il avait sonné avec insistance, le petit garçon était venu derrière la porte, avait hésité, attendu un moment. La curiosité avait été plus forte. L'intrus,

aussitôt entré, l'avait secoué, bousculé : « Où maman met-elle son argent ? et papa ? » Tremblant mais résolu, le petit garçon avait désigné le secrétaire du salon : « Maman, c'est là. Papa, dans son bureau. Je vais vous le chercher. » Pendant que le voleur retournait les tiroirs du secrétaire, il avait sorti du bureau le 6,35 que son père avait eu l'imprudence de lui montrer et, comme dans un jeu, comme à la télévision, il l'avait armé, était revenu sur la pointe des pieds et avait tiré sur la silhouette penchée vers le meuble. L'homme s'était écroulé. Alors le petit garçon avait téléphoné.

Ce n'est pas tout. La police arrive. On retourne le cadavre, on découvre son visage. Un cri : c'était le fils – vingt-deux ans – des amis chez lesquels dînaient les parents. Cela s'est passé il y a quelques semaines. Il n'y a pas eu de plainte, l'action de la justice était éteinte, l'affaire a été classée. La famille a vaguement parlé d'accident et, aux intimes, de suicide. Le petit garçon passe, avec sa sœur, d'excellentes vacances.

Ce fait divers-là n'a pas encombré les colonnes ni fait les gros titres des journaux. Cependant, il est plus significatif et plus angoissant que le cas des tueurs de Clairvaux ou du notaire de Bruay. C'est un fait divers d'aujourd'hui, cynique et froid comme l'époque et le moment actuel [...]. Cette histoire, sinistre et vraie, où l'enfance n'est pas innocente et les adultes tous coupables, n'est pas de nature à nous rendre fiers de cette société qui est la nôtre.

(Pierre Viansson-Ponté, rubrique « Au fil de la semaine », *Le Monde,* 2-3 juillet 1972.)

Dans la presse française, seul le *Canard enchaîné* du surlendemain (5 juillet) a repris l'histoire, lui consacrant un petit encadré sous le titre « Fait divers », concluant par un appel au maire de Neuilly : « Gageons que M. Achille Peretti, maire de Neuilly et ancien commissaire de police, aura à cœur que les choses n'en restent pas là. » Pour les autres rédactions, ce fait divers de source purement orale, non confirmé, voire démenti par les autorités policières qui devaient être impliquées puisqu'il y avait, affirmait-on, mort violente, ne valait pas un article.

Ayant mené à l'époque une enquête sur la diffusion orale de ce récit, je puis témoigner qu'elle était importante : chacun m'affirmait alors connaître des participants au dîner, situé dans un milieu élevé et un quartier chic (Neuilly, Auteuil, Passy, Boulogne). Les conteurs se situaient surtout dans les trente-quarante ans, mais deux sources tenaient l'histoire d'adolescents. Aucun des diffuseurs ne se référait à l'article du *Monde*.

En 1972, j'ai établi un contact téléphonique avec le chargé de presse de la préfecture de Police. Celui-ci m'a affirmé que le récit du *Monde* avait amené la préfecture à contacter le journaliste, lequel avait refusé de révéler ses sources. Il y avait eu alors des vérifications auprès des cliniques et des hôpitaux, la police étant soucieuse de se disculper de l'accusation implicite d'avoir étouffé l'histoire par égard pour une famille puissante. Cependant, ces vérifications s'étaient révélées négatives, ce qui indiquait pour le chargé de presse que l'histoire n'avait pas de réalité : « Un cadavre, ça ne disparaît pas comme ça. »

Un an plus tard, dans un éphémère magazine parisien, un journaliste australien vivant en France se moquait du chroniqueur du *Monde,* qui avait plongé pour un canard bien connu :

> Je n'aurais été, pour ma part, que trop heureux de pouvoir croire à cette affaire rapportée par *Le Monde* si un petit fait n'avait, malencontreusement, ébranlé ma crédulité : pour tout dire, l'histoire en question, je l'avais déjà entendue au temps de ma jeunesse, en Australie. Contée à cette époque-là, dans ce pays-là, elle dégageait une petite odeur anticatholique, ayant pour objet de dénoncer l'inquiétante puissance de l'Église romaine à Melbourne, ville en majorité protestante. L'infortuné papa, dans la version australienne, était un membre plein d'avenir du parti travailliste et c'est le Dr Mannix, redoutable archevêque catholique de Melbourne, qui avait usé de son influence en sa faveur pour faire étouffer le scandale.
>
> (Sam White, rubrique « My Paris », *Paris-Paris*, juin 1973.)

Ce témoignage est le seul qui situe cette histoire dans une chaîne contemporaine de récits moralisateurs dénonçant l'influence croissante du crime et sa cause, la dégénérescence des mœurs. Cependant, on peut trouver à notre histoire des parallèles anciens. Ainsi, une anecdote illustrant cette crainte devant l'ubiquité du crime, étrangement parallèle à celle du dîner en ville mais ne comportant aucune condamnation du geste justicier, aucun regret pour le jeune dévoyé, figure dans un grand reportage de la fin du XIXe siècle sur Paris :

> L'éducation, l'instruction, les bons exemples sans cesse offerts par la famille s'émoussent sur certaines natures que le vice a coudées dès l'enfance. On n'a pas oublié le nom de ce riche orfèvre qui, s'apercevant qu'il était fréquemment volé, s'embusque près de la caisse, tire un coup de fusil sur un homme qui ouvrait la serrure, et reconnaît son propre fils dans le voleur expirant.
>
> (Du Camp, 1893, t. III, p. 13.)

Dans l'anecdote de 1972, les liens qui rendent choquante l'attaque du jeune dévoyé sont de simples attaches amicales unissant des gens du même monde. Quelques années plus tard, la folkloriste anglaise Jacqueline Simpson a recueilli un récit d'insécurité où une femme seule est attaquée chez elle par un homme masqué qui sonne à sa porte. Elle le met en fuite en lui appliquant sur la main droite le tisonnier brûlant qu'elle tenait en venant ouvrir. Quelques instants plus tard, elle sonne chez le couple ami habitant le même palier afin de leur relater sa mésaventure qui l'a bouleversée. Mais l'épouse lui répond à travers la porte : « Je ne peux vous ouvrir, mon mari vient de rentrer avec une terrible blessure à la main droite. » Ici aussi, on trouve une rupture du lien social amical par agression masquée et punition justifiée du méchant.

Le message moralisateur du jeune dévoyé est multiple : l'histoire dénonce la présence du crime dans les bonnes familles ; mais parallèlement à ce message réactionnaire, on trouve aussi un message libéral, l'attaque des excès entraînés par les comportements d'autodéfense et la présence d'armes mortelles au domicile familial. C'est cette partie du message qui a attiré le journaliste du *Monde*.

Un film télévisé réalisé par Jean Prat, qui en écrivit le scénario avec la romancière Andrée Chedid d'après l'histoire du jeune dévoyé que ces auteurs jugeaient être un fait divers authentique, a été diffusé en janvier 1974. Notre histoire n'y était qu'un prologue ; le film se centrait ensuite sur les rapports s'établissant pendant les vacances entre deux familles, et surtout entre l'enfant ayant tiré et sa victime, un adolescent qu'il avait simplement blessé. Cependant, son compte rendu inspira une critique moralisatrice de l'autodéfense :

> Combien d'adultes seraient capables du même geste que Bruno ? Par peur aussi. Ou pire : parce que la propriété, c'est plus sacré que la vie d'un homme. Le cinéma, la télévision, le livre, les bandes dessinées et des faits divers quotidiens ne nous ont-ils pas habitués à considérer comme un geste naturel de prendre un revolver pour abattre un homme ?
>
> (Claude-Marie Trémois, *Télérama*, 19 janvier 1974.)

Les années soixante-dix ont été une période de montée du sentiment d'insécurité, et la presse faisait alors une large place aux drames entraînés par des réactions d'autodéfense. Ainsi, en octobre 1978, un fait divers réel de double méprise tragique s'est déroulé dans la petite ville de Courtenay, à 100 kilomètres au sud de Paris. Un garagiste de vingt-neuf ans, réveillé la nuit par du bruit dans sa maison, se lève, prend son fusil, tire dans le noir et tue son fils de huit ans descendu boire un verre d'eau dans la cuisine. Ce fait divers fit la une de cinq quotidiens parisiens et *Le Monde* lui consacra une demi-page intérieure. Cette mort tragique coïncidait avec la première assemblée générale de l'association Légitime défense qui venait d'être fondée « pour lutter contre le laxisme de la police et des tribunaux » et s'était fait connaître à l'occasion du procès et de l'acquittement du garagiste Lionel Legras, dont le piège d'autodéfense avait blessé son cambrioleur.

La presse hostile à l'association fit le lien : « L'apprenti sorcier de la légitime défense tue son fils » *(Libération)*, « Une nouvelle victime de la légitime défense » (*Le Matin*). Les articles évoquaient neuf incidents récents dus à la légitime défense qui avaient fait quatre morts et cinq blessés graves les trois mois précédents.

La grande presse se montra plutôt neutre : « Peur mortelle » (*L'Aurore*), « Erreur tragique à Courtenay » (*France-Soir*) ; ou soucieuse parfois de disculper le meurtrier accidentel : « C'est l'insécurité qui a tué à Courtenay » (*Le Parisien libéré*).

Le retentissement de ce fait divers exceptionnel est donc aussi causé par une simple coïncidence de date. Cependant, le problème était dans l'air du temps, et dès 1972, l'histoire du jeune dévoyé annonçait, semble-t-il, la montée du sentiment d'insécurité.

Dans l'histoire du jeune dévoyé comme dans le récit de l'orfèvre meurtrier ou dans celui de la femme au tisonnier, la victime mérite son sort car elle a enfreint les règles sociales. Cependant, celui qui la blesse ou la tue n'aurait pas réagi aussi violemment s'il avait su à qui il avait affaire. Il y a méprise sur la personne, mais non sur l'acte délictueux comme dans le cas navrant de Courtenay, qui cumule deux erreurs.

On peut considérer ces anecdotes d'insécurité comme des variations sur un thème qui a connu une grande célébrité, celui de *la méprise tragique** qui relate le crime de parents cupides, qui tuent leur fils parce qu'ils ignorent le lien les unissant. En effet, dans les deux cas, il s'agit de ruptures du lien social aux conséquences plus graves que prévues, puisqu'on attaque des proches ou des parents. Cependant, les meurtriers sont justifiés dans les anecdotes d'insécurité, coupables dans les récits de *la méprise tragique**. Le nœud central du récit est, dans les deux cas, celui de la reconnaissance des vrais liens entre les personnes.

V.C.-V.

Bibliographie

Véronique Campion-Vincent, « Les histoires exemplaires », *Contrepoint*, décembre 1976, p. 217-232.

Maxime Du Camp, *Paris, ses organes, ses fonctions, sa vie dans la seconde moitié du* XIX*e siècle*, Paris, Hachette, 1893.

Jacqueline Simpson, « Rationalized motives in modern urban legends », *Folklore*, 92, 1981, p. 203-209.

Le cou de dinde

On était au travail un soir et une de mes copines a dit que, le soir d'avant, sa sœur l'avait appelée de Corby. Elle voulait lui raconter une histoire à propos d'une collègue. Celle-ci était venue au boulot [...] et elle avait le bras dans le plâtre. [...] Alors la collègue lui a raconté qu'au Nouvel An, son mari avait beaucoup bu [...] et il était plein. Et elle n'avait pas pu le mettre au lit. Alors elle avait essayé de le porter mais lui, il était allongé par terre. Et elle avait pensé : « Eh bien, je vais juste le laisser là par terre et j'irai au lit. » Et elle était montée se coucher. Puis les deux grands garçons étaient rentrés et ils avaient trouvé leur père couché par terre. Et, pour s'amuser, ils étaient allés à la cuisine, il y avait le cou de dinde qui traînait et ils l'avaient pris. Ils avaient mangé de la dinde au dîner, apparemment. Et ils avaient défait la fermeture Éclair de son pantalon, et ils y avaient fourré le cou de dinde – en en laissant plein dépasser comme ça – puis ils étaient montés se coucher. Alors, dans la nuit la femme s'était réveillée et elle s'était demandé où était son mari. Et elle s'était rappelée qu'elle l'avait laissé en bas, alors elle s'était dit : « Oh mon Dieu, il doit faire froid là-bas. » Elle était descendue, et en ouvrant la porte du living elle avait allumé et elle avait vu le chat qui mangeait le cou de dinde et elle s'était évanouie [...] et c'est comme ça qu'elle s'était cassé le poignet.

(« Ménagère, le 18 mars 1982 », McCulloch, 1984.)

Cette anecdote leste n'est pas célèbre. Cependant, en mars 1982, on la racontait beaucoup dans le nord industriel de l'Angleterre. Gordon McCulloch, après l'avoir entendue trois fois en une semaine, de sources différentes, a conduit une enquête sur la diffusion de cette histoire. Des variations apparaissaient déjà dans les douze versions qu'il a recueillies et publiées. L'épouse se cassait le bras, le poignet ou se faisait une plaie à la tête. Dans trois versions, on avait supprimé l'ivresse du mari et le rôle des grands fils ; c'était alors le mari lui-même qui, descendu en robe de chambre, s'était affublé du cou de dinde pour surprendre son épouse, puis s'était endormi au coin du feu sans être réveillé par le chat grignoteur.

Cette anecdote renvoie à un milieu ouvrier aux mœurs caractéristiques, et ne serait pas déplacée dans le nord ou l'est de la France. Ici, l'alcool joue un grand rôle et l'homme occupe une place prédominante. Cependant, les femmes travaillent et les grands enfants, salariés mais vivant toujours au foyer, sont indépendants pour leurs loisirs.

Ce sont en majorité des femmes qui racontent cette histoire dans laquelle l'héroïne est victime du mari buveur et des jeunes farceurs. Cependant, l'histoire, et c'est là ce qui explique son succès, même éphémère, combine des éléments cocasses – relatée par un bon narrateur, elle peut certes être très drôle – avec un thème sous-jacent d'angoisse : le fantasme de castration. Comme des milliers d'autres du même type, elle a disparu après une courte carrière dans un milieu précis. Dans son étude, Gordon McCulloch a touché deux aspects importants de la diffusion des légendes et ses conclusions valent pour bien d'autres récits.

Il semble qu'un incident réel ait été à l'origine de cette histoire. On pouvait en effet le situer lors des fêtes de fin d'année. McCulloch, lors de son enquête, a cherché à remonter la chaîne de transmission : il a bien identifié « la sœur » et « la collègue » du récit présenté plus haut, mais n'a pu conclure puisque celles-ci, après avoir confirmé le récit à la narratrice, ont refusé de le rencontrer. « La collègue » au bras cassé a répondu à la narratrice : « Mon mari serait fou de rage s'il savait que j'en ai parlé » et « la sœur » a déclaré : « J'ai déjà été assez indiscrète comme ça. » L'incident réel d'origine est très probable, même si l'enquête n'a pas débouché sur des preuves irréfutables. On demeure dans l'incertitude, ce qui est fréquent. Les réticences des témoins sont courantes et constituent d'importants obstacles aux enquêtes sur les événements hors norme.

Même à ce stade encore très proche de l'incident originel, l'histoire est diffusée grâce à un procédé inconscient de persuasion. Les narrateurs se situaient, par rapport à l'héroïne-victime de l'histoire, toujours à la « bonne distance » de deux échelons. C'est donc l'*adua* [1], personnage caractéristique de la diffusion des légendes et rumeurs, que l'on trouve ici. Connaissant bien le milieu, Gordon McCulloch a pu discuter avec les narratrices ce mensonge par omission – puisqu'un maillon de la chaîne saute à chaque nouvelle narration –, et nous apporter la confirmation précise du caractère totalement inconscient de ce processus : les narratrices ne se rendent pas compte d'avoir supprimé un maillon. Ce maintien de la bonne distance – assez près pour conserver l'intérêt dramatique de l'histoire et être écouté, assez loin pour éviter la menace d'une vérification par l'auditeur – est un procédé de rhétorique dont on n'est pas conscient, comme on n'est pas conscient des règles de la grammaire quand on parle. Il s'agit d'intéresser et, pour les bons diseurs, de distraire, tout en transmettant le message d'angoisse sous-jacent qui est au cœur de l'histoire. Ce procédé est caractéristique de la diffusion des légendes au message implicite, des histoires exemplaires.

1. « Ami D'Un Ami ». Nous avons créé ce terme en l'adaptant de l'anglais Foaf (*Friend Of A Friend*), fabriqué par Rodney Dale (voir Bibliographie).

On peut esquisser une interprétation de cette anecdote qui rende compte de son début de carrière. Comme une histoire exemplaire classique, elle réaffirme les valeurs traditionnelles et condamne les comportements déviants. Le cadre de l'histoire est celui d'une normalité petite-bourgeoise. Pendant les fêtes de Noël ou du Nouvel An, une famille unie, où le couple partage la même chambre, les enfants vivent au foyer, la demeure accueille un chat, fait un repas de fête commun autour d'une dinde. Cette normalité est cependant perturbée par l'ivresse du mari. La dévoration du cou de dinde, forme atténuée de castration, évoque la perte de virilité de cet homme qu'il faut abandonner, ivre mort, sur le sol de la pièce commune. L'homme échappe de peu à la castration, la femme perd l'usage de son bras : en diffusant cette histoire, les « collègues » féminines expriment leur peur des conséquences néfastes de l'alcoolisme qui peut détruire le cadre familial.

Cependant, notre anecdote ne prêche pas, elle fait rire. C'est donc par le détour d'une méprise comique, qui figure dans bien d'autres anecdotes lestes, comme celle du *plombier malchanceux* *, que passe le message moralisateur sous-jacent.

V.C.-V.

Bibliographie

Jan Harold Brunvand, *The Choking Doberman,* 1984, p. 50-52, 59 et 62.

Rodney Dale, *The Tumour in the Whale,* 1978.

Gordon McCulloch, « The tale of a turkey neck : a legend case study », *in* Paul Smith (ed.), *Perspectives on Contemporary Legend. Proceedings of the Conference on Contemporary Legend, Sheffield, July 1982,* Sheffield, CECTAL, 1984, p. 147-166.

Le doberman qui étouffe

Une histoire extraordinaire m'a été racontée à un dîner par mon amie June Riley voilà quelques semaines. Un beau jour, une femme qu'elle connaissait avait trouvé, en rentrant à sa maison de Brentwood après une journée de courses, le chien de la famille, un doberman, étouffant et incapable de respirer. Elle le conduisit dare-dare chez le vétérinaire, mais celui-ci était occupé et on lui dit de laisser le chien en observation. Quand elle arriva chez elle, le téléphone sonnait ; le vétérinaire était au bout du fil, calme mais ferme : « Raccrochez et sortez immédiatement de la maison. Attendez-moi dans la maison d'un voisin. J'arrive. » Étonnée et un peu effrayée, la femme suivit ces instructions.

Quelques minutes plus tard arrivèrent quatre voitures de police et les policiers découvrirent, caché dans le placard de la chambre, un grand voleur costaud, terrifié et saignant fortement. Le vétérinaire arriva également et expliqua à la femme qu'il avait découvert, en examinant le chien afin de comprendre pourquoi il étouffait, trois doigts humains dans sa gorge. Il avait appelé la police, puis la femme.

Tous les dîneurs furent stupéfaits par l'histoire de June. Nous avons admiré le sang-froid du vétérinaire, discuté sur les capacités de nos chiens face aux intrus, conclu que l'insécurité progressait à pas de géant dans les villes. J'ai raconté plusieurs fois l'histoire la semaine suivante, puis je n'y ai plus pensé jusqu'à ce que, à une soirée à Santa Barbara, une autre amie me raconte la même histoire à propos d'une amie de Montecito qui avait un boxer. Par la suite, j'ai entendu l'histoire à nouveau, prêtée à des amies vivant à Palos Verdes, Long Island et San Francisco.

June Riley ne mentait pas. Elle transmettait, comme moi plus tard, un peu de mythologie urbaine. Et la puissance de ce folklore est qu'en la racontant nous sommes convaincus que l'histoire est vraie.

(Publié par le *Herald Examiner* de Los Angeles le 3 février 1982 et reproduit par Brunvand, 1984, p. 9-10.)

L'histoire a couru tous les États-Unis en 1981 et 1982, et Jan Harold Brunvand, qui l'a étudiée en détail, cite également une version orale plus « saignante » que le récit policé du journaliste :

Alors elle est rentrée à la maison, et quand elle est entrée, le téléphone sonnait. Et il a dit : « Quittez votre appartement immédiatement et rappelez-moi. » Et elle a répondu : « Mais qui est-ce ? » Et il a dit : « C'est le Dr Machin, le vétérinaire. Sortez de cet appartement. Allez à un autre téléphone, chez un voisin ou quelque chose comme ça. » Et elle a répondu : « Vous êtes malade ? » Alors il a dit : « Bon, puisque vous ne voulez pas sortir... Savez-vous ce qui faisait étouffer ce chien ? Deux doigts noirs. »

Alors elle a paniqué, laissé tomber le téléphone, couru chez un voisin et l'a rappelé et a dit : « Je suis chez le voisin. Vous avez bien dit deux doigts noirs ? – Oui, a-t-il dit, appelez les flics. » Alors elle a appelé les flics.

(Brunvand, 1984, p. 11.)

Une caractéristique importante apparaît dans cette version orale et marque, nous dit Brunvand, la plupart de celles-ci : le voleur est un Noir. Notre histoire est une histoire d'insécurité urbaine racontée par des Blancs et qui leur est destinée. Dans les versions publiées par la presse, cet aspect est gommé ; mais il reste que la découverte du voleur ensanglanté se fait souvent dans un placard de la chambre à coucher, suggérant un projet de viol.

On peut remarquer deux motifs dans cette histoire d'insécurité : un animal rend un service que sa maîtresse ne comprend pas, un voleur est mutilé et découvert grâce à un chien fidèle protégeant une femme seule.

L'animal serviable incompris nous entraîne sur une piste médiévale, bien loin des États-Unis aux violents conflits raciaux. On y trouve l'histoire d'un chien qui défend l'enfant de son maître contre un animal agresseur. Cependant, le maître ne comprend pas la situation, tue son bienfaiteur, découvre plus tard la vérité et lui élève un mausolée pour exprimer son remords. Dans le monde anglo-saxon, la version la plus connue de cette histoire, popularisée au XIXe siècle par le vulgarisateur Baring-Gould, a lieu dans un village du pays de Galles où se trouve le tombeau du lévrier Gelert, qui a donné son nom au village de Beddgelert :

> Un beau jour, le seigneur du lieu, Llewellyn, part chasser, confiant à son fidèle lévrier Gelert la garde de son bébé au berceau. Surgit un gros loup qui tente de prendre l'enfant au berceau. Cependant, Gelert le tue après une bataille qui l'ensanglante. Il sort couvert de sang à la rencontre du maître qui revient de la chasse. Celui-ci , voyant le berceau dérangé [par la bataille] tue le chien fidèle d'un coup d'épée, s'apercevant ensuite que l'enfant est vivant et que le cadavre de loup est proche. Le tombeau de Gelert devient lieu de pèlerinage, car les enfants y guérissent.
>
> (D'après Brunvand, 1984, p. 31-32.)

Si l'agresseur du bébé est ici un loup, on trouve le plus souvent dans ce rôle un serpent, comme dans le cas du récit fondateur du culte voué au lévrier Guinefort dans les Dombes, culte aboli avec indignation vers 1250 par l'inquisiteur dominicain Étienne de Bourbon, qui déterra et brûla les ossements du chien vénéré ainsi que les arbres entourant le site où les pèlerins déposaient les pièces de vêtements des petits malades. Mais c'était un culte toujours vivace localement à la fin du XIXe siècle et même au début du XXe. Dans son enquête conduite en 1970, l'historien Jean-Claude Schmitt a pu recueillir le souvenir de la dernière préposée au culte, encore active quarante ans auparavant, soit dans les années trente.

L'histoire de Gelert-Guinefort est un récit très répandu au Moyen Âge en Europe et incarné dans de nombreux sites (51 en France, 8 en Italie), où l'on vénérait un saint lévrier guérisseur d'enfants qui avait été enterré là par le seigneur repentant. Il est répertorié comme type de récit dans la classification mondiale d'Aarne et Thompson (« 178. Animal fidèle inconsidérément tué. 178 A. Llewellyn et son chien »).

On a donc, dans l'histoire de Gelert-Guinefort comme dans l'anecdote moderne du « doberman qui étouffe », des maîtres qui ne comprennent pas pourquoi le chien secourable est ensanglanté. En nos temps modernes, on ne tue pas l'animal, on appelle le vétérinaire. En revanche, l'agresseur n'est plus un animal, mais un homme. Notre histoire est avant tout une histoire d'insécurité dénonçant les méfaits de la modernité.

Quant au motif du chien protégeant une femme seule, Brunvand cite deux récits américains où le chien tue l'intrus venu voler une grosse somme à une femme isolée. Ces récits jouent sur des thèmes de méprise et de justice immanente : l'agresseur est soit le fils soit le mari de la femme seule, venu l'attaquer en se déguisant en Noir pour ne pas être reconnu – et qui du coup n'est pas reconnu non plus par le chien fidèle ! On retrouve ce thème de la justice immanente, de la vengeance accomplie par l'enchaînement des circonstances, dans plusieurs légendes contemporaines, ainsi dans *le voyou à la chaîne* *.

En France, l'histoire du doberman a refait surface en Alsace, transformée en drame de l'autodéfense et porteuse d'un message accusateur à l'égard des riches à la réaction disproportionnée. Voici l'histoire qui circulait autour de Colmar durant l'été et l'automne 1986 :

> Deux cambrioleurs ont été attaqués par des dobermans alors qu'ils tentaient de pénétrer par effraction dans une maison de Wintzenheim. L'un des voleurs a été dévoré par les chiens, le second s'est réfugié sur une armoire et est devenu fou. Cette histoire court dans la région colmarienne depuis maintenant exactement trois mois. En fait, tout est faux, intégralement faux. Les vérifications de la police, de la gen-

darmerie et du parquet le prouvent. En réalité, il s'agit d'une rumeur dirigée contre des commerçants.

(*L'Alsace*, 18 septembre 1986.)

Plus de mutilation, mais la mort ou la folie. Non plus une femme seule à laquelle on s'identifie, mais des propriétaires absents et trop bien protégés. L'histoire s'est banalisée et aggravée. On y note la permanence des craintes entourant un chien de garde dont on sait qu'il peut être redoutable, le doberman.

V.C.-V.

Bibliographie

Antti Aarne et Stith Thompson, *The Types of the Folktale : A Classification and Bibliography*, Helsinki, Academia Scientarium Fennica (Folklore Fellows Communications n° 184), 1961.

Jan Harold Brunvand, *The Choking Doberman*, 1984, p. 6-18, 28-34 et 48-49.

John Michell et Robert J.M. Rickard, *Living Wonders. Mysteries and Curiosities of the Animal World*, Londres, Thames et Hudson, 1982, « Martyred Baby-sitters », p. 131-133.

Jean-Claude Schmitt, *Le Saint Lévrier : Guinefort, guérisseur d'enfants depuis le XIIIe siècle*, Paris, Flammarion, 1979.

Les vérins hydrauliques de la tour Eiffel

Les dissidents gagnèrent la tour Eiffel, pilier nord, sous la conduite de Cayrolle. « Mes petits potes, vous ne regretterez pas le déplacement : je connais un truc épatant. Descendons ! »

Ils enjambèrent une chaîne, dévalèrent l'escalier de pierre malgré de nombreux écriteaux « Interdit au public », parvinrent enfin dans une vaste salle souterraine. Un seul homme la gardait, qui chantait les paroles de l'*Angélus de la mer* sur l'air des *Blés d'or*, s'arrêtait fréquemment pour roter, ajoutait pour lui seul : « Ça soulage ! » et repartait. Il se retourna d'une pièce. (Le nez plus rouge encore que celui de M. Giglio !)

« Qu' v' foutez là, les gosses ?

– On est venu voir les vérins.

– Les V... hoop... pardon ! Ça soulage... et qu' c' qu' vous en a causé des vérins ?

– Un de mes cousins qui est ingénieur, dit Cayrolle.

– Ah ! fit le nez rouge très flatté. Eh bien, les vérins, c'est moi ! »

Il vint vers eux, titubant, hoquetant, et leur expliqua d'une haleine au vin rouge que, pour compenser les oscillations de la tour, M. Eiffel avait prévu dans cette base des... hoop... pardon ! ça soulage... des vérins hydrauliques.

« Dis donc, si Gautreau savait ça !

– Et Bigloteux ! »

Ainsi, un seul homme (lui, pour l'instant) surveillait l'équilibre de la tour Eiffel. En parlant de ses oscillations, il oscillait lui-même.

« Tenez, les gosses, on va se marrer ! On va la... hoop... pardon !

– Ça soulage, dit Mollard.
– On va la faire pencher, la tour !
– Non, non ! » fit Cayrolle précipitamment.
L'homme saisit les leviers de sa machine :
« Si ! pour rire, quoi !
– Mais c'est pas drôle ! bredouilla Couderc qui se voyait déjà enseveli sous les décombres de la tour, mort historique...
– Hé là ! hé là ! mais elle penchait déjà toute seule ! Heureusement que j'ai regardé...
– Non ! Non !
– Si, les gosses ! il y a sûrement du vent, là-haut. »
Et il se mit à visser, à visser.
« Foutons le camp ! » dit Cayrolle.
Ils remontèrent en surface plus vite qu'un bouchon du fond de l'eau – ouf ! Mais le nez rouge avait dit vrai : une tornade s'élevait dans le ciel qui n'était, à présent, qu'une toile grise unie, et les jeunes feuilles recevaient étonnées le baptême du vent.
« M. Gautreau ! M. Gautreau !... Ah ! les voilà qui tournent l'esplanade... »
Les Sommeilleux rejoignirent au pas de course, retenant d'une main leur béret et n'osant plus lever les yeux sur la tour où le vent ronflait de façon effrayante. Ils avaient hâte de se trouver à trois cents mètres de là : hors d'atteinte en cas de chute.

(Gilbert Cesbron, 1989, p. 203-204.)

Cet extrait d'un roman de Gilbert Cesbron écrit en 1948 est un bon exemple de l'exploitation littéraire d'une croyance légendaire. Il importe peu que le romancier croie ou non à l'existence des vérins, il a senti tout le parti qu'il pouvait en tirer. De fait, l'épisode en question présente des effets de sens et des motifs analogues à ceux des récits légendaires ou des faits divers : avertis par un initié – le « cousin ingénieur » –, des lycéens en cavale rencontrent dans son antre souterrain, inaccessible au public, le maître des vérins hydrauliques. L'ironie veut que ce soit un ivrogne titubant qui ait la charge d'assurer la stabilité de la tour Eiffel, d'où la peur panique des jeunes garçons qui s'enfuient par crainte de la chute du monument !

La croyance aux vérins hydrauliques de la tour Eiffel appartient à ce légendaire technique et scientifique fait de faux savoirs et d'anecdotes pseudo-historiques qui nourrit le folklore contemporain.

L'origine de cette croyance réside dans le fait que des vérins hydrauliques ont été réellement utilisés lors de la construction de la tour. Ce procédé technique a permis l'ajustement au même niveau, et au millimètre près, des quatre piliers qui, montés en biais, venaient à la rencontre l'un de l'autre pour former la base du premier étage. Au pied de chacune des quatre arêtes constituant chaque pilier se trouvait un sabot en fonte d'acier dans lequel un logement avait été prévu pour installer un vérin hydraulique. Il y avait donc en tout 16 vérins. Chacun d'entre eux était actionné par une pompe à main et permettait de soulever jusqu'à 800 tonnes, sur une course de 9,5 centimètres. Un pilier central et des échafaudages en bois supportaient les piliers inclinés.

La jonction eut lieu le 7 décembre 1887 : grâce aux vérins, les trous de rivet des charpentes métalliques vinrent coïncider exactement, l'horizontalité de la plate-forme était assurée. Des cales en acier furent placées entre les sabots et les arêtes pour fixer définitivement le nivellement de la tour. Puis des poutres dites « de ceinture » vinrent compléter ce qui allait être le premier étage, formant une assise solide pour le reste de la construction.

La presse de l'époque, qui rendait compte de cette épopée qu'était l'édification de la tour Eiffel, insista sur cette « opération cruciale » (Lemoine, 1989) du 7 décembre 1887 où les vérins hydrauliques jouèrent un rôle essentiel.

Par la suite, les vérins hydrauliques furent retirés, en même temps que le pilier central et les échafaudages provisoires. Mais on peut penser que, dès cette époque, beaucoup de gens étaient persuadés qu'ils étaient toujours en place.

Un élément a pu contribuer, par confusion ou amalgame, au renforcement de la croyance légendaire : la présence des ascenseurs hydrauliques. Dès 1889, cinq ascenseurs hydrauliques étaient mis en service, Eiffel ayant fait jouer la concurrence entre les constructeurs. Chacun des quatre piliers était équipé d'une cabine. Dans les piliers est et ouest, des ascenseurs Roux et Combaluzier permettaient d'accéder au premier étage ; ils étaient constitués de cabines à deux niveaux actionnées par une double chaîne sans fin mue par la force hydraulique. Dans les piliers nord et sud, des ascenseurs Otis, tirés par un câble actionné par un piston hydraulique, montaient directement au deuxième étage. Un cinquième ascenseur, vertical, fabriqué par Édoux, reliait le deuxième au troisième étage : la cabine supérieure était poussée par un piston hydraulique de 78 mètres de course, tandis que la cabine inférieure faisait contrepoids.

Presque tous ces ingénieux systèmes ont été remplacés entre 1965 et 1983 par des ascenseurs électriques. En revanche, les ascenseurs des piliers est et ouest, bien qu'ayant changé de marque (Fives-Lille) en 1899, sont bien toujours des ascenseurs hydrauliques. Les machineries, faites de gros tuyaux et de roues de serrage, se visitent encore dans le sous-sol des piliers est et ouest. Dans le roman de Cesbron, l'action du personnage, qui se met « à visser, à visser », correspondrait mieux aux roues de serrage des ascenseurs hydrauliques qu'aux vérins, sur lesquels on agit en actionnant une pompe à main.

On imagine aisément que, pour des esprits peu au fait des procédés techniques, l'existence de machines hydrauliques sous les piliers de la tour ait confirmé la croyance aux vérins.

Cette croyance est suffisamment répandue de nos jours pour que la documentation concernant la tour Eiffel doive rappeler presque systématiquement que les vérins ayant servi à la construction de l'édifice ont été retirés : « Les vérins n'existent plus » (*Fiches documentaires*, Société nouvelle d'exploitation de la tour Eiffel, 1985 et 1989) ; « La tour n'est pas montée sur des vérins hydrauliques comme on l'a souvent dit » (*Quid*, 1986, p. 328 a).

L'imaginaire de la tour Eiffel

Près de vingt-cinq ans après le texte de Cesbron, en 1974, le Hollandais Joost Swarte s'inspire indirectement de l'histoire des vérins hydrauliques en créant une bande dessinée intitulée *Une deuxième Babel*. L'auteur imagine que les Français ont construit en secret dans le sous-sol de Paris, en 1937, une gigantesque tour – « plus haute que la tour Eiffel et l'Empire State Building réunis » – reposant sur des ascenseurs hydrauliques : l'édifice devait émerger à ciel ouvert lors de l'Exposition universelle de cette même année. Mais les techniciens dépositaires du secret du fonctionnement des ascenseurs meurent dans un accident de voiture et l'ingénieur constructeur lui-même est écrasé par l'énorme boule du « pendule de Foucault » situé à l'intérieur de la tour. La plupart des collaborateurs et des témoins survivants ayant disparu mystérieusement ou ayant été internés dans des asiles d'aliénés, l'édifice serait donc toujours quelque part sous Paris.

Visiblement, Joost Swarte a transposé de nombreux éléments concernant la tour Eiffel : la construction d'une tour géante pour une Exposition universelle à Paris (1937 au lieu de 1889) ; la dénomination « tour de Babel », qui désignait déjà la tour Eiffel en 1887 dans l'opinion publique ; le rôle central joué par les ingénieurs, démiurges modernes ; la présence d'un « pendule de Foucault » rappelle celui qui a réellement été suspendu à partir du deuxième étage de la tour Eiffel (Lemoine 1989, p. 78) ; enfin, les ascenseurs hydrauliques destinés à faire monter la nouvelle tour renvoient à la fois aux vérins hydrauliques et aux ascenseurs hydrauliques de la tour Eiffel. Quant au motif du monument gigantesque caché dans le sous-sol d'une ville, on le retrouve dans la littérature populaire et dans les croyances légendaires : l'une d'elles prétend ainsi qu'une mystérieuse cathédrale de la taille de Notre-Dame serait enfouie sous Paris.

C'est bien du côté de l'imaginaire de la tour Eiffel qu'il faut chercher l'interprétation de la croyance aux vérins hydrauliques. En 1889, elle est le monument le plus élevé du monde. Aujourd'hui encore, elle reste, par sa forme même, comme l'écrit Roland Barthes, « le symbole de l'ascension, de toute ascension ; elle accomplit une sorte d'idée de la hauteur en soi ». Le corollaire suit immédiatement : la peur de la chute, déjà présente de manière sous-jacente dans la comparaison avec la tour de Babel. Le public parisien qui venait voir la construction redoutait ou guettait l'effondrement de l'édifice. Gustave Eiffel calma les esprits en affirmant son « constant souci de ne pas livrer inutilement aux violences des ouragans des surfaces dangereuses pour la stabilité de l'édifice » (cité dans les *Fiches documentaires*, 1989). La croyance en des vérins permettant de rééquilibrer le monument remplit ainsi une fonction rassurante. Dans le passage cité plus haut, Gilbert Cesbron inverse malicieusement la fonction de la croyance et crée l'inquiétude avec son personnage d'ivrogne responsable des vérins !

En fait, la tour forme un ensemble particulièrement stable et peu sensible au vent, qui passe à travers la dentelle de fer du monument. Par vent de 180 kilomètres-heure, le plus fort jamais enregistré, le sommet oscille légèrement et décrit des ellipses de 18 centimètres de long au maximum. D'ailleurs, ce n'est pas un abaissement ou un rehaussement de 9,5 centimètres – course maximale des vérins – qui permettrait un déplacement sensible du centre de gravité !

En second lieu, la tour Eiffel a symbolisé la modernité. Son constructeur voulait l'élever « à la gloire de la science moderne et pour le plus grand honneur de l'industrie française ». L'ingénieur, le « magicien du fer », succédait aux architectes de la pierre. L'Exposition universelle de 1889, dont la tour se voulait le chef-d'œuvre, célébrait le triomphe de l'industrie et de la technique. La galerie des Machines, autre monument très visité, abritait les « merveilles de la mécanique moderne ». Or par le principe même de son fonctionnement, le vérin hydraulique est une machine merveilleuse. Depuis les premières presses hydrauliques, au XVIIIe siècle, jusqu'aux ascenseurs hydrauliques inventés en 1852, en passant par les vérins du même nom, l'application du principe de la transmission des pressions par les liquides a toujours frappé l'imagination. « Il faudra se garder, écrit le *Grand Dictionnaire Larousse du XIXe siècle*, de l'erreur populaire qui voit, entre la cause de la pression hydraulique et l'effet qu'elle produit, une disproportion qui tiendrait du miracle. » Ainsi, l'opposition entre quelques tuyaux remplis de liquide et les centaines de tonnes de fer qu'ils sont censés soutenir crée un contraste propre à entretenir une croyance légendaire.

Dans un souci de comparaison, il nous paraît utile de rapprocher cette croyance de celle qui concerne la tour de Pise. De nombreuses personnes croyaient, ou croient encore, que l'allure penchée du célèbre édifice italien est volontaire et témoigne de la prouesse technique des architectes des XIIe et XIVe siècles. Le *Grand Dictionnaire Larousse du XIXe siècle* le souligne encore : « On aurait tort de croire avec le vulgaire que cette inclinaison est un fait voulu des constructeurs, une sorte de tour de force chargé de démontrer les lois du centre de gravité ; elle n'est qu'accidentelle, et tout porte à croire qu'un tassement imprévu du terrain sur lequel l'édifice est assis en fut l'unique cause. » En revanche, il est vraisemblable que ce tassement s'est produit alors que la tour était déjà élevée à moitié : les architectes continuèrent la construction en apportant des corrections pour ramener les étages à l'horizontale (colonnes plus hautes d'un côté que de l'autre, murs fortifiés par des barres de fer).

Les monuments de Pise et de Paris sont tous deux des tours dont on craint la chute. Mais les croyances légendaires qui les concernent sont l'inverse l'une de l'autre : la tour de Pise penche, car on l'a bâtie inclinée ; la tour Eiffel ne penche pas, car on la redresse à l'aide de vérins hydrauliques. Dans les deux cas, toutefois, s'exprime un mélange d'admiration et de crainte à l'égard des architectes, ces magiciens de l'équilibre.

J.-B.R.

Bibliographie

Roland Barthes, *La Tour Eiffel*, Paris, Delpire, 1964.

Gilbert Cesbron, *Notre prison est un royaume*, Paris, Le Livre de Poche, 1989, p. 203-204.

Grand Dictionnaire Universel du XIXe siècle (vers 1880), articles « Hydraulique » et « Pise ».

Bertrand Lemoine, *La Tour de Monsieur Eiffel*, Paris, Gallimard, 1989, coll. « Découvertes », 62.

Quid 1986, Paris, Robert Laffont, article « Architecture », p. 327-328.

Joost Swarte, « Une deuxième Babel » (1974), *L'Art moderne*, Paris, Les Humanoïdes associés, 1980, p. 35-42 (rééd. Futuropolis, 1985).

La Tour Eiffel. Fiches documentaires, Paris, Société nouvelle d'exploitation de la tour Eiffel, 1985 et 1989.

Joost Swarte, « Une deuxième Babel » (1974),
L'Art moderne,
© Futuropolis, 1985.

L'éléphant assis sur une 2 CV

Une femme du New Jersey était venue avec sa nouvelle coccinelle, une VW rouge, à New York, au Madison Square Garden, pour y acheter des billets de cirque. Pendant qu'elle était au guichet, un éléphant du cirque qu'on avait emmené faire un tour a confondu la VW laissée au parking avec le tabouret rouge qui lui servait pour son numéro et s'est assis sur le capot, l'écrasant complètement. Le cirque lui a donné une attestation et s'est engagé à payer les réparations. Arrêtée par la police lors de son retour, la femme a évité l'alcootest en montrant l'attestation du cirque.

(D'après l'article de Tom Buckley, *New York Times*, 5 mai 1975, Brunvand, 1984, p. 58)

Une religieuse était allée visiter le parc animalier de Benson, près de Boston, et avait laissé sa petite coccinelle VW au parking. Pendant sa visite, un éléphant s'est échappé et tandis qu'on le poursuivait, il a heurté en reculant la voiture de la religieuse, l'abîmant beaucoup. Cependant, la voiture pouvait toujours rouler.

Plus tard dans la journée, la religieuse traversa le tunnel Callahan [célèbre pour ses embouteillages à Boston]. On roulait pare-chocs contre pare-chocs et une voiture bouscula légèrement la VW de la religieuse.

Un policier arriva et chacun sortit des voitures. Le conducteur dit que ce petit choc ne pouvait avoir causé tous ces dégâts et qu'il avait à peine touché la voiture de la religieuse. Elle approuva, expliquant que les dégâts avaient été causés plus tôt dans la journée par un éléphant. Et on l'emmena au poste, la soupçonnant de conduite en état d'ivresse.

(Elizabeth West, Boxborough [Massachusetts], a envoyé ce récit à Jan Brunvand, 1984, p. 61.)

Le journaliste n'avait pas cru à l'histoire et recherché systématiquement les sources du récit qu'on lui avait fait. Son enquête a abouti quand il a téléphoné au cirque incriminé : on lui a alors répondu que cette histoire sans fondement circulait depuis plus de quinze ans.

En revanche, Elizabeth West y croyait, et c'est en l'entendant pour la seconde fois après quelques années qu'elle a compris : il ne s'agissait pas d'un incident réel mais d'une histoire, invariablement donnée pour vraie, qui court l'Europe et les États-Unis depuis le milieu des années soixante. Le premier récit situe l'incident dans le milieu du cirque. En effet, le plus souvent, l'éléphant fautif est lié à un cirque et c'est parce qu'il confond la petite voiture de couleur vive avec son tabouret de piste (parfois à cause d'un stimulus complémentaire, le sifflet d'un agent de police réglant la circulation), qu'il s'y assied ou en prend le capot pour socle dans sa danse. La seconde version met l'accent sur la personnalité de la victime : une femme seule et digne, dont la respectabilité est mise en cause par l'incongru de l'incident qui la fait soupçonner d'ivresse.

Les récits auxquels cette histoire a donné lieu ont été fréquemment repris par les journaux, qui l'ont ancrée dans un cadre social et géographique différent selon les publications. On trouve donc des variations de détail. Cependant, les éléments importants structurant l'histoire sont conservés.

On peut considérer l'histoire plus récente « Der Elefant im Safari-Park », racontée par Brednich, comme une variante années quatre-vingt de la première anecdote (qui date des années soixante) : il y a toujours destruction partielle d'une petite voiture, mais celle-ci a lieu après que des touristes visitant le parc animalier (parc de vision où l'on ne quitte pas sa voiture) se sont jugés agressés par le bébé éléphant qui introduit sa trompe dans leur voiture par la vitre arrière et ravage tout. Ils s'affolent, remontent brutalement la vitre à commande électrique, emprisonnent le bébé éléphant et sa trompe et provoquent une réaction libératrice et brutale de la mère éléphant. Carbone donne de cette histoire une version italienne où la mésaventure survient à un touriste suisse en excursion dans la région du lac de Garde. Les gardiens du parc animalier lui donnent un verre de grappa pour le réconforter, ce qui fait qu'il est arrêté par les douaniers suisses pour ivresse à son retour. On sent dans cette variante italienne un fort message de justice immanente : le Suisse à la belle voiture est un riche qui exagère et se fait justement corriger par plus fort que lui.

Bien sûr, une histoire de ce genre peut arriver. Elle est hautement improbable, mais ne saurait être qualifiée d'impossible. L'existence d'une multitude de versions – totalement invraisemblable, car cette histoire ne saurait être arrivée si fréquemment – montre qu'elle plaît. Elle est construite et diffusée par des raconteurs successifs qui se l'approprient, affirmant bien connaître les héroïnes de cette mésaventure. Ces versions diverses conservent la même structure, les mêmes éléments d'opposition : petite voiture-gros éléphant ; femme seule et digne-événement incongru qui entraîne un soupçon d'ivresse (parfois justifié, car on a donné un verre d'alcool à la conductrice afin qu'elle puisse se remettre de ses émotions). L'histoire dans sa version complète repose donc sur une double confusion : l'éléphant confond la petite voiture et son tabouret de cirque ; le policier confond le témoignage (l'apparition d'un éléphant réel) et l'hallucination d'une personne en état d'ivresse. Le récit exploite évidemment le cliché de l'alcoolique ayant des visions d'éléphants roses. Autre cliché : une célibataire – une femme active, sérieuse, aux revenus modestes –, parfois une religieuse au volant d'une voiture populaire (2 CV en France, VW en Allemagne, Scandinavie ou aux États-Unis).

Les journaux vont parfois très loin dans leurs efforts passionnés d'authentification. La palme doit sans doute être donnée au journal britannique du dimanche *The Mail on Sunday* qui publiait, le 18 janvier 1987, le récit de la rencontre dans un bar espagnol de la Costa Blanca de deux Anglais et affirmait qu'ils avaient réalisé, en bavardant, que l'éléphant du premier (garçon de piste de cirque à l'époque) avait écrasé vingt ans plus tôt la voiture (une Messerschmitt jaune) du second. Les noms et photos des prétendus héros étaient publiés, et le journaliste concluait gravement qu'il avait trouvé « le noyau de vérité de cette légende moderne ».

Le plus gros des mammifères terrestres, l'éléphant, jouit d'un fort capital de sympathie. Son énormité pose problème : on connaît l'expression « comme un éléphant dans un magasin de porcelaine ! » et les incongruités engendrées par son intrusion insolite et démesurée dans notre monde sont notées sans faille par les journaux. J'en ai ainsi trouvé, au fil des ans, plusieurs occurrences dans *France-Soir* [1] :

> Un éléphant frappe à la porte d'un cottage : on lui ouvre. La maison est mise à sac. Poursuite. Le pachyderme échappé d'un cirque est récupéré par son cornac. L'incident s'est déroulé en Grande-Bretagne, à Plymouth.
>
> (2 janvier 1958.)

> Au zoo de Vincennes, l'éléphant avale le sac d'une touriste, rejette le poudrier et le rouge à lèvres, mais garde le passeport et les devises.
>
> (10 septembre 1958.)

1. Je remercie le service de documentation de *France-Soir* qui m'a permis de consulter ses fichiers.

Un Californien avait vu deux éléphants dans son jardin. Le temps de persuader la police qu'il n'avait pas bu, tout était dévasté.

(13 juillet 1960.)

Un éléphant avale un permis de conduire près de San Francisco.

(29 septembre 1965.)

Apparue au tournant des années soixante avec le lancement des petites voitures (VW, 2 CV, Mini), notre histoire est autant une histoire drôle de voiture qu'une histoire d'animaux. Cependant, les années soixante ont également vu l'éclosion de toute une série d'histoires absurdes d'éléphants qui jouaient également du contraste petite voiture-grosse bête, comme dans l'énigme : « Comment met-on quatre éléphants dans une 2 CV ? » à laquelle il convient de répondre avec sang-froid : « Deux devant et deux derrière ! » Cette série a été interprétée par les folkloristes Alan Dundes et Roger Abrahams comme liée à une prise de conscience accrue de la situation critique des très gros animaux sur notre planète surpeuplée, où la pression croissante des masses humaines empêche de conserver les vastes zones non cultivées nécessaires à leur habitat.

Cette histoire se situe à la croisée de plusieurs genres : c'est une forme souple, plastique, qui peut s'incarner en récit d'expérience personnelle attribuée cependant en général aux *aduas* (voir *le cou de dinde**), mais aussi devenir une histoire drôle racontée par divertissement, sans qu'on affirme son authenticité. C'est ce qui est arrivé en France. En effet, au début des années soixante, le comique Fernand Raynaud l'a intégrée dans ses sketches sous les titres « La 2 CV de ma sœur » ou « L'éléphant », munie des éléments structurants que nous avons signalés : une héroïne (la sœur) légèrement démodée, un éléphant de cirque qui avait un tabouret gris ;

l'ivresse, justifiée car la sœur a eu droit à un grand verre de cognac pour se remettre. Mais de ce fait, l'anecdote n'a pas pris auprès des journaux.

Il y a eu cependant une version, publiée dans *France-Soir* du 8 mars 1963 : « Sifflé par un agent, l'éléphant danse sur une voiture : l'automobiliste est conduit au poste pour ivresse. » Mais elle était située en Espagne et très brève, tandis que le conducteur, dont le portrait était à peine esquissé, était un homme. L'histoire a donc eu un autre destin dans notre pays, puisqu'elle est rapidement devenue histoire drôle.

Très connue dans le monde anglo-saxon et scandinave, elle a été repérée comme légende vers la fin des années soixante par les folkloristes de ces pays qui ont, quelques années plus tard, créé le concept de légende urbaine. Les journalistes l'avaient également repérée comme un canard typique, pseudo-anecdote surgissant en période creuse. Sa célébrité a fait que des allusions à l'histoire de l'éléphant assis sur une VW (son nom dans ces pays, où la coccinelle correspond à notre 2 CV) ont été utilisées, par la firme VW en particulier, comme argument publicitaire. Klintberg signale que la publication de la photo d'un éléphant assis sur une VW rouge dans un carrefour du centre de Stockholm en 1975 correspondait à un pseudo-événement publicitaire monté par un cirque pour signaler son arrivée dans la capitale suédoise. Faut-il voir la même démarche dans lc choix, fait par les folkloristes de Sheffield, d'une affiche évoquant cet incident pour faire connaître le premier colloque organisé sur la légende contemporaine en juillet 1982 ? Cependant, aucune publication d'ensemble n'a été consacrée à cette histoire, alors que des articles pionniers ont été consacrés aux autres thématiques repérées à l'époque, comme *l'auto-stoppeur fantôme**, *la grand-mère volée** et les anecdotes à frissonner racontées par les étudiants américains comme *le fou au crochet**.

V.C.-V.

BIBLIOGRAPHIE

Rolf Wilhelm BREDNICH, *Die Spinne in der Yucca-Palme,* 1990, p. 47-49.

Jan Harold BRUNVAND, *The Choking Doberman*, 1984, p. 58-61.

Maria CARBONE, *99 leggende urbane*, 1990, p. 110-111.

Alan DUNDES et Roger ABRAHAMS, « On elephantasy and elephanticide », *in* Alan Dundes (ed.), *Analytic Essays in Folklore*, Paris-La Haye, Mouton, 1979 [1975], p. 192-243.

Bengt af KLINTBERG, « Legends today », *in* Reimund Kvideland et Henning K. Sehmsdorf (ed.), *Nordic Folklore*, Bloomington, Indiana University Press, 1990, p. 70-89 (première publication en langue suédoise en 1976).

Les félins-mystères

Que sont les récits de félins-mystères ? Il s'agit d'un scénario, d'un schéma d'interprétation qui s'incarne en plusieurs séries locales. On est dans un cas comparable, bien que typiquement rural, aux séries urbaines de *maniaques* *. Il s'agit de *flaps*, de cycles d'agitation collective se développant autour d'incidents collationnés en série par des interprétations, et considérés comme révélateurs d'une anomalie grave. Ici, l'anomalie est la présence d'une bête d'aspect inhabituel, jugée potentiellement dangereuse et ayant parfois opéré des déprédations sur des troupeaux – bête furtive qui apparaît brièvement dans les endroits les plus inattendus et que l'on peut trouver au bout de son jardin un soir, un félin-mystère.

Un scénario type de félin-mystère est l'affaire du « fauve de Réauville », qui s'est déroulée dans la Drôme en 1988-1989.

Le 6 décembre 1988, à Réauville, le jeune Gérard B., âgé d'environ quatorze ans, aperçoit en promenant son cocker en fin de journée un fauve qui effraie l'animal. Ce témoignage est répété à la gendarmerie de Grignan par le père du jeune garçon. Les gendarmes se rendent sur place et découvrent une empreinte impressionnante de 12 centimètres sur 16, qui les amène à prendre l'affaire au sérieux. Afin d'éviter tout incident, on décide la fermeture de la chasse dans la commune de Réauville et les cinq communes avoisinantes. La décision est d'importance car à cette période, la chasse est peut-être l'activité sociale majeure des villages. Les spécialistes du parc animalier voisin de Peaugres sont convoqués pour expertiser l'empreinte, la Fédération des chasseurs de la Drôme mobilise ses gardes – l'un d'entre eux est le « premier piégeur de France » –, on lance des battues collectives, on pose des cages-pièges de belle taille munies d'appâts.

La presse locale répercute cette information insolite. Le *Dauphiné libéré*, dans son édition de Montélimar le 8 décembre, titre : « Lion, tigre ou canular ? Un grand fauve a été vu mardi soir près d'une maison. Chasseurs, pompiers et gendarmes sont sur le pied de guerre pour tenter de le capturer. » Le lendemain, c'est la déception : « Félin, le faux bond. » Le surlendemain aussi : « Chasse au fauve. Toujours rien. » Le 12, un artisan de Montélimar déclare avoir aperçu le félin vers 18 heures : « L'animal à poil roux, très long et très haut, n'était à l'évidence pas un chien. Ni un gros chat. » Le 13 et le 14, c'est l'excitation : « Le fauve de Réauville. On tient le bon bout. On l'a encore vu. Briefing permanent. »

Les témoignages affluent. Près du village voisin de Suze-la-Rousse, un prof de gym a vu le fauve de bon matin en faisant son jogging. On évoque les lynx, que l'on assure être nombreux dans la région, et qui auraient blessé des chiens à Richerenches et à Malaucène, dans le Vaucluse. On décrit une bête vue le printemps précédent à Savouillans et Reilhannette, sur le versant nord du Ventoux, à 60 kilomètres à vol d'oiseau. Le 16, c'est la polémique lorsque le créateur du parc d'attractions Préhistorama de Bidon, en

Ardèche, Finlandais d'origine, examine les empreintes et déclare que l'animal... est un loup et non un félin. Six jours plus tard, le 22 décembre, l'article du *Dauphiné libéré* examine en détail « L'option félidé. L'option canidé. D'accord, pas d'accord ».

Les journaux nationaux s'intéressent à l'affaire et le *Journal du dimanche* du 18 décembre titre : « Scènes de chasse dans la France profonde. On a vu une étrange bête. Un loup ? Un puma ? Tout le monde cherche. En tête, un lieutenant de louveterie. » Cependant, quand *Le Figaro* du 30 décembre titre à son tour : « La bête de Malataverne. Safaris dans la Drôme pour retrouver un gros félin, probablement un puma échappé d'un zoo », la bête a disparu depuis une dizaine de jours et une association d'amis des animaux dont le siège est dans la Drôme, l'ASPAS (Association de protection des animaux sauvages), affirme que les méchants chasseurs ont empoisonné l'animal en lui proposant des appâts garnis de strychnine. Un article du 4 janvier 1989 affirme : « Il est revenu. » Et le chauffeur de taxi qui déclarait avoir aperçu l'animal en donne une description impressionnante : « Ce qu'il a vu (vers 19 heures) ne correspond en rien à un quelconque animal de nos forêts. Long d'1,8 mètre, gris dessus et blanc dessous, c'est une grande silhouette fine terminée d'une longue queue mince qui a croisé le faisceau de ses phares. » Mais ce sera le dernier article à être consacré au « fauve de Réauville », qui disparaît de l'actualité.

Cette affaire se prolonge cependant, mais parmi les spécialistes : le rapport de la Fédération des chasseurs de la Drôme, en date du 12 janvier 1989, souligne l'effort accompli bénévolement par les chasseurs. Puis c'est le rapport de Véronique Herrenschmidt, spécialiste des lynx. Agent de l'Office national de la chasse, elle est chargée du suivi des lynx réintroduits dans les Vosges. Daté du 25 avril 1989, le document qu'elle rédige conclut à « la divagation temporaire d'un félin, en juillet 1988 à Suze-la-Rousse », mais affirme que pour le grand mammifère ayant divagué dans la région de Réauville de décembre à février, « l'hypothèse la plus plausible est celle d'un grand chien, type dogue, dont le poil serait légèrement plus long ». On avait parlé de lynx mais, affirme Véronique Herrenschmidt, les empreintes et traces qui leur sont attribuées sont nettement trop petites.

Ces rapports ne sont pas diffusés et, un an et demi plus tard, une enquête dans la région m'a montré que le souvenir laissé par cette affaire était totalement opposé aux conclusions de la spécialiste. On se déclarait bien sceptique devant cet animal extraordinaire après lequel chacun avait couru, mais convaincu d'avoir découvert à cette occasion « que le pays avait beaucoup de lynx ». L'apparition du fauve de Réauville avait donc réactivé tout un cycle d'anecdotes gratifiantes de rencontres avec des animaux hors norme, loups autrefois, lynx aujourd'hui. Cette présence des lynx semblait plausible, les médias ayant fait connaître les opérations officielles de réintroduction de ces fauves dans les Vosges, tout comme les problèmes causés par leur arrivée imprévue dans l'Ain à partir de la Suisse qui les avait réintroduits dix ans avant la France.

Les traits caractéristiques des affaires de félins-mystères sont présents dans l'affaire du fauve de Réauville : mobilisation collective entraînant une multiplication de témoignages différents, polémique sur la nature de l'animal mystérieux, relais pris par les médias, absence de solution. L'animal a disparu sans qu'on l'identifie – et d'ailleurs, s'agissait-il d'un animal ou de plusieurs ? Il manque cependant les dégâts aux troupeaux – ici une brebis seulement est perdue –, et les accusations de lâchers, restées très vagues et qui n'ont pas visé de figures locales.

Depuis le début des années quatre-vingt, une vingtaine d'affaires analogues sont survenues en France et ont trouvé un écho dans la presse locale, touchant parfois la presse nationale. L'identification du mystérieux animal comme félin exotique est presque constante et a remplacé les loups, qui prévalaient dans les années cinquante à soixante-dix. À Noth, dans la Creuse, en 1982 c'est une lionne, à Pornic, en Loire-Atlantique, en 1982 ou au Touquet, dans le Pas-de-Calais en 1986, c'est une panthère, un puma ou un lion dans le Var en 1983, 1987, 1988, etc. Il apparaît, lors des rares enquêtes conduites sur ces affaires, qu'il existe certainement bien davantage de cas ne dépassant pas le cercle familial ou local.

Des faits analogues existent un peu partout dans le monde. Près de nous, en Italie comme en Angleterre, panthères et pumas évanescents mobilisent l'opinion. En Angleterre, le puma du Surrey dans les années soixante, la lionne de Nottingham dans les années soixante-dix, la bête de l'Exmoor dans les années quatre-vingt sont des figures bien connues du public. En Italie, c'est à la fin des années quatre-vingt que Bagheera – son surnom dans la presse – a hanté la campagne romaine, suivie de visions d'autres panthères dans les collines entourant Florence.

En Angleterre, il n'existe plus de grands animaux sauvages depuis bien longtemps. En revanche, ce pays célèbre pour son amour des animaux possède de nombreux passionnés, chasseurs de l'anomalie, qui communiquent par toute une série de petits bulletins d'information, sensibilisant un public sympathisant et constituant un réseau d'observation très fin. Ces chasseurs de l'anomalie publient de nombreux ouvrages populaires sur *Les Animaux d'ailleurs*, qui se vendent bien. Ils n'hésitent pas à envisager des hypothèses relevant du surnaturel, telles la téléportation – les animaux mystérieux nous viendraient d'époques préhistoriques ou de l'autre bout du globe – ou la matérialisation – il s'agirait de l'incarnation de pensées agressives. Il existe aussi une presse populaire à gros tirage, perpétuellement à la recherche de « bons sujets ». Elle a fait un large écho à ces informations qu'elle traite comme distrayantes et insolites, relayant les nombreux témoignages et répandant dans le public des schémas d'interprétation de l'inhabituel.

En Italie, il y a des animaux sauvages et près de 300 loups dans les Abruzzes – ils ont disparu de France. Les conflits opposant monde rural et groupes d'amis de la nature y sont vifs et ces derniers ont vivement dénoncé la mode des animaux exotiques familiers chez des particuliers. Une évasion explique très probablement l'apparition de Bagheera dans la campagne romaine.

Les apparitions de félins-mystères sont de « bons sujets », en raison de l'interprétation populaire qui en est donnée et qui fait d'eux des félins venus d'ailleurs. Cette interprétation s'oppose à celle des experts, techniciens détenteurs des savoirs scientifiques et autorités dépositaires des pouvoirs politiques, lesquels concluent le plus souvent que l'animal mystérieux était d'origine domestique et redevenu sauvage – un chien errant dans les cas d'attaques de bétail – ou un petit animal sauvage mais autochtone, un chat sauvage par exemple. On voit que l'interprétation populaire – celle qui fait rêver – est la mise en scène d'une irruption du sauvage dans la société des hommes. Elle puise sa dynamique dans la portée symbolique de cette opposition. Les félins exotiques représentent un comble du sauvage, comme jadis en Europe – et particulièrement en France, marquée par le souvenir de la Bête du Gévaudan – le loup dévorant auquel on prêtait un nombre d'attaques contre les hommes bien supérieur à la réalité. Traditionnellement, les félins exotiques sont liés au pouvoir royal et ont valeur d'emblème : leur charge symbolique est donc forte.

Quant aux communautés locales commentant ces événements hors norme, l'apparition est l'occasion de discussions évaluant sa vraisemblance, tandis que le groupe glose sur les visions exceptionnelles d'un ou de plusieurs des siens. L'événement inhabituel soude le groupe : voici une belle histoire, un récit qui dépasse le quotidien et obtiendra l'attention d'un auditoire, qui permet d'exprimer une préoccupation, d'illustrer un problème, de réaliser un rêve par la narration d'une anecdote exemplaire à la morale implicite, d'évoquer un ailleurs mystérieux et attrayant.

Ces apparitions permettent de formuler un malaise causé par le développement de nouvelles conceptions de l'univers qui ne sont pas complètement acceptées. Ces nouvelles conceptions opposent industrie et nature, faisant de cette dernière une ressource à protéger et à défendre contre l'envahissement des hommes, et de l'animal sauvage – hier nuisible ou malfaisant – l'emblème de cette nature à protéger. Ainsi se justifient les opérations de réintroductions d'animaux sauvages dans des espaces hier encore cultivés, mais reconquis sur l'homme avec la déprise rurale, qui ont été menées ces dernières années sous l'impulsion des écologistes. Cependant, la disparition de la notion d'animal négatif ou nuisible s'accorde mal avec une pensée métaphorique et symbolique pour laquelle cette notion est utile. Car parler de l'animal, c'est parler de l'homme, et dire le mal comme le bien. Or cette pensée se maintient (que l'on se rappelle son utilisation constante dans la publicité) ; mais elle n'est plus reconnue comme pleinement légitime. La protection et les réintroductions d'animaux hier considérés comme malfaisants – vipères, buses, lynx, loups – passionnent les amis des animaux sauvages, mais dans le public à majorité urbaine, une réserve demeure, même si l'opinion y semble favorable en majorité. Réclamée par les passionnés, la réintroduction envisagée de grands animaux à fort potentiel symbolique comme les ours ou les loups sera-t-elle acceptée sans conflits par l'opinion publique française ?

La réintroduction des lynx a soulevé des conflits avec les éleveurs gênés par des déprédations sur le bétail, que les amis des animaux sauvages avaient refusé de prévoir. Écologistes et paysans sont en compétition pour le contrôle des espaces ruraux. De plus, les nouvelles conceptions de la nature ne font plus guère de place à l'agriculteur, considéré comme un simple auxiliaire de la bonne nature sauvage, et non plus comme le responsable d'une domestication indispensable de la nature incontrôlée. Les écologistes sont plus influents et plus près du pouvoir, les paysans se sentent et se disent une « espèce en danger », les derniers habitants d'espaces désertés. Ils répliquent au danger par l'écho qu'ils accordent à des récits accusateurs comme ceux des *lâchers de vipères* *. Les apparitions de félins-mystères sont utilisées dans ces conflits, mais elles s'insèrent également dans les rivalités locales et des accusations de lâchers – par négligence ou malveillance – visant les écologistes ou des personnalités locales les accompagnent fréquemment.

Écologistes, défenseurs passionnés des « mal-aimés » d'hier; milliardaires ou stars excentriques installés dans de riches demeures et ayant adopté des fauves comme animaux de compagnie; directeurs de parcs animaliers transformant rapaces, loups et félins en attractions touristiques: tous apparaissent, dans une version modernisée et rationalisée d'un motif folklorique ancien, comme les successeurs des sorciers ou des cruels seigneurs et de leurs maléfiques serviteurs que l'on accusait jadis de pactiser avec le diable et ses animaux infernaux, d'être des meneurs de loups ou, pis encore, de se transformer eux-mêmes en loups-garous.

Belle histoire, expression d'un malaise face à de nouvelles conceptions de l'univers, prétexte à accusations, l'apparition d'un félin-mystère est l'occasion d'échanges gratifiants à plusieurs niveaux et c'est ce qui explique le succès persistant de ce scénario.

V.C.-V.

Bibliographie

Véronique Campion-Vincent (dir.), *Des fauves dans nos campagnes. Légendes, rumeurs et apparitions*, Paris, Imago, 1992. En particulier : Véronique Campion-Vincent, « Apparitions de fauves et félins-mystères en France », p. 13-54, et Michael Goss, « Observations de félins d'ailleurs en Grande-Bretagne. Un panorama », p. 55-80.

Michel Meurger, « Les félins exotiques dans le légendaire français », *Communications*, 52, 1990, numéro spécial : *Rumeurs et légendes contemporaines*, p. 175-196.

Le fou au crochet

Le fou au crochet et la mort de l'ami sont deux histoires d'horreur qui circulaient dans les années cinquante puis soixante parmi les étudiants américains. Ces histoires, présentées comme authentiques, se racontaient lors des soirées organisées par ces jeunes qui vivaient souvent pour la première fois hors du foyer familial sur le campus d'une lointaine université, et se trouvaient donc quelque peu déracinés. Un travail intellectuel intensif, les rites d'initiation souvent macabres et brutaux des *fraternities* et *sororities* auxquelles ils adhèrent, la vie de couple précoce et le flirt codifié rythment cette existence nouvelle où les soirées de narration de récits horrifiques entre garçons ou filles dans les *dormitories* ou les réunions mixtes en plein air, jouent un grand rôle.

Ces deux histoires parlent de dangers encourus par un jeune couple en train de flirter. L'évasion du fou au crochet est annoncée à la radio, interrompant le flirt du couple garé dans un coin tranquille :

> La musique a été interrompue et le speaker a annoncé qu'il y avait dans la région un évadé dangereux qui avait été condamné pour viol et vol à main armée. Il avait un crochet à

la place de sa main droite. Effrayé, le couple démarra bien vite. Quand le garçon arriva à la maison de la fille, il sortit afin de lui ouvrir la porte. Et là, il a vu un crochet pendant à la poignée de la portière !

(Lettre de « Jeanette », publiée le 8 novembre 1960 dans la rubrique « Dear Abby » et reproduite par Brunvand, 1981, p. 48-49.)

Le couple en est quitte pour la peur rétrospective. Il en va tout autrement dans l'histoire de la mort de l'ami :

Un couple était en train de se promener dans la campagne quand la voiture est tombée en panne d'essence. Ils ont entendu à la radio que la police cherchait un fou évadé que l'on croyait être dans les parages. Alors le garçon a dit à la fille de s'enfermer dans la voiture pendant qu'il allait chercher de l'essence, qu'il irait plus vite tout seul. Il lui a dit que, quoi qu'il arrive, elle devait rester enfermée à l'intérieur.

C'était une nuit très noire, et après quelques temps, la fille a entendu un bruit sourd et régulier sur le toit de la voiture. Bien qu'elle ait eu très peur, elle s'est souvenue de l'avertissement de son ami et n'est pas sortie. Puis elle a vu les phares d'une voiture de police, et on lui a dit par haut-parleur de sortir de la voiture et de marcher lentement vers la voiture de police, sans se retourner. Finalement, le bruit sourd était celui de la tête de l'ami que le fou faisait rebondir sur le toit de la voiture.

(Raconté en 1973 en Écosse par des étudiants, cité par Bowman, 1987, p. 172.)

La première version publiée de la mort de l'ami a été recueillie en 1964 ; mais il apparaît que l'histoire du fou au crochet l'a précédée et était connue dès la fin des années cinquante.

Il arrive que la présence du fou ne soit pas annoncée par la radio et demeure ignorée. Dans ce cas, le départ précipité du jeune couple est simplement dû à l'insistance de la jeune fille, qui a dépassé sa permission de minuit et veut rentrer. Ce n'est qu'en arrivant au domicile de la jeune fille que le danger, et le fait qu'ils y ont échappé, leur est révélé par la présence du crochet ensanglanté accroché à la portière de la voiture.

De même, c'est parfois sans avoir connaissance d'un danger précis que le jeune homme de la mort de l'ami décide de partir dans la nuit chercher de l'essence pour sa voiture en panne, seul pour aller plus vite.

Un soir de 1973, dans un centre universitaire isolé d'Écosse, un groupe d'étudiants en éducation physique raconte de façon fort dramatique l'histoire de la mort de l'ami à un groupe de femmes assurant l'entretien du centre. Cette histoire leur sert à souligner les dangers que fait courir à la région l'évasion récente d'un fou dangereux. Terrorisées, les femmes s'enferment ensemble et dans la nuit, des pas et des craquements se font entendre tout autour de leur refuge. Au matin, elles découvrent qu'il ne s'agit que d'une (mauvaise) farce : l'évasion était imaginaire, les pas et les craquements terrifiants provoqués par les étudiants farceurs. On voit ici que toute une mise en scène est organisée autour de l'histoire de la mort de l'ami pour rendre réels, en quelque sorte, les dangers décrits par cette histoire à faire peur. Il est si délicieux de frissonner et de faire frissonner...

Afin d'augmenter leur vraisemblance, ces histoires sont enracinées dans tout un réseau de preuves secondaires, comme le souligne Barnes : « C'est arrivé il y a quelques années sur le chemin qui va de la grand-route au Holiday Inn », commence un narrateur face à un auditoire qui connaît bien cette route. Et il termine son récit par une scène choc et une affirmation de renforcement : « Elle a regardé en sortant et il y avait son ami pendu à l'arbre et ses pieds grattaient le toit de la voiture. C'est pour ça que la route s'appelle la route du pendu. »

L'histoire du fou au crochet se racontait en 1968 en Indiana avec une « preuve » locale, car l'on affirmait aussi qu'un fou avec une main artificielle venait de s'échapper de l'asile du coin. Mullen note que la rumeur brève et la légende (une histoire bien structurée) se renforcent mutuellement dans ce cas.

Les récits du fou au crochet et de la mort de l'ami ont connu une large diffusion parmi les adolescents, passant les frontières en dépit d'institutions différentes en Europe. Ils se diffusaient alors par les réseaux d'amis ou des rencontres de vacances. En 1979, interviewant des étudiants européens en séjour en Californie, Sue Samuelson s'est rendu compte qu'ils connaissaient les deux histoires avant d'arriver aux États-Unis. Ces bons anglophones les avaient entendues en Europe, narrées lors de séjours linguistiques par de jeunes Américains. En Suède, l'histoire de la mort de l'ami se racontait dès le début des années soixante-dix, mais avec une introduction la situant à l'étranger : elle était survenue à la correspondante d'une Suédoise.

Après une certaine période de diffusion, des récits comme celui de la mort de l'ami sont si connus qu'ils peuvent être utilisés comme prétexte à parodie. Ainsi, un soir de novembre 1984, dans une université du nord de l'Angleterre, un groupe d'étudiants racontant des histoires autour d'une bouteille (groupe suscité et enregistré par Gillian Bennett) évoque ce récit horrifique en se tordant de rire, pour s'embarquer ensuite dans une évocation amusante juxtaposant de nombreuses scènes de films à frissonner :

> Debbie : J'en connais une où il y a deux... un jeune couple quoi, assis dans... un bois, et ils entendent un *coup* sur le toit de leur *voiture* et il y a un *asile de fous*, avec un marteau ou quelque chose.
>
> Fiona : Mais est-ce que ce n'est pas le début d'*Halloween* ?
>
> (Bennett, 1989, p. 199.)

Récit peu cohérent, l'on en conviendra. Mais c'est parce qu'il est invraisemblable, improbable, raconté de façon si stéréotypée qu'il amuse le groupe de jeunes et le fait exister autour d'une plaisanterie partagée. On voit ici fonctionner un des ressorts de ces films terrifiants et parodiques d'horreur qui ont grand succès auprès des adolescents : ils leur permettent d'éprouver ensemble, pour rire, des frissons devant des récits horrifiants qui unissent leur auditoire dans une peur heureusement irréelle – les clins d'œil du scénario l'indiquent.

Fort différente est l'utilisation du même récit par les Mexicains installés dans la région du Texas étudiés par Mark Glazer. On est ici complètement sorti d'un public de jeunes et les récits sont recueillis parmi des adultes engagés dans le monde du travail. De 1979 à 1982, Glazer a recueilli vingt versions de la mort de l'ami. Dans onze d'entre elles, la présence du fou est annoncée mais la voiture, en panne sèche, ne peut démarrer. Neuf autres versions – surtout narrées par des femmes – correspondent à un récit fort modifié : il ne s'agit plus de flirt, c'est un couple fixé, marié ou sur le point de l'être, dont la voiture se trouve en panne en rase campagne pendant la nuit. L'homme sort pour trouver de l'essence, recommandant à la femme de s'enfermer dans la voiture et de n'ouvrir à personne. Elle verra arriver peu après des bandits tenant un sac. Incapables d'ouvrir la voiture, ils s'enfuiront, laissant sur le capot le sac qui contient la tête du malheureux et qui sera ouvert au petit matin par la police.

Dans ces versions, l'accent est donc mis sur les catastrophes survenant quand l'homme se montre négligent et oublie d'assurer l'alimentation de l'automobile, qui a remplacé le coursier d'autrefois. Les femmes qui racontent cette histoire acceptent ce rôle dominant de l'homme, mais lui rappellent ainsi que les droits comportent des devoirs et soulignent que si le chef de famille se montre négligent, n'importe quelle catastrophe peut arriver. Le récit sert ici à valider et à renforcer les normes culturelles du groupe qui le relate. Fonction très fréquente pour les contes et légendes, dont le rôle normatif a été maintes fois souligné. Mais on est bien loin du jeu à faire peur des adolescents, même s'il s'agit de la même histoire.

Les folkloristes qui ont créé le concept de légende contemporaine au début des années soixante-dix ont chaudement discuté la signification à attribuer à ces histoires. Une controverse s'est ainsi engagée sur le fou au crochet. Linda Dégh y a vu « la peur naturelle face aux handicapés », tandis qu'Alan Dundes identifiait le crochet à « un phallus agressif en érection » et affirmait que la tentative du fou pour pénétrer dans la voiture était réellement « une expression symbolique de la tentative du garçon pour pénétrer le corps de la fille ». L'histoire, selon lui, exprime la peur des filles – ce sont surtout elles qui la relatent – devant la sexualité agressive de leurs flirts. Bill Ellis présente une analyse détaillée d'un récit du fou au crochet fait en 1981 par trois étudiantes amies d'enfance. Dans ce récit, la sexualité joue un rôle prédominant et les trois amies multiplient les allusions aux anciens flirts qu'elles ont connus et partagés. Le personnage du fou correspond ici plutôt aux parents, professeurs, autorités, qui font obstacle à l'exercice normal de la sexualité adolescente : « Le fou du coin, qui adore égorger les gens garés à l'écart. [Remarque :] Il est probablement anti-sexe ou quelque chose comme ça. »

Notons que le thème de la punition surnaturelle qui s'abat sur des adolescents en train de flirter de façon plus ou moins poussée est très fréquent dans le fantastique moderne américain : *horror comics* des années cinquante, histoires de Stephen King, films, comme l'épisode du radeau dans *Creepshow II*, et la série des *Vendredi 13* où le mort vivant Jason s'attaque aux jeunes couples pendant leurs ébats... Le puritanisme, encore bien vivant dans la culture américaine, s'exprime à travers ces fantasmes.

Une interprétation proche de celle de Linda Dégh est proposée par Bengt Klintberg. Il voit dans l'histoire du fou au crochet un conflit entre les gens normaux, qui suivent les règles de la vie sociale, et les anormaux à conduite déviante, qui menacent les normaux. Mais Bengt Klintberg rapproche cette histoire de celle du *voyou à la chaîne**, qui est aussi une histoire de mutilation involontaire. Le motif de la mutilation est très fréquent dans les contes et légendes et on le trouvera développé dans *le voyou à la chaîne**.

Le tueur fou est une figure moderne du croquemitaine, un diable laïcisé. La présence du crochet, attribut démoniaque, confirme ce rapprochement. Rappelons que les démons du Moyen Âge entraînaient les damnés en enfer à l'aide de gaffes métalliques et qu'au XIXe siècle encore, le curé d'Ars avait surnommé « grappin » son diabolique tourmenteur. La série d'horreur des *Freddy* met en scène une créature de cauchemar munie de griffes d'acier.

V.C.-V.

Bibliographie

Daniel BARNES, « Some functional horror stories on the Kansas University campus », *Southern Folklore Quarterly,* 30, 1966, p. 309-310.

Gillian BENNETT, « Playful chaos : anatomy of a storytelling session », *in* Gillian Bennett et Paul Smith (eds), *The Questing Beast. Perpectives on Contemporary Legend vol. IV,* Sheffield Academic Press, 1989, p. 193-212.

Marion BOWMAN, « Contemporary legend and pratical joke », *in* Gillian Bennett, Paul Smith et J.D.A. Widdowson (eds), *Perspectives on Contemporary Legend vol. II*, Sheffield Academic Press, 1987, p. 171-176.

Jan Harold BRUNVAND, *The Vanishing Hitchhiker*, 1981, p. 5-11, 16-17, 48-52 et 69-70.

Linda DÉGH, « The hook. The boyfriend's death », *Indiana Folklore*, 1, 1968, p. 92-106.

Alan DUNDES, « On the psychology of legend », *in* Wayland D. Hand (ed.), *American Folk Legend : A Symposium*, Berkeley, University of California Press (UCLA Center for the Study of Comparative Folklore and Mythology), 1971, p. 21-36.

Bill ELLIS, « Why are verbatim transcripts of legends necessary ? », *in* Gillian Bennett, Paul Smith et J.D.A. Widdowson (eds), *op. cit.*, p. 31-60.

Mark GLAZER, « The cultural adaptation of a rumour legend : the boyfriend's death in south Texas », *in* Gillian Bennett, Paul Smith et J.D.A. Widdowson (eds), *op. cit.*, p. 93-108.

Bengt af KLINTBERG, « Why are so many modern legends about revenge ? », *in* Paul Smith (ed.), *Perspectives on Contemporary Legend. Proceedings of the Conference on Contemporary Legend, Sheffield, July 1982,* Sheffield, CECTAL, 1984, p. 141-146.

–, « Legends today », *in* Reimund Kvideland et Henning K. Sehmsdorf (eds), *Nordic Folklore*, Bloomington, Indiana University Press, 1990, p. 70-89 (première publication en langue suédoise en 1976).

Patrick MULLEN, « Modern legend and rumor theory », *Journal of the Folklore Institute*, 9, 1972, p. 95-109.

Sue SAMUELSON, « European and American adolescent legends », *ARV*, 37, 1981, p. 133-140.

Le chromo incendiaire du garçonnet qui pleure

Le chromo du garçonnet qui pleure résistait miraculeusement aux incendies. Mais pouvait-il en être la cause ? S'agissait-il d'un portrait maudit ? Ces graves questions ont agité pendant près de six mois la presse populaire anglaise, de novembre 1985 à mars 1986, et ont été l'occasion d'un impressionnant exercice en participation du public. Georgina Boyes s'est intéressée à « cette rumeur-légende contemporaine en cours » et en a étudié les participants.

Les faits sont minces : au départ, un article dans un journal local du Yorkshire signalant les inquiétudes d'un pompier qui depuis 1973 pense observer une coïncidence inexplicable entre des incendies – aux causes sans mystères – et la présence d'un chromo qui n'est jamais endommagé dans les foyers atteints. Il a noté 45 sinistres qui lui semblent présenter cette simultanéité, sur laquelle il s'interroge. Il y aura par la suite cinq autres incendies où l'on observera la présence du *Crying Boy*, d'octobre 1985 à juillet 1986. Simple petite superstition locale située dans le Yorkshire et ses abords, comme il y en a des milliers dans bien des régions, donc, et rien de plus.

L'article attire cependant l'attention de Kevin MacKenzie, rédacteur en chef du *Sun*, journal populaire lancé en 1980, qui se vend à plus de 3 millions d'exemplaires et rêve de détrôner le socialisant *Daily Mirror* en faisant preuve d'ingéniosité dans la mise au point d'un style inédit de rapport participatif avec ses lecteurs. Plus tard, en 1989-1991, l'action de ce quotidien – partisan avoué de la Dame de fer qui dirige le royaume depuis 1981 – sera importante pour lancer *Craig Shergold et sa belle histoire* *. Convaincu que l'histoire a du répondant, Kevin MacKenzie décide d'en faire le sujet vedette du journal et lance des appels à témoignage. Les étonnements du pompier local sensible aux coïncidences sont immédiatement transformés en « Mystère de l'image maudite » par les journalistes – deux d'entre eux sont assignés à plein temps à cette histoire – qui sont submergés de coups de téléphone de propriétaires inquiets demandant conseil.

Il faut dire que le *Crying Boy* est l'un des chromos les plus vendus dans les milieux populaires anglais : 250 000 exemplaires, ce qui fait beaucoup de propriétaires et de foyers. Gravure larmoyante, au propre par son sujet comme au figuré par la tristesse qu'elle veut inspirer, elle est particulièrement populaire auprès des femmes. Dans leur battage, les journalistes recherchent des déclarations pouvant faire sensation. Déçus par les remarques de Georgina Boyes, qui refuse de parler de la malédiction du garçonnet qui pleure, ils ne publient pas ses interviews mais obtiennent des déclarations de mages ou de sorcières, lesquels se déclarent capables d'arrêter la terrible malédiction, de relever le défi surnaturel. Puis ils se tournent vers le porte-parole de la Folklore Society anglaise, et n'hésitent pas à lui prêter des propos correspondant au stéréotype de la malédiction : « L'artiste a peut-être maltraité son modèle pour le faire pleurer ? Ces incendies sont peut-être la malédiction de l'enfant, sa vengeance ? » Il semble parfaitement invraisemblable que ces propos aient effectivement été tenus, mais le *Sun* n'y regarde pas de si près.

Bientôt, cependant, les déclarations ne suffisent plus, les incendies sont rares. Si l'on ne veut pas voir l'histoire disparaître, il faut faire quelque chose. Le *Sun* a alors l'idée d'une vraie prolongation et annonce aux propriétaires inquiets qu'ils peuvent lui adresser les chromos maudits. Le succès est considérable et bientôt les locaux du *Sun*, encore situés dans un vieil immeuble près de la City (dans ce qui était alors le quartier des journaux : Fleet Street), sont envahis de *Crying Boy*. Les typographes du journal sont à couteaux tirés avec la rédaction qui déménagera bientôt le journal dans la banlieue londonienne afin d'échapper aux règles de leur puissant syndicat. Ils se lancent dans une entreprise de récupération et revente des beaux cadres, mais l'envahissement se poursuit. Il faut dire que le *Sun* a en même temps lancé une campagne de récupération de pièces de petite valeur qui viennent d'être retirées de la circulation, pour les enfants dans le besoin : il en a reçu pour 1 500 000 livres (et il s'agit de pièces d'un demi-centime !). Bref, on ne peut guère travailler dans cet encombrement de monnaies et de chromos ! Le journal voulait brûler les chromos maudits sur le toit de son immeuble, mais les pompiers de Londres refusent énergiquement de participer à l'affaire. C'est dans la banlieue que l'on trouvera une brigade complaisante, et l'histoire se conclura avec la photo du correspondant artistique du journal mettant le feu à un bûcher constitué de deux gros camions de *Crying Boy*.

L'épisode du chromo incendiaire du garçonnet qui pleure est intéressant car il montre l'influence que peuvent exercer des médias populaires. Particulièrement quand ils jouent de la participation auprès de publics qui cherchent à frissonner mais pas trop et à se distraire. D'où l'importance de ces petits faits montés en épingle, où l'on reprend des recettes éculées – image maudite, malédiction – sans trop y croire et pour amuser tout autant que pour inquiéter. Et pourtant, il y a bien eu les deux camions de chromos renvoyés par ces lecteurs auxquels cette démarche a coûté du temps et de l'argent. On y croyait donc un peu ?

La croyance légendaire dans le chromo incendiaire du garçonnet qui pleure a une structure sémantique simple, mais forte. Il y a deux prodiges inverses puisque le chromo fait brûler mais ne brûle pas lui-même. De plus, le contraste entre le feu des incendies et les larmes du garçonnet se surajoute à cette opposition incendiaire-incombustible.

L'attribution d'un pouvoir maléfique au chromo apparaît comme une transformation, profane et superstitieuse, de la croyance qui attribuait jadis aux images religieuses un pouvoir de protection. L'autodafé organisé par le *Sun* montre la permanence des recours face aux menaces surnaturelles. Jeanne Favret-Saada a signalé la coutume mayennaise contemporaine de faire brûler par le curé les lettres des chaînes magiques afin d'échapper aux malheurs promis à ceux qui rompent la chaîne et ne les renvoient pas.

V.C.-V.

Bibliographie

Georgina Boyes, « Women's icon, occupational folklore and the media : an examination of a contemporary rumour legend in process », *in* Gillian Bennett et Paul Smith (eds), *The Questing Beast. Perspectives on Contemporary Legend vol. IV*, Sheffield Academic Press, 1989, p. 116-131.

Peter Chippindale et Chris Horrie, *Stick It Up Your Punter. The Rise and Fall of the Sun*, Londres, Heinemann, 1990, p. 157-159.
Jeanne Favret-Saada, *Corps pour corps*, Paris, Gallimard, 1981, p. 53-54.

La grand-mère volée

Beaucoup d'entre vous ont sans doute déjà entendu raconter la mésaventure survenue à une famille partie en voyage au-delà des frontières. La grand-mère, qui était de la partie, meurt soudain d'une crise cardiaque. Affolés à l'idée des formalités, les gens décident de ramener la grand-mère en cachette et la dissimulent dans le coffre (ou, roulée dans un tapis, sur le toit de la voiture). Ces émotions les ont creusés : ils s'arrêtent dans un bois pour pique-niquer, s'éloignent de la voiture. En revenant, ils découvrent qu'elle a été volée : plus de grand-mère, plus de morte, plus d'héritage.

Cette version, je l'ai personnellement entendue dans mon enfance à Lille, attribuée à une riche famille roubaisienne « dans le textile » – d'où l'importance de l'héritage bloqué. En 1941, les « frontières » étaient le passage de la zone occupée à la zone libre et chacun savait que ces passages étaient difficiles face à une administration tracassière.

Cette histoire a fait le tour de la planète, chacun l'a racontée comme survenue à des *aduas* et, dès la fin des années soixante, elle avait été publiée comme conte moderne et prise comme sujet d'article par des folkloristes découvrant à son propos le concept de légende contemporaine.

L'histoire de la grand-mère volée est très probablement née en France. Les premières versions écrites remontent à 1944 dans le journal danois *Politiken* et à 1953, dans *La Fin des ambassades* de Roger Peyrefitte. C'est alors un drame de l'exode et Georges de Sarre, le héros des *Ambassades*, l'entend raconter pendant sa fuite lors de son arrivée à Tours :

> Le dîner fut lugubre [...], ses collègues s'efforçant d'oublier des soucis plus pesants discutaient à voix basse les différends qu'ils avaient avec leurs logeuses, le comportement déplorable des réfugiés et les rudes mœurs des populations locales. Georges retint de la conversation le récit d'un Parisien qui transportait le cadavre de sa belle-mère roulé dans un tapis sur le coffre de sa voiture ; elle était morte le jour de leur départ et il n'avait pu la faire enterrer. Il s'était arrêté pour dormir dans une cour de ferme et à son réveil le tapis et sa belle-mère avaient disparu.

Dans le journal danois, le journaliste, évoquant ses souvenirs de l'exode où il accompagnait un couple franco-suédois et la mère de Madame, se souvient que la vieille dame morte a été enfermée dans le coffre d'acajou contenant l'argenterie qui était juché sur le toit de la voiture. Dans une version recueillie en 1960 à Leeds, le folkloriste Stewart Sanderson avait entendu parler d'une famille belge en fuite sur les routes de France et la grand-mère, morte au troisième jour de l'exode d'une crise cardiaque, avait été enroulée dans de riches tapis d'Orient que la famille emportait dans sa fuite, en attendant que l'on trouve un prêtre afin de l'enterrer.

La même année, toujours à Leeds, Stewart Sanderson entendait une autre version où la fuite devant l'occupant s'était transformée en voyage de noces en Espagne, terminé tragiquement avec le décès par crise cardiaque de la vieille tante accompagnant le jeune couple. Celui-ci décidait de ramener le corps en France sans déclarer le décès, afin de pouvoir assurer ses funérailles par crémation – ce qui était alors impossible en Espagne. La frontière passée pendant la sieste, la défunte ayant été assise bien droite, chapeautée et enroulée d'une couverture à l'arrière de la voiture, le jeune couple se précipitait dans un café pour s'y restaurer de deux grands cognacs avant d'aller prévenir le consul britannique. Voiture et tante avaient disparu à sa sortie de l'établissement.

Il s'agit donc maintenant d'un voyage festif, souvent un voyage de noces en Europe où les protagonistes sont généralement un très jeune couple et une fort vieille dame, ou un déplacement familial de vacances aux États-Unis (où l'on note souvent que la famille, enfants et petits-enfants de la vieille dame, est à l'étroit dans la voiture et qu'après la mort de la grand-mère on est bien plus à l'aise quand le cadavre est relégué sur le toit ou dans le coffre). C'est cette variante du voyage festif – adaptée à un monde moderne, où les déplacements au-delà des frontières se font pour l'agrément et non plus pour fuir des conflits – qui aura grand succès et fera le tour du monde.

Peut-être y a-t-il eu un épisode réel de ce type, avant ou après 1940. Notre histoire correspond d'ailleurs à des pratiques bien réelles. Des cas authentiques de transport clandestin de cadavres ont certainement eu lieu fréquemment, pour toutes sortes de raisons : désir d'économiser un transport coûteux lorsqu'un décès brutal survient pendant un déplacement, ou transfert d'un défunt mort à l'hôpital et dont on veut déclarer le décès au domicile par commodité. Ils sont parfois découverts, et le fait, passible d'amende, est alors signalé par les médias.

L'histoire contient un élément comique, d'ailleurs inexploité ici alors qu'il est la base des anecdotes du *voleur dupé* * : la réaction des voleurs qui croyaient s'être emparés d'une voiture, d'un tapis ou d'un coffre et se retrouvent avec un cadavre sur les bras. Une tradition littéraire, abondamment représentée dans les recueils de facéties et d'anecdotes plaisantes de la Renaissance, fait la part belle aux récits de cadavres mal placés, incongrus ou égarés. C'est par exemple dans cette tradition qu'il faut situer le film réalisé en 1948 par le cinéaste Carlo Rim : jouée par Fernandel, la comédie *L'Armoire volante* est basée sur la disparition du cadavre d'une tracassière tante à héritage malencontreusement enfermé dans l'armoire volée. Cependant, le scénario se distancie de la réalité par le procédé classique du rêve : à la fin de l'histoire, le héros se réveille et la méchante tante est toujours là. Le motif du cadavre encombrant – d'abord il est « de trop » et il faut le dissimuler, puis il disparaît, « fait défaut » et il faut le retrouver – est un fil conducteur de l'intrigue de bien des comédies policières.

Les folkloristes ont discuté de l'interprétation à donner à cette histoire. Pour Linda Dégh, elle exprime une crainte des revenants : le cadavre maltraité de la grand-mère pourrait revenir se venger. Pour Alan Dundes, cette interprétation est absurde : l'histoire parle du soulagement de la famille, débarrassée d'un vieillard encombrant et dispensée du traitement du cadavre – objet de crainte dans une Amérique qui a été pionnière dans le recours à des professionnels dans ce domaine, maquille ses morts pour en transformer l'apparence et a créé les *funeral parlors* pour ne plus les conserver au foyer familial. Il est vrai que les versions américaines opposant toute la famille à la vieille dame permettent ce type d'interprétation ; mais cette lecture de l'histoire n'est pas valable pour tous les pays qui la diffusent. Les versions anglaises citées plus haut insistent au contraire sur les bons rapports du jeune couple et de la vieille dame : c'est afin d'accomplir les dernières volontés de la défunte qu'il dissimule son décès à des autorités tatillonnes.

Ce récit plaît surtout, à mon avis, par l'importance et le nombre des normes morales qu'il bouscule et qui en font un excellent fait divers : le renversement du respect dû aux vieillards et aux cadavres, la mort en public (il s'agit là d'un événement tabou que la chronique juge toujours notable). Enfin par sa conclusion où se manifeste une justice immanente : la négligence et la désinvolture envers le cadavre entraînent une sanction, puisque la disparition de la morte pénalise la famille. Un processus de diffusion s'est enclenché, qui ne semble pas vraiment terminé.

Faut-il croire Linda Dégh ? On peut en tout cas voir dans ce récit une histoire exemplaire dont le message implicite est le respect dû aux vieillards comme aux morts. Ceux qui, pour s'éviter des ennuis ou économiser, maltraitent un cadavre sont punis de leur égoïsme et de leur avarice par cette justice immanente qui intervient si fréquemment dans les légendes. Faut-il croire Alan Dundes ? La diffusion de ce récit a connu son apogée dans les années soixante et soixante-dix, elle a donc immédiatement précédé l'émergence massive des multiples problèmes que pose la proportion toujours croissante de vieillards et de grands vieillards dans notre société. Les histoires exemplaires jouent souvent un rôle de héraut, d'annonciateur des tensions sociales dont elles semblent prévoir l'apparition, et l'histoire de la grand-mère volée exprimait peut-être – comme il le suggère – le souhait d'être débarrassé d'une présence encombrante.

V.C.-V.

Bibliographie

Jan Harold Brunvand, *The Vanishing Hitchhiker*, 1981, p. 112-123.

Véronique Campion-Vincent, « Les histoires exemplaires », *Contrepoint*, 22-23, décembre 1976, p. 217-232.

Linda Dégh et Andrew Vàzsonyi, « The memorate and the proto-memorate », *Journal of American Folklore*, 87, 1974, p. 225-239.

Alan DUNDES, « On the psychology of legend », *in* Wayland D. Hand (ed.), *American Folk Legend : A Symposium*, Berkeley, University of California Press (UCLA Center for the Study of Comparative Folklore and Mythology), 1971, p. 21-36.

Bengt af KLINTBERG, « Legends today », *in* Reimund Kvideland et Henning K. Sehmsdorf (eds), *Nordic Folklore*, Bloomington, Indiana University Press, 1990, p. 70-89 (première publication en langue suédoise 1976).

Stewart F. SANDERSON, *The Modern Urban Legend*, Londres, The Folklore Society (The Katharine Briggs Lecture n° 1, 3 novembre 1981).

L'effet Gremlins
ou les dangers des nouvelles technologies

Le Téflon, revêtement utilisé pour les poêles à frire, dégage des vapeurs mortelles lorsqu'il est chauffé. Lors de la première utilisation du matériau comme revêtement industriel, un machiniste est mort après avoir fumé une cigarette contaminée par une petite quantité de résine de Téflon. Il tira une bouffée de sa cigarette, ses poumons se remplirent de gaz et il mourut dans les cinq minutes.

(États-Unis, vers 1955, Morgan *et alii*, 1988, p. 50.)

Une adolescente, qui souhaitait faire rétrécir ses nouveaux jeans juste à sa taille, entra tout habillée dans une baignoire remplie d'eau. Mais le tissu, en se contractant, a serré à mort la malheureuse jeune fille.

(Brunvand, 1984, p. 154.)

Un homme s'était acheté une tondeuse à gazon à lame rotative horizontale. Un jour, après avoir tondu sa pelouse, il décida de soulever l'appareil toujours en marche afin de tailler sa haie. La lame sectionna net les extrémités de tous ses doigts.

(Brunvand, 1984, p. 161.)

Le misonéisme, ou refus de la nouveauté, figure parmi les thèmes les plus fréquents des légendes contemporaines. Nombre de récits expriment la méfiance vis-à-vis des produits nouveaux, des technologies nouvelles. On soupçonne des dangers cachés, des risques à court ou à long terme : les récits légendaires confirment ces soupçons par la mise en scène d'accidents spectaculaires et souvent horribles. On a traité ailleurs les histoires du *chat dans le four à micro-ondes* *, de *la jeune femme cuite aux UVA* * et des *lentilles de contact de l'ouvrier soudeur* *. Ces anecdotes appartiennent à la même catégorie de légendes.

L'avantage incontestable du Téflon est qu'il empêche les aliments d'attacher à la poêle en cours de cuisson, délivrant ainsi de la corvée de grattage. Tout se passe dans la mentalité collective comme si un sentiment de culpabilité naissait de cet abandon du nettoyage traditionnel – celui de nos parents – et comme si l'on devait payer d'une façon quelconque cette facilité, cette paresse. D'où la légende des vapeurs mortelles. L'histoire du Téflon connaît des formes rumorales plus brèves attestées en France et au Canada : « Il paraît que le Téflon, lorsqu'il est égratigné avec un couteau puis chauffé, devient cancérigène. » Dans une variante plus récente, le cancer est remplacé par la maladie d'Alzheimer (Roberge, 1989). Morgan et Tucker (1988) rappellent que les poêles recouvertes de Téflon ne présentent aucun danger dans des conditions normales d'utilisation. L'histoire du machiniste est entièrement fausse. Elle a sans doute pour origine les avertissements du fabricant lui-même contre des effets toxiques légers en cas de très haute température et de faible ventilation. Des études ont montré qu'une poêle vide laissée sur le feu peut dégager des vapeurs qui se révèlent nocives pour des oiseaux en cage mais tout à fait inoffensives pour les autres animaux et les êtres humains. On notera que cette légende peut aussi être interprétée comme une mise en garde contre le tabagisme : le machiniste ne serait pas mort s'il n'avait pas fumé et la résine de Téflon est l'équivalent symbolique du goudron des cigarettes.

L'histoire de la jeune fille aux blue-jeans contient également plusieurs messages implicites. Les produits nouveaux peuvent se révéler dangereux : voilà ce qui arrive lorsqu'on renonce aux tissus traditionnels et qu'on utilise de la toile de sac pour faire des vêtements ! Dans plusieurs versions du récit, la marque incriminée correspond au fabricant le plus célèbre – Levi's –, conformément à l'« effet Goliath » décrit par Gary A. Fine. Le comportement de l'adolescente est doublement condamnable : d'une part on n'entre pas tout habillé dans une baignoire, d'autre part une jeune fille « honnête » ne porte pas de pantalons, encore moins s'ils sont moulants. Une fois encore, la justice immanente a – durement – frappé !

Tout aussi horrible – et heureusement tout aussi fausse – est l'histoire de la tondeuse à gazon. L'imprudence du jardinier du dimanche y est cruellement punie. Dans une variante, l'appareil est tenu par deux personnes : le nombre de doigts sectionnés est doublé ! Le fait de croire à de telles histoires a pour conséquence positive un comportement fondé sur une plus grande prudence. Les légendes concernant les mauvais usages de produits remplissent une fonction d'avertissement dont l'utilité sociale est incontestable.

Brunvand nous apprend que l'histoire de la tondeuse à gazon est racontée par les juristes et les assureurs pour montrer qu'un fabricant peut être tenu pour responsable d'accidents provoqués par un mauvais usage d'un appareil si cette utilisation était prévisible et qu'elle ne figure pas dans les mises en garde du mode d'emploi. Cet aspect typiquement américain – aux États-Unis, les mouvements de défense des consommateurs font procès sur procès aux industriels – se retrouve dans une variante de la légende du *chat dans le four à micro-ondes* * :

> Après la mort du chat, la propriétaire porta plainte contre le fabricant de l'appareil et réclama des dommages et intérêts. Un tribunal américain lui donna gain de cause et prit

> une décision de justice imposant désormais aux fabricants de fours à micro-ondes de faire figurer sur chaque mode d'emploi la mention suivante : « Ne convient pas pour sécher les chiens et les chats. »
>
> (Brednich, 1991, p. 111.)

Les rumeurs sur les produits défectueux ne manquent pas. Par exemple le briquet au butane qui explose avec une puissance équivalant à trois bâtons de dynamite (Brunvand, 1984, p. 155-157) : cette histoire, qui a circulé aux États-Unis en 1980, n'a aucune base réelle. Selon Brunvand, elle exprime à la fois notre peur des procédés nouveaux et, symboliquement, notre crainte des effets nocifs du tabac. De la même manière, la rumeur sur les bonbons Space Dust qui explosent dans l'estomac des enfants met en cause non seulement un produit nouveau, mais aussi le comportement qu'il symbolise : préférer les confiseries artificielles et colorées aux aliments sains et utiles (Kapferer, 1990, p. 181). L'histoire des femmes qui ont augmenté le volume de leur poitrine par des implants mammaires est semblable dans sa structure : ceux-ci ont éclaté lors de voyages en avion à cause de différences de pression. La fiabilité d'une technique nouvelle est contestée et la coquetterie punie. Dans toutes ces rumeurs, le motif répété de l'explosion a une signification symbolique : les produits nouveaux sont aussi dangereux que les matières explosives, il vaut mieux ne pas les manipuler.

L'effet Gremlins

Les films fantastiques, souvent proches des légendes contemporaines, exploitent parfois les mêmes thèmes jusqu'à leur extrême limite. C'est ainsi que *Gremlins*, de Joe Dante (1984, produit par Steven Spielberg), est une véritable parabole sur les défauts et les mauvais usages des produits. Comme le rappelle un personnage du film, le mot même de

« Gremlins » était utilisé dans l'argot des aviateurs américains de la Seconde Guerre mondiale pour désigner – en les personnifiant sous forme de lutins espiègles – des ennuis mécaniques inexpliqués. Le même personnage passe son temps à maugréer contre les appareils de fabrication étrangère, en leur reprochant de tomber en panne. Le père qui offre un *mogwaï* à son petit garçon est un inventeur raté, dont les appareils se détraquent lamentablement. La métamorphose des gentils *mogwaïs* en hideux *gremlins* provient précisément du non-respect du « mode d'emploi » de l'animal : ne pas le nourrir après minuit, ne pas l'arroser (allusion aux chiens et chats mouillés des fours à micro-ondes ?), ne pas l'éclairer avec une lumière vive. Les Gremlins déchaînés se répandent à travers toute la ville, en se livrant au sabotage et au vandalisme sur les appareils mécaniques et électriques. Tout dans le film exprime une dérision de la technologie (alors même qu'il a fallu des techniques sophistiquées pour produire les effets spéciaux de *Gremlins* !). Une scène paraît être une allusion ironique aux histoires étudiées ici, puisqu'on y voit un *gremlin* piégé dans un four à micro-ondes et qui explose sous l'action de la chaleur ! On suggère donc d'appeler « effet Gremlins » la propension des légendes contemporaines à raconter des histoires horribles d'accidents causés par des produits défectueux ou un mauvais usage des appareils.

Il ne se passe pas de semaine sans que les médias se fassent l'écho d'informations – pour les soutenir, les démentir ou simplement les évoquer – concernant les dangers des nouvelles technologies.

Ainsi, les appareils électroniques portables – magnétophones ou jeux vidéo – seraient susceptibles d'interférer avec les instruments de pilotage des avions, provoquant des erreurs de navigation. On imagine aisément l'amusante légende contemporaine que pourrait inspirer cette hypothèse : un gamin, en jouant avec son jeu vidéo de poche, fait atterrir un Boeing 747 à 3 000 kilomètres de sa destination ! On exploiterait ainsi le thème, cher au folklore narratif (fait divers), du grain de sable dans la machine, de la disproportion entre la cause et l'effet. En 1982, l'Administration de l'aviation civile (CAA), en Angleterre, a tout de même cru bon de conseiller aux compagnies aériennes d'interdire aux passagers l'usage d'appareils électroniques ou, au moins, de faire asseoir ceux qui désirent s'en servir le plus loin possible du poste de pilotage. Toutefois, les experts estiment que les perturbations radioélectriques venant de l'extérieur – émetteurs radios, CB, radiotéléphones – présentent des dangers plus réels de brouillage des instruments de navigation. Pour chacun des cas où du matériel électronique personnel a été suspecté d'être la cause d'incidents de vol, il a été prouvé qu'une interférence aussi légère n'avait pu entraîner la déviation des appareils (*Le Monde*, 13 janvier 1984).

Dans son numéro d'octobre 1988, *Science et vie* s'insurge contre le discours pseudo-scientifique des rumeurs sur les dangers des montres à quartz. Celles-ci seraient néfastes pour la santé : en influençant le champ électromagnétique du corps physique, elles déstructureraient le corps énergétique de la personne qui porte la montre !

Plus sérieuses semblent être les mises en garde contre les lampes halogènes – en éclairage direct, elles seraient mauvaises pour les yeux, génératrices de « coups de soleil », voire de cancer de la peau –, contre le travail prolongé devant un ordinateur – les risques iraient de la gêne visuelle à de possibles malformations de nouveau-nés, en passant par la tendinite des doigts –, contre les climatiseurs – mal entretenus, ils propagent des germes de maladie –, contre les isolations à l'amiante – qui libèrent en vieillissant des fibres susceptibles de provoquer un cancer du poumon –, contre les moquettes – où pullulent des acariens, cause d'allergies.

Le rôle anxiogène des minorités actives

Dans la plupart des pays industriels, des groupes mènent une croisade contre les risques des nouvelles technologies, risques qui, selon eux, ne sont pas reconnus par la science officielle. Ces minorités jouent un rôle actif, non pas tant dans la diffusion des histoires présentées ci-dessus que dans la prédisposition du public à recevoir ces légendes contemporaines, en attisant les peurs vis-à-vis de la technologie.

Ainsi le bulletin américain *Microwave News* (« Nouvelles des micro-ondes »), animé par Louis Slesin à New York, est parti en guerre depuis le début des années quatre-vingt contre les effets négatifs des radiations émises par les technologies utilisant des ondes. Le bulletin relate des faits inquiétants : 23 ouvriers de la Bath Iron Works, dans le Maine, ont eu des « coups de soleil » par un jour pluvieux à cause du radar d'une frégate de la Marine américaine ; à plusieurs reprises, des ordures prirent feu spontanément près des antennes de radiotélédiffusion du centre d'Honolulu ; dans la banlieue de Vernon (New Jersey), on trouve à la fois la concentration la plus forte de stations de transmission pour satellites et un nombre élevé, persistant et inexpliqué, de cas de mongolisme. Se fondant sur un rapport de 1990 émanant de l'Agence américaine pour la protection de l'environnement (Environmental Protection Agency) et intitulé *Evaluation of the Potential Carcinogenicity of Electromagnetic Fields (Évaluation d'un éventuel rôle cancérigène des champs électromagnétiques),* le bulletin insiste sur les risques encourus par les personnes habitant à proximité de lignes à haute tension : les champs électromagnétiques à basses fréquences qu'elles génèrent seraient une cause de cancers, spécialement de leucémies et de tumeurs du cerveau. Les lignes à haute tension provoqueraient également des migraines, des insomnies, des stérilités masculines, des fausses couches et des malformations congénitales. Sont aussi objets de mises en garde les antennes de télécommunications, les appareils d'imagerie médicale, les couvertures électriques, les talkies-walkies, les téléphones portatifs et, bien sûr, les fours à micro-ondes. Selon Louis Slesin, il n'y a presque pas de recherche, malgré tous les signes alarmants, sur les effets à long terme d'une exposition aux diverses radiations électromagnétiques. « Les États-Unis, déclare Slesin à *Time* (30 juillet 1990), ont mis un temps considérable à étudier ce problème ; c'est comme si l'on était terrifié par ce qu'on pourrait découvrir. » Le très faible tirage du bulletin *Microwave News* – 500 exemplaires environ – contraste avec son influence réelle, car il est lu par des scientifiques et des journalistes qui s'en font le relais auprès du grand public. Ainsi, un journaliste américain a publié, à partir de *Microwave News*, un livre au titre alarmant, *Currents of Death (Courants électriques de la mort)*, fort bien vendu aux États-Unis.

En France, le bulletin parisien *Diet Infos*, spécialisé dans la nutrition, s'est attaqué dans son numéro d'octobre 1991 aux « maléfices du four à micro-ondes ». En premier lieu, les fuites de micro-ondes hors du four, inévitables même si les portes sont hermétiques, seraient – l'article est écrit au conditionnel – responsables de maux de tête, vertiges, fatigue. « Mais, conclut prudemment l'article, ces signes sont tellement fréquents aujourd'hui qu'on ne peut en accuser les micro-ondes sans la preuve formelle de fuites. » Ils provoqueraient également des inflammations oculaires chez les porteurs de lentilles de contact (forme atténuée de la légende des *lentilles de contact* * ?), une hausse de la température du corps humain (*idem*, voir *la jeune femme cuite aux UVA* *) et, plus grave, brûlures, cataractes, dérèglement des pacemakers, stérilité et effets nocifs sur les femmes enceintes. Des chercheurs auraient provoqué des leucémies chez des animaux après une année d'exposition chronique aux micro-ondes. Les normes fixant la quantité acceptable de fuites de micro-ondes sont remises en cause par des organismes de défense des consommateurs.

En second lieu, les micro-ondes auraient une action sur la structure même des aliments. Non seulement le mode de cuisson serait insuffisamment bactéricide, mais encore il pourrait modifier la composition chimique des aliments. C'est ainsi que les acides aminés du lait se métamorphoseraient en toxines s'attaquant au système nerveux. D'où la pressante injonction de l'article : « Un geste à éviter impérativement : faire chauffer le biberon dans le four à micro-ondes. » Ceci au moment même où une publicité télévisée vantait l'avantage du four à micro-ondes pour satisfaire rapidement la faim de bébé ! Ce message publicitaire prenait d'ailleurs la précaution de montrer la mère testant la température du lait par une goutte sur sa main : en effet, avec les micro-ondes, le liquide peut être bouillant tandis que le verre du biberon est simplement tiède, ce qui a été une source d'accidents, bien réels ceux-là !

Parce qu'il provoquerait des « mutations » – naissances anormales, métamorphose des aliments –, le four à micro-ondes apparaît comme un creuset d'alchimiste, un chaudron du diable. Ce n'est pas un hasard si des expressions comme « maléfices du four à micro-ondes » et « bouleversement chimique pervers du lait » sont utilisées, ni si l'un des principaux animateurs de *Diet Infos* est le professeur Henri Joyeux, de l'université de médecine de Montpellier, catholique militant et fervent défenseur de l'authenticité des apparitions de la Vierge à Medjugorje.

Les minorités actives – les écologistes par exemple – jouent un rôle d'aiguillon dans le mouvement de défense des consommateurs, l'une des grandes innovations sociologiques de cette fin de siècle. C'est ainsi qu'en Angleterre, une somme de 10 millions de livres a été demandée à la National Grid Company (Compagnie nationale d'électricité comparable à notre EDF) pour financer des recherches indépendantes sur les effets des lignes à haute tension sur les populations avoisinantes. Parallèlement, une pétition signée par 8 000 personnes et l'action d'associations locales (paysans, propriétaires terriens) menées par le député travailliste de la région s'opposent à la construction de 270 pylônes électriques dans la campagne verdoyante du Nord Yorkshire (*The Independent*, 30 mai 1992). En France, la Bretagne a récemment connu une mobilisation analogue contre les projets d'EDF.

Controverses scientifiques et incertitudes

Les experts scientifiques ne sont pas d'accord entre eux quant à la mesure exacte des risques. Ainsi, des spécialistes contestèrent la validité de la corrélation statistique entre la présence de lignes à haute tension et la fréquence de malades cancéreux. Quelques semaines après la publication du fameux rapport de 1990 sur l'influence « probable » des lignes à haute tension sur l'apparition de cancers, une réédition du texte remplaçait le mot « probable » par « possible » : « Ce qui ramène les champs magnétiques à basse fréquence dans la même catégorie de risque cancérigène que les artichauts ou le cirage », écrit le physicien Robert L. Park dans un article du *New York Times* (repris dans l'*International Herald Tribune* du 3 septembre 1991). Mais, pour les minorités alarmistes, le changement de mot est la preuve même d'une ingérence de la Maison-Blanche et des trusts de l'énergie dans les enquêtes officielles, au mépris de la vérité et au détriment de la santé des Américains.

Comme le souligne Park, il arrive souvent que des produits suspectés d'être dangereux se révèlent en définitive totalement inoffensifs. Ce fut le cas des cyclamates, bannis des boissons « allégées » voici vingt et un ans. De même, selon certains, il y a eu plus de problèmes de santé provoqués par les mesures pour supprimer l'amiante qu'il n'y en aurait eu par l'effet de cette substance elle-même. Le mode d'emploi des fours à micro-ondes cherche à rassurer les consommateurs en soulignant que « les micro-ondes existent dans la nature ».

L'impression d'incohérence que donnent les décisions successives des autorités concernant l'autorisation de vendre tel ou tel produit n'est pas de nature à rassurer le public. Ainsi, en janvier 1992, les États-Unis – bientôt suivis par la France et la plupart des pays européens – ont interdit l'implantation de prothèses mammaires au gel de silicone. On les accusait de multiples maux, des plus bénins aux plus graves : les seins artificiels se déformaient, la prothèse éclatait, des fragments de silicone migraient dans le corps, parfois jusqu'au cerveau, enfin ce type de prothèse pouvait provoquer des cancers. En juin de la même année, les autorités américaines permettaient à nouveau la pose d'implants mammaires : les inconvénients mineurs des seins à la silicone provenaient d'anciens modèles dont le gel était trop fluide et la paroi trop mince. Quant au risque de cancer, il a été jugé nul. Les décisions gouvernementales et médicales rejoignent la morale des légendes contemporaines, ce type d'opération n'étant désormais autorisé qu'en chirurgie réparatrice du sein – après ablation d'un cancer par exemple – et non en chirurgie esthétique pour avoir une poitrine plus opulente. De même, la migration de fragments de silicone dans le cerveau ne se produit que dans des conditions exceptionnelles entachées d'anormalité : « Un travesti va voir un médecin pour avoir de grosses fesses. Ce toubib injecte directement de la silicone dans la fesse. Des fragments peuvent migrer jusque dans le cerveau » (*Actuel*, mars 1992).

Ainsi, où qu'ils se tournent, les gens sont rendus inquiets. Les médias effraient car l'information souvent brute est retenue sous forme d'équation angoissante (par exemple : « Lignes à haute tension = cancer »). Les démentis ont tendance à être oubliés, tandis que seuls les messages alarmistes gardent leur impact sur le public : aujourd'hui encore, les « conclusions » du rapport de l'Agence américaine pour la protection de l'environnement alimentent les protestations en Europe contre des projets d'installation de lignes à haute tension, quand des études récentes ont prouvé que le risque carcinogène des champs électromagnétiques à basse fréquence était nul. Les controverses des scientifiques sur l'intensité des risques sont plus inquiétantes que rassurantes. Enfin, il est un fait que, si des produits ont été à tort jugés nocifs, d'autres se sont révélés dangereux, par exemple des médicaments pour la grossesse (affaires de la Thalidomide ou du Distilbène). Les légendes contemporaines – à la manière excessive qui est la leur – rappellent qu'il y a souvent un revers à la médaille du Progrès et incitent à une sage prudence.

J.-B.R.

BIBLIOGRAPHIE

Actuel, mars 1992 « SOS silicone. 170 000 Françaises ont les seins truqués au gel de silicone. Dangereux ou pas ».

Rolf Wilhelm BREDNICH, *Die Spinne in der Yucca-Palme*, 1990, p. 111.

Paul BRODER, *Les Courants de la mort*, Paris, Laffont, 1993.
Jan Harold BRUNVAND, *The Choking Doberman*, 1984, p. 154–157, 161.
Philip ELMER-DEWITT, « Hidden hazards of the airwaves », *Time*, 30 juillet 1990, p. 48.
The Independent, 30 mai 1992, « £ 10 m requested for power line research ».
Jean-Noël KAPFERER, *Rumeurs*, 1990, p. 181.
Le Monde, 13 janvier 1984, « Les jeux électroniques détraquent-ils les avions ? »
Hal MORGAN *et alii, Vraies ou fausses ? Les rumeurs*, 1988, p. 50.
Martine ROBERGE, *La Rumeur*, Québec, Célat-université Laval, 1989, p. 79.
Science et vie, octobre 1988, « Champs électro-magnétiques, montres à quartz et superstitions », p. 12-13.

Les lentilles de contact de l'ouvrier soudeur

Madrid. – Deux ouvriers de la centrale nucléaire de Trillo (Andalousie, sud de l'Espagne) ont perdu la vue en retirant leurs verres de contact, auxquels est restée collée la cornée, a annoncé lundi le syndicat Commissions ouvrières (CCOO, proche du parti communiste).

Selon la même source, les deux ouvriers, un électricien et un soudeur, ont été exposés séparément à une étincelle. L'arc électrique produit a eu pour effet de faire sécher instantanément le liquide distillé qui humidifie les lentilles en permanence.

C'est une fois rentrés chez eux que les deux ouvriers ont retiré leurs verres de contact et que la cornée est venue avec, rendant les deux hommes aveugles.

(*La Montagne*, quotidien de Clermont-Ferrand, 7 septembre 1983.)

Ce communiqué de presse a été publié dans de nombreux journaux français à cette même date. Il s'agit en réalité d'une variante d'une histoire diffusée en 1983 par des bulletins d'informations d'entreprises et des revues pour responsables de la sécurité, d'abord aux États-Unis puis dans toute l'Europe, vraisemblablement *via* la Suisse. Selon un processus habituel, on a localisé l'histoire de manière précise – l'usine de Trillo – alors qu'il s'agit simplement de l'un des nombreux lieux de travail où la note d'information a été distribuée. L'anecdote avait déjà circulé en Europe de manière sporadique en 1975-1980 et semble avoir pris naissance aux États-Unis à la fin des années soixante.

En 1983, le texte circulant en Suisse dans les entreprises était le suivant :

> Porteurs de verres de contact, soyez prudents.
>
> Aux États-Unis se sont produits récemment deux accidents qui ont révélé un phénomène lourd de conséquences et inconnu jusqu'alors.
>
> – Un bref arc électrique fut engendré lorsqu'un surveillant d'une entreprise d'électricité voulut enclencher un disjoncteur.
>
> – Afin de pouvoir mieux guider l'approche de l'électrode, un soudeur releva son écran de protection. Par mégarde, il alluma un arc électrique à cet instant.
>
> Les deux hommes étaient porteurs de verres de contact. Lorsque de retour chez eux ils voulurent retirer leurs lentilles, la cornée se détacha des yeux et ils perdirent la vue.
>
> Les arcs électriques produisent des micro-ondes susceptibles d'évaporer quasi instantanément le film liquide sur lequel flotte la lentille, de telle sorte que cette dernière peut adhérer à la cornée. Ce genre d'accident, qui n'avait encore jamais été observé, peut être indolore.
>
> Les autorités chargées de la sécurité et de la santé aux États-Unis étudient ce phénomène avec beaucoup d'attention et publieront le résultat des recherches.
>
> Entre-temps, il est vivement recommandé aux porteurs de verres de contact de ne pas les enlever eux-mêmes s'ils ont été soumis à l'action d'un arc électrique.
>
> Cette mise en garde a été communiquée à l'Inspection fédérale des installations à courant fort pour la maison Philip Morris de Lausanne, sur la base d'une circulaire de la maison mère américaine.
>
> (Texte recueilli par la revue *Contactologia*, 1984.)

La version minimale du récit, racontée de bouche à oreille, ne met en scène qu'un seul ouvrier :

> Un soudeur portant des lentilles de contact molles a été victime d'un horrible accident. L'arc de sa torche à souder produisait des micro-ondes qui soudèrent les lentilles à ses yeux. Ne se rendant pas compte de ce qui était arrivé, de retour chez lui, le soir, il ôta ses lentilles, et la cornée vint avec. Il est à présent complètement aveugle.
>
> (Morgan *et alii*, 1988, p. 176.)

Certains textes parlent de deux ouvriers accidentés dans deux usines différentes, d'autres de deux ouvriers accidentés séparément dans la même entreprise, d'autres encore de deux ouvriers accidentés en même temps dans le même établissement, enfin d'un seul ouvrier accidenté. Selon les variantes, la ou les entreprises citées comme lieu de l'accident sont la United Parcel Service, la Duquesne Light Company de Pittsburgh ou encore la centrale nucléaire de Trillo, en Espagne, pour la version hispano-française de la rumeur. Mais le plus souvent, aucun nom d'établissement n'est mentionné.

En août 1984, la Fédération régionale des travaux publics d'Ile-de-France – antenne locale de la puissante Fédération nationale des travaux publics, qui regroupe plus de 5 000 entreprises françaises et est affiliée au Centre national du patronat français – diffusa une note de service dans plus de 600 établissements. On pouvait y lire la description d'un accident du travail survenu dans une entreprise dont le nom n'est pas donné :

> [Un ouvrier et un soudeur manipulaient un disjoncteur] lorsqu'un phénomène lourd de conséquences et inconnu jusqu'alors se produisit. Afin de mieux guider leurs travaux, ils avaient relevé leur écran de protection : par mégarde, ils allumèrent un arc électrique à cet instant. Lorsque, de retour chez eux, ils voulurent retirer leurs lentilles, la cornée se détacha des yeux et ils perdirent la vue.
>
> (Cité par Kapferer, 1990, p. 86.)

La note de service concluait en déconseillant fortement le port de lentilles de contact pendant le travail. On reconnaît dans ce texte un résumé de la circulaire suisse, mais les deux ouvriers se retrouvent travaillant ensemble dans le même établissement. Des notes d'information semblables furent diffusées et affichées dans des centaines d'entreprises, y compris les plus grandes, comme les aciéries Sollac-Sacilor, Renault, EDF, les PTT et la RATP.

Aujourd'hui encore, l'anecdote circule aux États-Unis et en Europe comme une histoire vraie. Elle figure dans le recueil de Laurent Delaloye intitulé *Quelle planète ! Dix ans de faits divers incroyables et authentiques* sous la forme de la dépêche de presse du 7 septembre 1983.

Sa forme narrative, fondée sur des renversements de significations, fait de cette histoire une bonne candidate au statut de légende : les lentilles de contact, destinées à mieux voir, rendent ici aveugle ; et le soudeur soudé est une variante tragique du motif de l'arroseur arrosé. Cet accident du travail est certes inattendu et surprenant, mais il met en scène des éléments symboliques traditionnels comme le feu et les yeux. Le récit est facilement mémorisé.

En juin 1983, alors que la diffusion de la rumeur était à son maximum aux États-Unis, l'Académie américaine d'ophtalmologie entreprit une enquête approfondie. Elle démontra non seulement qu'il n'existait aucune preuve sérieuse de la réalité d'un tel accident – ainsi, aucune des usines citées n'a été le cadre d'un fait semblable –, mais encore que le phénomène décrit dans l'histoire était, selon les spécialistes, physiquement impossible. Mieux, l'enquête découvrit l'incident – bien réel, celui-ci, mais sensiblement différent – qui se trouve très probablement à l'origine de la légende.

Le 26 juillet 1967, un soudeur de l'usine Bethlehem Steel à Baltimore (Maryland) fut blessé aux yeux par l'explosion d'un disjoncteur. Il portait des lunettes de protection et des lentilles de contact. Les lésions cornéennes observées par les médecins étaient la conséquence en partie du souffle de l'explosion et en partie du port prolongé des verres de contact après l'accident. Selon le rapport de l'Académie, « les lentilles de contact ne se soudèrent pas à la cornée et l'ouvrier récupéra une vision normale en l'espace de quelques jours. Les deux ophtalmologues qui le soignèrent conclurent que l'éclair électrique n'avait eu aucun rôle dans les lésions constatées ».

Dans le récit légendaire, on retrouve le soudeur, les lentilles de contact et l'atteinte à la cornée. Le disjoncteur est conservé dans quelques versions, ce qui conforte l'hypothèse suivant laquelle l'incident de Baltimore serait à l'origine de la rumeur. De même, on observe que les établissements où l'histoire est censée s'être passée, ou bien les entreprises affichant la note de service, sont souvent situés, comme à Baltimore, dans de grands centres sidérurgiques du nord-est des États-Unis : Pittsburgh en Pennsylvanie, Hunt Valley dans le Maryland, etc. La légende innove tout d'abord en supprimant l'explosion : ainsi le contexte de l'accident n'est plus exceptionnel, il devient normal, habituel, permettant à la rumeur de traiter un thème qui lui est cher, celui du « quotidien piégé », et de dénoncer un danger caché – des étincelles électriques peuvent coller les lentilles de contact aux yeux. La cause de la blessure n'est plus l'explosion ou le port prolongé des lentilles, mais bien l'activité de soudure elle-même. Pis encore : le phénomène est indolore, imperceptible, et l'horrible surprise a toujours lieu chez soi, à la maison. La seconde innovation du récit légendaire est bien sûr l'exagération des lésions subies par l'ouvrier : le léger traumatisme de la cornée est devenu cécité. On observe aussi que l'ouvrier est parfois dédoublé en soudeur et en électricien – métier choisi peut-être en raison de la présence du disjoncteur –, la « réalité » de l'accident étant ainsi renforcée par l'existence de deux victimes au lieu d'une seule.

Le processus de diffusion de la légende des lentilles de contact qui aveuglent est typique du « xeroxlore » – ou folklore en photocopies – concernant la sécurité. Malgré son aspect insolite, l'histoire paraît vraisemblable à tous, excepté aux spécialistes en ophtalmologie. L'explication du phénomène est globalement convaincante : on imagine que les lentilles ont produit un effet de loupe. Les notes d'information donnent d'ailleurs des précisions d'apparence scientifique sur le rôle des « micro-ondes » qui font évaporer l'humidité entre le verre de contact et la surface de l'œil.

Il n'est donc pas étonnant que des personnes instruites aient cru à cette histoire, dont les principaux agents de transmission furent les responsables concernés par les problèmes de sécurité dans le travail : syndicats, patronat, services médico-sociaux. La forme officielle donnée à l'histoire par les notes de service renforçait sa crédibilité. On retrouvera le même processus de diffusion et d'implication des personnels administratifs et médicaux à propos de la légende des *décalcomanies au LSD**, avec cette différence que le milieu concerné ne sera plus l'usine mais l'école.

Interprétation de la légende

Ce récit peut être interprété d'abord comme une histoire exemplaire où sont punies l'imprudence – relever le casque de protection – et la coquetterie masculine, puisque la motivation première du port des lentilles de contact est d'ordre esthétique. Cependant, cette interprétation est sans doute insuffisante ; d'ailleurs, la mention du casque relevé n'apparaît pas dans toutes les versions.

Plus fondamentalement, comme beaucoup d'autres légendes urbaines, celle-ci semble refléter une peur de la nouveauté. Dans les années soixante-dix et quatre-vingt, de plus en plus de gens adoptent les lentilles de contact : en France, de 40 000 porteurs en 1974 on passe à un million en 1981 et à 1 200 000 fin 1983. Ceux-ci apprécient les avantages des lentilles, mais s'interrogent aussi sur leur innocuité. Pour éviter des ulcérations de la cornée, les médecins conseillent de ne pas dépasser un port continu de douze heures et, si les lentilles souples sont mieux tolérées, elles nécessitent une surveillance accrue. La légende du soudeur est une parabole qui montre que le progrès mutile. Ce n'est pas un hasard si le récit met en scène l'électricité – forme moderne du feu, jamais totalement maîtrisé – et, selon les versions, les micro-ondes, dont le four du même nom est l'objet de plusieurs légendes urbaines, ou encore la centrale nucléaire, qui évoque la peur de la radioactivité.

En exploitant le motif des yeux arrachés, la légende s'inscrit dans une longue tradition qui va du mythe d'Œdipe aux contes fantastiques d'Hoffmann. Chez ce dernier, dans *L'Homme au sable*, on trouve une inquiétante équivalence entre les yeux et les lunettes, comme dans la légende du soudeur. Ainsi que l'écrit Louis Vax (1960) : « Coppélius et Coppola font un seul et même être, et leur nom tire son origine de *coppa*, l'orbite de l'œil. Ils sont l'homme au sable dans son ambiguïté : tantôt arrachant les yeux des enfants, tantôt faisant d'objets inanimés, de lunettes, des yeux vivants. » Pour Freud, le motif des yeux arrachés est angoissant parce que l'œil est un symbole phallique et donc l'aveuglement une métaphore de la castration. Au-delà de cette signification sexuelle, la mutilation des yeux prend le sens moral de l'inconscience de l'homme, de son « aveuglement » face au progrès, et du tribut qu'il lui faut parfois payer.

La même année 1983, une variante « féminine » de l'histoire de l'ouvrier soudeur circulait aux États-Unis : on racontait qu'une femme s'était endormie alors qu'elle utilisait une lampe à bronzer et, étant restée trop longtemps sous l'appareil, ses lentilles de contact s'étaient soudées à ses yeux (Brunvand, 1989). On reconnaît ici – outre la mise en garde contre les dangers de certains appareils – le motif folklorique de la punition pour coquetterie !

Terminons sur une note plus souriante. Les lentilles de contact ont aussi donné lieu à des histoires humoristiques, mais présentées comme vraies :

> Un homme et une femme qui se connaissent à peine décident de passer la nuit ensemble, dans son appartement à elle. Avant d'aller au lit, ils boivent copieusement et, vers 4 heures, l'homme se réveille avec une terrible soif. Heureusement, sur la table de chevet du côté de la femme, il y a un beau petit verre rempli d'eau. Le matin, quand le couple se réveille, la femme cherche à tâtons, d'un air égaré, quelque chose sur la table. « Tout va bien, chérie ? » demande l'homme avec sollicitude. « Je n'arrive pas à comprendre, répond-elle, où est passé le verre dans lequel je place mes lentilles de contact. »
>
> (Carbone, 1990, p. 158.)

Cette histoire amusante n'en est pas moins morale – comme il se doit –, puisqu'elle punit d'une légère mésaventure les plaisirs du lit et de la boisson !

Dans le récit horrifique de l'ouvrier aux yeux arrachés ou de la jeune femme qui bronze, tout comme dans cette histoire comique, s'exprime de manière différente l'inquiétude qui régnait dans les années soixante-dix et quatre-vingt concernant les inconvénients des lentilles de contact. Ces anecdotes s'intègrent donc dans l'ensemble des légendes sur les risques que font courir les produits nouveaux, que ceux-ci se révèlent défectueux ou qu'ils suscitent de mauvais usages (voir *l'effet Gremlins* * et *le chat dans le four à micro-ondes* *).

J.-B.R.

Bibliographie

Jan Harold Brunvand, *The Choking Doberman,* 1984, p. 157-160.
–, *The Mexican Pet*, 1986, p. 165-166.
–, *Curses ! Broiled Again*, 1989, p. 33.
Maria Teresa Carbone, *99 leggende urbane*, 1990, p. 158-160.
Contactologia, 6/1, 1984, « Lentilles de contact et coup d'arc électrique, un canard journalistique », p. 44-45.

Laurent DELALOYE, *Quelle planète !*, 1988, p. 64.
Jean-Noël KAPFERER, *Rumeurs*, 1990, p. 86-88.
Libération, 18 octobre 1984.
Hal MORGAN *et alii*, *Vraies ou fausses ? Les rumeurs*, 1988, p. 176-178.
Louis VAX, *L'Art et la littérature fantastiques*, Paris, PUF, 1960, p. 81 (coll. « Que sais-je ? », 907).

Les décalcomanies au LSD

ATTENTION : DROGUE

Le département de police met la population en garde contre de nouveaux types de drogues qui sont offerts aux enfants. Ils sont probablement déjà en circulation en SUISSE, et envahiront rapidement le reste de l'EUROPE.

– Une décalcomanie est en vente aux ÉTATS–UNIS, qui s'appelle « BLUE STAR ». Il s'agit d'un morceau de papier blanc contenant de petites étoiles. Chaque étoile est imprégnée de LSD et si on applique avec la salive, le LSD pénètre immédiatement dans le sang. De plus, il est également absorbé par la peau, simplement en touchant le papier.

– Il y a aussi en circulation des images de « SUPERMAN » ainsi que des personnages de WALT DISNEY (papillons, clowns...) aux couleurs très brillantes. Ils se trouvent dans des emballages de carton rouge, entouré de cellophane, contenant cinq feuilles pour un total de dix timbres.

Ces décalcomanies sont offertes aux enfants par des adolescents, soit pour se procurer de l'argent et ainsi de nouveaux clients. Un enfant en possession de l'un de ces papiers court le risque de commencer un « *voyage fatal* ».

- Il y a encore en circulation d'autres timbres imprégnés de drogue : les timbres « PIRAMID » ornés de points multicolores et les « WINDOW LANE » ornés d'une grille détachable. Il est important d'informer les enfants de l'existence de ces nouvelles drogues et de leur recommander de NE PAS TOUCHER ces images dangereuses, car elles sont traitées à la STRICHNINE.

Si des effets se manifestent tels que : hallucinations, sautes d'humeur, vomissements, brusques changements dans le comportement et des variations de température, se rendre immédiatement dans un hôpital et aviser la police.

DIFFUSER LARGEMENT CETTE INFORMATION

(Tract circulant en France en novembre-décembre 1991.)

Ce texte, affiché en décembre 1991 dans les locaux d'une caisse de retraite d'Orléans, a circulé sous forme de tract, souvent anonyme et dactylographié, dans la France entière, en novembre et décembre 1991. Il ne raconte pas à proprement parler une histoire – suite d'événements passés, uniques et particuliers –, il présente un scénario qui se serait déjà réalisé plusieurs fois et susceptible de se reproduire. Il se situe donc à mi-chemin entre des informations véhiculées par la rumeur et le récit légendaire. Alors que le tract de Villejuif, par exemple, est nettement du côté de la rumeur – en dénonçant les propriétés cancérigènes d'additifs alimentaires présents dans tel ou tel produit (voir *l'os de rat* *) –, celui des décalcomanies au LSD a une dimension narrative : des adolescents proposent aux enfants d'âge scolaire des images imprégnées de drogue, voire de poison, et la simple manipulation de ces images provoque des troubles graves du comportement. Ce n'est pas un hasard si des œuvres de fiction traitant de la drogue se sont emparées de ces éléments narratifs : un téléfilm britannique de 1989 (*Diabolique Machination*, La 5, 5 avril 1991) et un téléfilm français de 1991 (*Julie Lescaut*, TF1, 9 janvier 1992). Comment le quasi-récit du tract s'est-il constitué ? Tentons de démêler l'écheveau en examinant les variantes du texte (Renard, 1990).

Le tract reproduit ci-dessus vient de Suisse. Une version semblable, mais dans laquelle la référence à la strychnine était supprimée, avait déjà circulé à Paris en octobre et novembre 1988. On n'y parlait pas encore de « décalcomanies » mais de « tatouages » ou de « timbres ». Il est vrai qu'entre-temps, la presse et les chercheurs avaient adopté ce terme pour désigner ces images. Plus encore, les douaniers français avaient saisi en août 1990 des comprimés de LSD cachés sous des décalcomanies de *Conan le barbare*. Ce dernier fait accrédita certainement la rumeur et explique son retour en 1991. En 1988, une autre variante, qui ne mentionne ni la strychnine ni les réactions (hallucinations, vomissements, etc.), s'était répandue dans toute la France à partir de Nice, d'où elle était partie en avril avec une référence – démentie – à l'hôpital Saint-Roch. Toutes ces variantes constituent des traductions de tracts américains circulant en 1987 aux États-Unis et au Canada. On a pu prouver que la variante niçoise provient directement d'un texte québécois. Le tract américain de 1987 en a lui-même un autre pour origine, de 1981, plus simple, dans lequel ne figuraient ni Blue Star ni papillons, clowns, pyramide rouge, etc., ni strychnine.

La référence à Blue Star provient d'un fait réel : l'arrestation à Columbus (Ohio) d'un revendeur de « buvards » au LSD marqués de « petites étoiles bleues ». Les papillons, clowns et pyramide rouge correspondent soit à des images pour enfants – les années quatre-vingt ont vu la mode des « stickers »,

« transferts » et autres images autocollantes collectionnées par les enfants –, soit à des motifs figurant réellement sur des « buvards » au LSD. Enfin, la référence à la strychnine peut avoir été inspirée par des affaires de drogue frelatée, comme cela sera le cas par exemple à Marseille, en avril 1990, où plusieurs toxicomanes sont morts après avoir consommé de l'héroïne contenant des substances mortelles de couleur blanche (mort-aux-rats, ciment, strychnine). Ainsi, entre 1981 et 1987, le tract aura fonctionné comme un « papier collant » où se sont agglutinés des éléments épars ayant un rapport plus ou moins proche avec le thème évoqué. Au fur et à mesure des dactylographies et des traductions, des fautes d'orthographe ou des déformations de mots apparaissent : « Piramid » au lieu de Pyramid, « Window Lane » au lieu de Window Pane, « strichnine » au lieu de strychnine. Ces distorsions montrent que la précision apparente du texte s'accompagne d'une certaine incompréhension des éléments, l'essentiel étant le message global, sa crédibilité, et la nécessité de diffuser le tract.

Le tract de 1981 contient déjà l'essentiel de la rumeur : des individus proposent à des enfants d'âge scolaire des tatouages – à lécher et à coller – imprégnés de LSD ; la drogue s'infiltre par les pores de la peau et intoxique l'enfant. D'après le tract, les images représentent des personnages de Walt Disney, et en particulier Mickey en « apprenti sorcier », extrait du film *Fantasia*.

On doit à Jan Harold Brunvand d'avoir découvert la source de ce tract et de ses variantes. Il s'agit d'une circulaire émise en 1980 par le Bureau des narcotiques de la police d'État du New Jersey après la saisie dans la région de « buvards » au LSD représentant l'image de Mickey apprenti sorcier. Cette note d'information décrit les feuilles ainsi que leur emballage de papier métallisé et de carton rouge. Le mode le plus fréquent de conditionnement du LSD est en effet la feuille de papier buvard imprimée de motifs répétés (Mickey, Snoopy, étoiles, et même des bouddhas, E.T. ou Gorbatchev !) qui constituent pour les fabricants et les adeptes du LSD une sorte de « marque de commerce », en même temps qu'un moyen pour indiquer le nombre et l'emplacement des doses de drogue. La note de police met en garde : « Attention : les enfants sont susceptibles de prendre ce type de dessin imprimé pour un tatouage-transfert. »

La légende est née lorsqu'on est passé de l'idée exacte qu'un conditionnement du LSD ressemblait à des tatouages pour enfants à l'idée fausse que des tatouages pour enfants contenaient du LSD. Ces tatouages sont ensuite devenus des images de toutes sortes : décalcomanies, timbres, stickers, etc. Les motifs figurant sur les images ont couvert un champ de plus en plus large : personnages de bandes dessinées ou de dessins animés, figures géométriques. La référence persistante à des « étoiles » au LSD provient peut-être de la convergence entre les étoiles avec lesquelles jongle Mickey apprenti sorcier, coiffé d'un chapeau pointu bleu (circulaire de 1980 et tract de 1981), et l'existence réelle de « buvards » au LSD dont les motifs étaient des étoiles bleues. On a ajouté le phénomène d'absorption du LSD par les pores de la peau : idée déjà présente dans une rumeur des années soixante, laquelle prétendait que le chanteur de rock Jimi Hendrix plaçait des pilules de LSD sous le bandeau ceignant son front afin que la drogue pénétrât progressivement dans son organisme pendant le concert, avec la sueur (Morgan, 1988). Enfin, des détails horribles ont été ajoutés, comme la distribution gratuite de ces images par des individus ou des adolescents maléfiques, la description des symptômes d'intoxication et, surtout, la référence à la strychnine.

Il est désormais établi que cette légende est fausse. Aucune saisie de tatouages pour enfants ou de décalcomanies imprégnés de LSD n'a été effectuée. De même, aucun cas d'intoxication d'enfant par du LSD n'a été signalé, ni aux États-Unis ni en Europe, ni bien sûr en France. La pénétration du LSD par les pores de la peau est considérée par les médecins comme impossible. Même le léchage de la décalcomanie serait insuffisant pour permettre l'absorption d'une dose active de drogue : d'ailleurs, les enfants savent bien qu'il faut seulement lécher la partie du corps où l'on souhaite poser le tatouage, sinon celui-ci resterait collé à la langue ! Le LSD n'est pas mortel pour l'être humain : il n'y a pas d'overdose au LSD et, par conséquent, l'expression « voyage fatal », qui fait allusion au trip ou voyage halluciné des drogués, est erronée. La distribution gratuite de drogue pour accoutumer les jeunes et les rendre « accros » serait une absurdité, puisque le LSD, contrairement à la plupart des drogues, ne crée pas de dépendance physique. La distribution gratuite serait aussi une absurdité commerciale, car les fabricants et trafiquants de LSD se retrouveraient rapidement déficitaires dans une telle opération. Il est également évident que tout ajout de poison dans la drogue aurait pour effet de détourner d'éventuels consommateurs. Enfin, l'idée énoncée dans plusieurs variantes du tract, suivant laquelle le LSD serait donné à des enfants dans le but de s'amuser de leurs réactions, traduit une profonde méconnaissance des mœurs des adeptes du LSD, pour lesquels un « voyage » est une expérience sérieuse et volontaire.

Une rumeur de notables

La vraisemblance du contenu du tract repose sur une double ressemblance : entre les images collectionnées par les enfants et les motifs imprimés par les fabricants de LSD sur les feuilles de « buvards » imprégnés de drogue ; entre cette histoire d'objets en apparence inoffensifs mais qui cachent de la drogue et les authentiques affaires de saisies de stupéfiants dissimulés dans des produits de consommation courante. En juin 1988, deux cas de ce type défrayèrent la chronique. À Paris, l'Office central pour la répression des stupéfiants découvrit de la cocaïne dans de fausses boîtes de conserve d'ananas, mélangées à des vraies – cela rappellera des souvenirs aux lecteurs de l'aventure de Tintin, *Le Crabe aux pinces d'or* ! À Londres, des douaniers ont trouvé de l'héroïne dans des bonbons semblables à ceux que l'on vend dans le commerce. Le *Midi libre* du 18 juin 1988 titra ainsi son article :

> Alerte en Grande-Bretagne. Des bonbons fourrés... à l'héroïne. Nouvelle astuce des passeurs de drogue. Si un enfant consommait une telle friandise, il mourrait sur-le-champ. Angoisse générale.

De telles informations, publiées au moment même où le tract des décalcomanies au LSD se répandait en France, ont considérablement renforcé sa crédibilité.

La caractéristique sociologique de cette légende est d'avoir été diffusée surtout par des notables appartenant aux classes instruites de la société, aussi bien en France qu'aux États-Unis. On est donc bien loin de l'image de la rumeur comme moyen de communication spécifique des couches populaires, où l'irrationnel et la crédulité prévaudraient. Deux groupes sociaux sont impliqués ici : d'un côté, les professions médico-sociales, qui se sentent responsables de la santé publique ; de l'autre, le milieu scolaire, qui se sent menacé. La première phrase du tract niçois est emblématique de cette bipolarité : « L'école vient de recevoir cet avis transmis par l'hôpital Saint-Roch » (même si la référence hospitalière est ici en partie erronée). Tout comme est significative la transmission du tract à Saint-Laurent-d'Agny, dans le Rhône, où le texte a été remis par l'épouse d'un médecin au directeur de l'école publique mixte, qui le tamponne avec le cachet de l'établissement et le photocopie à 180 exemplaires pour les élèves et leurs parents.

Le rôle joué par les professionnels de la santé dans la diffusion du tract est largement attesté : service de sécurité et de prévention d'une banque américaine, conseiller en santé-sécurité d'une entreprise québécoise, centre hospitalier de Castres, service de radiologie de l'hôpital Brugmann à Bruxelles et tous les médecins et pharmaciens qui ont affiché le tract dans leur salle d'attente ou leur magasin. À Nice, le professeur Jean Jasmin, chef du département de pédodontie de l'université de Nice, a fait 16 photocopies du tract le 30 mai 1988, et les a adressées à ses homologues des autres universités françaises avec la mention : « Information transmise par M. le professeur Jasmin de la Faculté de chirurgie dentaire de Nice. » L'un de ces exemplaires est parvenu à l'université de Paris-VII, qui l'a diffusé après l'avoir dûment tamponné : on le retrouvera dans toute la région parisienne, de juin à octobre 1988.

Le pôle scolaire, où convergent tout naturellement des informations concernant les enfants, a été aussi un lieu de rediffusion de la rumeur : depuis les religieuses des écoles catholiques américaines – d'après Bill Ellis, elles lurent le tract aux enfants – jusqu'aux directeurs d'établissements en France, qui firent largement marcher la photocopieuse.

S'ajoutent à cela des administrations publiques qui ont cautionné le tract en y apposant un cachet officiel – gendarmerie de l'armement à Tarbes, mairie de Lyon – ou, mieux, l'ont retranscrit sous forme d'une note de service signée et datée. Cela a été le cas pour une entreprise québécoise et pour le centre de chèques postaux de Montpellier. En septembre et octobre 1988, des sénateurs aux sensibilités politiques diverses se sont inquiétés du contenu du tract et ont posé des questions écrites au gouvernement. Les démentis officiels furent nombreux – déclaration du Dr Olievenstein, communiqués de la Brigade des stupéfiants, du ministère de l'Éducation nationale, du secrétariat d'État à la Consommation –, mais généralement suivis de peu d'effets. Une enquête auprès de lycéens (Hadjian, 1989 et Kapferer, 1990) montre que le démenti n'a pas été efficace, parce qu'il ne répondait pas aux contre-arguments de ceux qui croyaient à la rumeur : les autorités démentaient sans apporter de preuves ou cherchaient à étouffer l'affaire pour éviter la panique. Même si la rumeur était fausse, on n'était jamais assez méfiant envers la drogue. Enfin, la rumeur paraissait trop importante pour ne pas être fondée et on ne voyait pas qui aurait eu intérêt à diffuser cette information si elle était fausse. Plus encore, selon un phénomène de boomerang fréquent dans les rumeurs, certains démentis furent récupérés et transformés en confirmations. C'est ainsi qu'une variante du tract comprend cette affirmation étonnante : « La Brigade des stupéfiants confirme ! »

La presse a joué un rôle ambigu. Plusieurs périodiques ont repris tel quel le tract, même si un rectificatif était ensuite publié : par exemple *La Libre Belgique* (3-4 septembre 1988), *Profils médico-sociaux* (29 septembre 1988), *Enfants Magazine* (août 1988). Si la presse a contribué à éteindre la rumeur, c'est moins par des démentis que par la publication d'informations spectaculaires qui ont fonctionné comme « contre-rumeur » : certaines sont inexactes – le tract serait un canular d'étudiants en médecine ou une manœuvre politique de l'extrême droite –, d'autres sont exactes – ainsi la liste des notables et des administrations qui se sont fait piéger. On remplaçait ainsi dans l'opinion une image positive par une image négative : le diffuseur du tract n'était plus considéré comme une personne bien informée, soucieuse de prévention, mais comme un individu naïf ou un mauvais plaisant ou, pis, un manipulateur politique.

La vraisemblance du contenu du tract et ses « authentifications » par des administrations ne suffisent pas à expliquer son succès aux États-Unis puis dans les pays occidentaux. La légende des décalcomanies au LSD s'est largement répandue parce qu'elle s'appuie sur un imaginaire de la peur.

Une thématique de la peur

En premier lieu, on retrouve dans ce tract un thème commun à de nombreuses rumeurs et légendes : celui du quotidien piégé. Sa structure est simple : derrière le banal, l'anodin, se cache une menace ou un danger. L'effet est d'autant plus spectaculaire que les deux termes juxtaposés appartiennent à des univers de significations opposés. Par exemple les cabines d'essayage truquées pour la traite des Blanches, les yuccas dissimulant des mygales, les hamburgers confectionnés avec des vers de terre, le plat exotique à base de viande de rat, etc. La juxtaposition de l'univers enfantin (Mickey, les étoiles, les papillons, les clowns) avec celui de la drogue (le LSD, le voyage fatal) crée un contraste saisissant entre l'innocence et la perversion, le merveilleux et l'horrible. Ces deux univers ont une frontière commune, créée par l'ambiguïté des signes : les étoiles de Mickey apprenti sorcier ou des images Blue Star évoquent la féerie, mais aussi les hallucinations ; les tatouages évoquent un jeu d'enfant, mais aussi la délinquance.

La période de première diffusion du tract en France, en 1988, coïncide avec un climat exacerbé de peur de la drogue. « Pas de semaine sans overdose d'héroïne ou saisie de cocaïne », pouvait-on lire dans le magazine *Femme actuelle* (27 juin 1988). Les deux comportements jugés par les Français comme étant les plus condamnables étaient alors « vendre des drogues » (98 % des personnes interrogées) et « exploiter des enfants » (97 %) (Sofres-*Actuel*, mai 1986). Or on retrouve précisément ces deux éléments dans la rumeur des décalcomanies au LSD. Jean-Pierre Ettori-Baizieux a montré, dans un article de *Sociétés* (20, 1988), que les peurs concernant la drogue renvoient très exactement aux peurs collectives : la drogue dégrade la santé (pollution industrielle et urbaine) ; la drogue entraînc une désinsertion scolaire, une baisse de rentabilité professionnelle (baisse du niveau scolaire et crise économique) ; la drogue touche la jeunesse (révolte des jeunes) ; la drogue mène à la délinquance (montée de l'insécurité). Sa diabolisation explique la description des symptômes dans diverses variantes du tract : le changement brusque d'humeur, les visions et le rire incontrôlé sont des signes qui permettaient autrefois aux exorcistes de reconnaître les possédés. Selon des policiers canadiens, l'un des relais importants de la diffusion du tract semble avoir été une secte fondamentaliste protestante de Chicago, pour laquelle la lutte contre le sexe, la drogue, la délinquance, etc. est le combat du Christ contre Satan.

Le fait que la drogue mise en cause dans la rumeur soit le LSD et non le haschisch ou l'héroïne n'est pas indifférent. Dans l'opinion publique, le LSD est la drogue qui rend fou, et guérir l'esprit est souvent plus difficile que guérir le corps. C'est la drogue des étudiants contestataires, utopistes et libertaires des années soixante. En 1966, un homme politique américain n'hésitait pas à déclarer que le LSD était « le plus grand fléau qui menace le pays [aujourd'hui] et bien plus dangereux que la guerre du Viêt-nam ».

Les craintes que l'enfant ne devienne un drogué, un délinquant, un fou, un contestataire traduisent une même peur de la perte d'autorité des parents sur leurs enfants. D'autres rumeurs et légendes contemporaines expriment cette peur : l'histoire de traite des Blanches à Orléans mettait en cause le goût des jeunes filles pour les vêtements aguichants vendus dans les boutiques de mode ; la rumeur des bonbons Space Dust qui explosent dans l'estomac protestait contre l'attrait qu'éprouvent les enfants pour les confiseries, au détriment d'une alimentation saine. Le flou entourant la dénomination des images incriminées – timbres, tatouages, décalcomanies – traduit le désarroi et l'incompréhension des parents devant l'invasion d'images de toutes sortes – images souvent jugées laides par les adultes – que les enfants rapportent à la maison.

La légende exploite aussi le thème du séducteur maléfique, qui s'attaque aux innocents. Certaines variantes du tract parlent d'adolescents qui donneraient de la drogue aux enfants pour s'amuser de leurs réactions. C'est la version noire de la coutume des banquets familiaux où les adultes font boire un peu d'alcool aux enfants pour rire de leur légère ivresse. Ici, le fournisseur de décalcomanies au LSD rejoint le pervers sexuel et le voleur d'enfants sur la liste des individus suspects qui rôdent autour des écoles et contre lesquels on met en garde les enfants, en leur recommandant de ne pas accepter de friandises offertes par des inconnus. Bill Ellis rappelle fort justement que le motif du « cadeau empoisonné » – par exemple la pomme que la sorcière offre à Blanche-Neige – est fréquent dans la littérature folklorique.

Enfin, la peur de l'étranger s'est ajoutée aux autres peurs qu'évoque la rumeur dès que celle-ci eut franchi les frontières des États-Unis. Comme les plantes exotiques cachant des mygales ou les ours en peluche fabriqués à Taiwan et qui contiendraient des serpents, les décalcomanies au LSD sont le « cheval de Troie » d'une contamination étrangère. Beaucoup de maux de nos sociétés sont attribués aux étrangers : terrorisme, drogue, épidémies. En juxtaposant le monde merveilleux de Walt Disney et l'enfer de la drogue, le tract donne aux Européens une double image, positive et négative, correspondant à celle qu'ils se font de l'Amérique, pays de rêve mais aussi pays de cauchemar et de la violence urbaine.

J.-B.R.

Bibliographie

Jan Harold Brunvand, *The Choking Doberman,* 1984, p. 162-169 et 174.

–, *Curses ! Broiled Again,* 1989, p. 55-64.

Bill Ellis, « Mickey Mouse LSD tattoos : a study in emergence », *Foaftale News,* 14, juin 1989, p. 3-4.

Joseph Hadjian (dir.), *Le Syndrome de la rumeur : des lycéens enquêtent,* Pierrelatte, lycée Gustave-Jaume, 1989.

Jean-Noël Kapferer, « Le contrôle des rumeurs : expériences et réflexions sur le démenti », *Communications,* 52, 1990, p. 99-118.

Hal Morgan *et alii, Vraies ou fausses ? Les rumeurs,* 1988, p. 53.

Jean-Bruno Renard, « Les décalcomanies au LSD : un cas limite de rumeur de contamination », *Communications,* 52, 1990, p. 11-50.

Les maniaques urbains

Les prises en charge, par un public citadin, d'attaques de maniaques urbains – faits divers inquiétants ou dramatiques et déclenchant passions ou paniques – nous permettent de mieux comprendre l'éclosion des rumeurs et des légendes contemporaines.

Ces occurrences s'échelonnent du léger au dramatique et il semble que l'assaillant-mystère qui envoie dans les maisons d'un quartier des bouffées d'un gaz provoquant des malaises inexplicables, le piqueur ou le balafreur qui inflige aux passantes des coupures superficielles sans gravité soient bien loin du meurtrier qui précipite ses victimes sous le métro ou de l'assassin de l'ombre qui commet des meurtres gratuits, atroces et répétés. Cependant il s'agit, dans tous ces cas, d'attaques immotivées ou irrationnelles frappant au hasard. Chacun dans la ville est donc une victime potentielle.

Parfois, l'assaillant fantôme est à peine perceptible. Ainsi, c'est un micro-incident qu'a analysé en 1945 Donald Johnson dans un article très connu en psychologie sociale, peut-être en raison du caractère rassurant de son analyse réductrice. Il s'agit bien d'un fait minuscule : dans la petite ville américaine de Mattoon, dans l'Illinois (16 000 habitants, 98 % de natifs), du 1er au 12 septembre 1944, la police reçoit 20 coups de téléphone d'habitants affirmant avoir été aspergés par un mystérieux assaillant d'un gaz qui a occasionné des palpitations et des malaises. L'analyse est réductrice : interviewant, un mois plus tard, 29 personnes ayant éprouvé des symptômes, l'auteur remarque qu'il s'agit surtout de femmes jeunes, peu éduquées, et conclut que l'hystérie et les gros titres sensationnalistes de la presse locale (le 1er : « Anesthetic prowler on loose », « Le rôdeur à l'anesthésique est lâché » ; le 5 : « Mad anesthetist strikes again », « L'anesthésiste fou frappe à nouveau ») suffisent à rendre compte de cette mini-épidémie. L'interprétation dramatique d'une attaque d'hystérie ressentie par la première plaignante – le phénomène est, nous assure l'auteur, courant et chaque médecin le connaît – a entraîné une « histoire excitante sans critique » dans le journal local, puis les attaques ont fait boule de neige. Cependant, les aspects bizarres qui avaient saisi l'imagination collective ont rapidement semblé ridicules, l'histoire dramatique s'est révélée évanescente, l'absence de faits tangibles recueillis par la police ou les patrouilles de volontaires arpentant la ville a suscité le scepticisme. Celui-ci s'est répandu et le mois suivant, la police a reçu moins de coups de téléphone dénonçant la présence de rôdeurs. Tout semble donc simple, et Johnson referme son analyse en soulignant la différence existant entre les personnes touchées et le reste de la population : ces phénomènes bizarres sont limités à une minorité impressionnable et ne nous concernent guère, peut-on lire dans sa conclusion rassurante. Les patrouilles de volontaires ? Elles ne sont évoquées qu'au détour d'une phrase et nous ne connaîtrons pas leur composition sociale.

Le « monstre » qui terrorisa la grande ville de Londres de 1788 à 1790 existait bel et bien. Ou plutôt, ce rôle échut à un Gallois âgé de vingt-trois ans, fabricant de fleurs artificielles et ancien danseur, William Renwick, arrêté le 13 juin 1790 et condamné à séjourner six ans dans la geôle de Newgate. Le « monstre » avait outragé la ville avec une série d'attaques vexatoires mineures contre des femmes qu'il renversait sur le pas de leur porte avant de leur porter des coups de pointe aux cuisses et aux fesses. L'une des victimes eut les cheveux coupés et attachés au heurtoir de sa porte. La ville était en émoi. Une récompense importante, de 50 puis de 70 livres, fut offerte par un riche Londonien, les habitants du quartier de Saint-Pancras formèrent des patrouilles le soir, les caricaturistes se délectèrent à peindre les jupons de cuivre proposés aux dames par d'ingénieux commerçants.

À Paris, trente ans plus tard, c'est à cinq ans d'emprisonnement et 500 francs d'amende que fut condamné, le 1er février 1820, « un repris de justice, Auguste Marie Bizeul, garçon tailleur rue Croix-des-Petits-Champs, trente-cinq ans, accusé d'avoir piqué quatre demoiselles ». Cette arrestation était la bienvenue, car depuis les deux attaques aux Tuileries et au Palais-Royal et le communiqué de la préfecture de Police à la presse le 3 décembre 1818, aucun succès dans la lutte contre « les piqueurs parisiens » n'avait été enregistré (Romi, 1962). « Un particulier, dont on n'a pu se procurer le signalement que d'une manière imparfaite, se fait, depuis quelque temps, un plaisir cruel de piquer par-derrière, soit avec un poinçon, soit avec une aiguille fixée au bout d'une canne ou d'un parapluie, les jeunes personnes de quinze à vingt ans que le hasard lui fait rencontrer dans les rues », lisait-on dans le communiqué préfectoral. Ceci en dépit des efforts de la police, qui avait engagé des prostituées appâts qu'elle avait promenées dans les jardins où sévissait l'assaillant. Sujet de complaintes, de romances et de chansons, la présence des piqueurs

– car il y avait des attaques simultanées, preuve qu'il ne s'agissait pas d'un seul assaillant – mobilisa pharmaciens et armuriers qui proposaient des pommades curatives et des cuirasses préventives. Elle se prolongea après la condamnation de Bizeul, et des incidents furent encore signalés en 1821.

De notre temps, des parapluies à bout empoisonné ont été utilisés comme armes mortelles par des services d'espionnage. Ainsi, à Paris et à Londres, en 1978, deux dissidents bulgares furent tués par des parapluies dont la pointe avait été enduite de cyanure. L'épidémie de sida suscite tout un ensemble de récits et de faits s'en inspirant, qui mettent en scène des « transmetteurs sexuels » (voir *l'os de rat**) et de dangereux assaillants. Un peu partout, à Los Angeles, Vienne, Alger, on parle de piqueurs aux seringues contaminées – souvent par leur propre sang – dont la présence terrorise la ville. Parfois, leurs actes semblent gratuits, ils ne sont pas revendiqués : des gens se font piquer dans le métro et interprètent cette attaque comme une tentative d'inoculation du sida. Ainsi, à Vienne en 1991 (Schneider). Parfois, la seringue dangereuse remplace le revolver dans l'attaque à main armée, et l'assaillant menace : « La bourse ou le sida » (*Give me your money, or I'll give you Aids*). Ainsi à Alger en août, et en Californie au début de 1992.

Un schéma plus dramatique caractérise, de novembre 1982 à janvier 1983, à Paris, la série meurtrière des pousseurs du métro : il y eut six morts et une dizaine d'arrestations de vagabonds qui, pour la plupart, furent jugés irresponsables. La série souleva une émotion d'autant plus considérable que ces actes de violence apparaissaient immotivés. Aucun lien n'unissait les agresseurs et leurs victimes. C'était le hasard seul qui les avait mis en présence, et chacun se sentait concerné, une victime potentielle.

À Londres, en 1987, un pousseur de métro isolé fut jugé. Ce cas réel se coulait dans le moule de récits notés par Michael Goss en 1985 sur le « maniaque des quais ». Les récits, qu'aucun élément objectif ne confirmait à l'époque, présentaient un personnage attaquant au hasard dans le métro, mû par une agressivité gratuite : « Il fait ça parce que c'est un maniaque. » Les récits affirmaient que la police et la compagnie des transports londoniens étaient au courant de ses tristes exploits, lesquels entraînaient de nombreux décès présentés comme accidentels, mais ne faisaient rien, car reconnaître son existence aurait démontré leur incompétence et poussé d'autres maniaques à tuer à leur tour.

> Le maniaque des quais est un précipité d'angoisse, un personnage à travers lequel s'exprime une peur persistante des inconnus, de la folie, de la violence personnelle, des dangers du voyage et du noir ; il donne vie à ces peurs en les incarnant dans une histoire à faire frémir, qui se base sur notre reconnaissance de la réalité de la violence dans le métro et de l'existence de tueurs. Cet équilibre réel-irréel est un aspect central du thème du maniaque urbain. [...] Parfois, ces rumeurs et légendes de maniaques ou d'assaillants mystères sont porteuses de messages plus généraux, profonds, sérieux : elles peuvent transmettre des tensions et des insatisfactions diffuses dans la ville et donner corps aux peurs de notre temps. Les légendes de maniaques présentent les gens – c'est-à-dire nous – en les opposant à la pire irrationalité.
>
> (Goss, 1990, p. 95.)

Vers la même date, à Paris, couraient des histoires d'agresseurs du métro coupeurs de doigts, surpris et trahis par un détail révélateur sanglant lorsqu'ils s'échappaient avec le doigt coupé cerclé de précieuses bagues. Une version aggravée parlait même d'un Noir cannibale, dont la valise, nous l'avons vu, s'ouvrait accidentellement dans le métro en laissant échapper une main humaine (Meurger, 1988). On trouvait dans ces récits d'angoisse, qui coïncidaient avec l'inquiétude soulevée par les meurtres inexpliqués de vieilles dames dans le XVIIIe arrondissement, une variation sur un thème légendaire ancien très utilisé par la littérature de colportage, la ballade et le feuilleton : l'histoire du commerce de chair humaine au cœur de la cité (voir *le cannibalisme involontaire* *). Le souvenir de tels faits légendaires marque la géographie de la ville tant qu'il peut survivre aux lieux eux-mêmes. Ainsi, les figures inquiétantes de la rue des Marmousets figurent encore dans de nombreux guides des rues de Paris, bien que la rue des Marmousets dans l'île de la Cité, théâtre de leurs exploits, ait disparu au début du XIXe siècle, à la création de l'Hôtel-Dieu. Il existe encore à Paris une rue de ce nom, mais elle est située dans le quartier des Gobelins.

L'assaillant-mystère peut être responsable de faits majeurs. Ainsi, huit meurtres, commis à Creil de 1969 à 1976 par un tueur de l'ombre, provoquèrent dans la ville et la région tout un processus de rumeurs étudié par les ethnologues Carmen Bernand et Françoise Reumaux. La vie des victimes – surtout des femmes – était passée au crible, salie. La rumeur découvrait des secrets inavouables qui permettaient d'expliquer les meurtres et détournaient le danger des gens « normaux » et « bien », lesquels répandaient ces interprétations. Mais surtout, toute une mythologie se construisit autour de l'insaisissable assassin. On affirmait qu'il s'agissait d'un notable protégé par les autorités. Ce discours permettait aux habitants de la cité ouvrière d'exprimer une hostilité jusque-là refoulée à l'égard des couches sociales élevées comme des autorités qui se révélaient incompétentes et complices. Quand l'enquête déboucha sur l'arrestation d'un ouvrier – il fit des aveux, se rétracta, fut jugé et condamné –, l'opinion refusa de l'accepter comme coupable. L'apparition d'un deuxième tueur sembla donner raison à la thèse du notable assassin défendue par la rumeur. Ce second coupable fut lui aussi arrêté : c'était un gendarme qui avait longtemps berné ses collègues. Considéré comme un irresponsable mental, il ne fut pas jugé et l'énigme de Creil resta sans conclusion, ce qui contribua à maintenir les rumeurs.

Le film de Fritz Lang, *M. le Maudit*, qui s'inspire du cas réel du « vampire de Düsseldorf » dans les années trente, montre bien l'ambiance dramatique d'une cité aux prises avec un assassin de l'ombre, tueur non plus de femmes mais d'enfants, et l'intense mobilisation collective que suscitent de tels faits. Fritz Lang a remarquablement montré combien cette mobilisation est proche du dérapage, de l'émeute, du lynchage irraisonné.

Le cas du « balafreur de Halifax » est moins dramatique, mais d'un grand intérêt pour analyser les mécanismes de la prise en charge d'incidents de violence immotivée par une communauté urbaine. Cet épisode se déroula en novembre 1938, pendant une quinzaine de jours. Une ville moyenne (98 000 habitants) du nord de l'Angleterre fut mobilisée contre un assaillant-mystère. L'épisode nous est connu par l'étude que lui a consacrée Michael Goss vingt-huit ans plus tard. Que s'est-il passé dans ce cas ?

Des faits apparemment isolés ont été montés en série par l'attente de l'opinion publique. Une mobilisation collective forte, bien supérieure à l'importance des attaques, a permis de satisfaire des désirs personnels et sociaux.

> Le maniaque est un stimulant. Soudain, grâce à lui, la vie devient plus imprévisible, plus urgente. Nous nous sentons, perversement, plus vivants et plus dynamiques. [...] À travers le maniaque, quelques élus deviennent momentanément plus importants, leurs noms ordinaires apparaissent dans les journaux, leurs paroles banales, jamais écoutées, sont citées pour un grand public. Ils sont dignes d'attention. Pour une fois ils se révèlent des individus, non plus de simples rouages de la machine : une ouvrière du textile, un gérant d'épicerie, un manutentionnaire du dépôt d'embouteillage. [...] L'assaillant mystère permet d'exprimer protestations et malaises. Des problèmes urbains acceptés comme inévitables ou complètement ignorés – le manque d'éclairage des rues, l'état décrépit de certains quartiers de la ville – devenaient soudain des pro-

blèmes critiques car le balafreur en tirait parti. [...] Cette revanche anarchique contre le milieu ambiant venait des créateurs du balafreur : ceux qui y croyaient et s'appuyaient sur lui pour exprimer leur désir de rébellion et leur propre désir de puissance.

(Goss, 1987, p. 39-40.)

Cette création collective si satisfaisante n'était cependant... qu'une création. Après dix jours d'incidents, d'investigations infructueuses et d'intense mobilisation collective, l'arrivée de Scotland Yard donna à l'enquête un tour nouveau. Reprenant les témoignages, la police londonienne conclut à l'hystérie collective et il apparut que bien des victimes s'étaient de fait blessées elles-mêmes. Sur 13 plaignantes, 6 furent poursuivies devant la justice et certaines condamnées à un mois de prison ferme. Cependant, l'explication de l'hystérie collective, commode, est loin de tout résoudre : il y a eu sûrement des attaques simulées ; mais l'étude détaillée de Goss montre que de véritables attaques nocturnes ont eu lieu simultanément. De plus, l'inquiétude engendrée par des meurtres inexpliqués (d'une jeune femme, puis d'un enfant) survenus dans des localités voisines a joué un rôle important dans la genèse de cette panique collective. Par la suite, l'affaire devint un sujet de moquerie dans la région, et les habitants de Halifax se virent traiter de balafreurs.

Comparant le cas de Halifax avec d'autres séries d'assaillants-mystères mineurs terrorisant des cités, Michael Goss dégage l'importante notion du cycle d'agitation collective ou *flap* :

Chacune [de ces séries] présente un thème à peu près identique : des attaques au hasard dans un environnement urbain, généralement irrésolues, faites par des perpétrateurs que l'on présume fous, conduisant à une inquiétude généralisée. Peu de succès de la police, des actions de milices spontanées et, finalement, des explications et des solutions qui, bien qu'acceptées comme convaincantes à l'époque, semblent de nos jours bien peu cohérentes. [...] Bien des assaillants-mystères, quelle que soit leur histoire réelle, sont devenus des figures de légende : c'est le cas de Jack l'Éventreur.

Ces séries s'inscrivent dans une catégorie beaucoup plus générale, le phénomène psychosocial du *flap*. Un *flap* est une explosion d'agitation soudaine et dramatique centrée sur un événement anormal et peut-être menaçant qui en entraîne d'autres lui ressemblant. Le *flap* se caractérise par une excitation intense du public et des médias pendant laquelle un certain nombre de faits distincts se rejoignent en un cycle ou une série, le tout étant plus impressionnant (convaincant, crédible) que les parties. Le thème d'un *flap* peut être un aspect du paranormal : ovnis, fantômes, sorcellerie ou lycanthropie. Il peut également concerner une menace plus tangible, un animal sauvage échappé ou un mystérieux attaquant psychopathe.

Le *flap* est dominé, et en un sens nourri, par l'escalade des événements. Le premier rapport en inspire d'autres, analogues, des témoins se présentant pour affirmer qu'ils ont éprouvé personnellement le phénomène. Les rapports deviennent de plus en plus bizarres, violents, dérangeants. Ils se diversifient et s'étendent à des lieux plus lointains. Excitation et couverture des médias augmentent de concert et l'irrationalité gagne.

L'émergence de milices est une phase clef dans un *flap*. Autoproclamées et/ou acceptées par les autorités, elles entrent en scène pour accomplir ce qu'elles considèrent comme un devoir public négligé par les instances normales. Bien que les milices organisent des tours de garde et des patrouilles, il arrive qu'elles versent dans l'illégalité et se transforment en une foule émeutière de lyncheurs.

Puis, juste au moment où le *flap* semble avoir atteint un point où l'anarchie et l'illégalité semblent fatales et irréversibles, tout s'arrête. [...] À ce stade, le phénomène, quelque vraisemblable qu'il ait pu apparaître tout d'abord, n'est plus crédible. On peut soupçonner cependant que le « dégonflement » du *flap* doit autant à l'ennui qu'il cause désormais aux participants qu'à un processus rationnel quelconque. [...] L'explication officielle suggérant que tout est résolu donne aux participants des justifications solides et bienvenues pour ne plus se préoccuper de résoudre ce qu'ils ont contribué à créer.

(Goss, 1990, p. 99-100.)

Un autre aspect important du processus d'émergence des légendes, qui apparaît dans les cas de maniaques urbains, est le rôle du fantasme dans la construction de la réalité, et particulièrement de ces déviations du cours ordonné des choses que constituent les anomalies et les faits divers : « Ce n'est pas la réalité qui dépasse la fiction, mais la fiction, les exigences de l'imaginaire qui découpent et articulent les occurrences de manière parfois à les constituer en rêves dotés de l'alibi de la réalité » (Auclair, 1970, p. 98). Le fantasme est toujours présent dans les constructions du réel, et si le comportement du maniaque urbain fascine, c'est qu'il passe à l'acte et réalise des fantasmes sadiques et fétichistes très répandus. Piquer des fesses, balafrer des mollets, couper des nattes, voilà des obsessions sexuelles presque banales que le maniaque urbain pervers satisfait par procuration, allant parfois jusqu'au meurtre. Dans sa relation des faits, la presse « incite les meurtriers potentiels en même temps qu'elle met en garde les victimes latentes » (Gayda, 1985). Son rôle est donc ambigu.

D'autres incidents, qui se développent dans un climat d'hostilité raciale, mettent en scène des assaillants s'attaquant à des couches spécifiques de la population, des enfants ou des bandes d'adolescents *(le monstre aux dents de fer *)*.

Bien que la portée et le cadre – ici urbain, là rural – soient tout autres, on n'est pas très éloigné des émois saisissant les campagnes à l'apparition d'un *félin-mystère* *. Dans les deux cas, il n'y a pas de légende, mais un scénario d'interprétation dont les grandes lignes demeurent stables et qui s'incarne en s'adaptant à diverses conditions locales.

V. C.-V.

BIBLIOGRAPHIE

Georges AUCLAIR, *Le Mana quotidien. Structures et fonctions de la chronique des faits divers*, Paris, Anthropos, 1970.

Carmen BERNAND, « L'ombre du tueur. Réflexio pologiques sur une rumeur », *Communication* p. 165-185.

M. GAYDA *et alii*, « Les pousseurs du métro », *médecine légale. Droit médical*, 28, 1, 1985, p

Michael GOSS, *The Halifax Slasher. An Urba the North of England*, Londres, Fortean Tim Times Occasional paper n° 3), 1987.

– « The Halifax slasher and other "urban man *in* Gillian Bennett et Paul Smith (eds), *A Ne Perspectives on Contemporary Legend*, V Sheffield Academic Press, 1990, p. 89-112.

Donald M. JOHNSON, « The "phantom ane Mattoon : a field study of mass hysteri E. Swanson, T.M. Newcomb et Eugene (eds), *Readings in Social Psychology*, New 1952 [1945], p. 208-219.

Nahum Z. MEDALIA et Otto N. LARSEN, « D belief in a collective delusion : the Seattl pitting epidemic », *American Sociological* 1958, p. 180-186. (Cette analyse, moins rédu sur une illusion collective liée à l'inquiétu par la population lors des expériences de l

Michel MEURGER, *De l'ogre noir au rat blanc. mentaire dans la rumeur*, Paris, Pogonip, 1

Françoise REUMAUX, « L'aventure du héros *Cahiers de littérature orale*, 15, 1984, p. 61-

ROMI, *Histoire des faits divers*, Paris, Pon (« Les piqueurs parisiens », p. 55).

Ingo SCHNEIDER, « Geschichten über AIDS. nis von Sage und Wirklichkeit », *Osterr schrift für Volkskunde*, 46-95, 1992, p. 1-2

La méprise tragique

> Entre ma paillasse et la planche du lit, j'avais trouvé, en effet, un vieux morceau de journal presque collé à l'étoffe ; jauni et transparent. Il relatait un fait divers dont le début manquait, mais qui avait dû se passer en Tchécoslovaquie. Un homme était parti d'un village tchèque pour faire fortune. Au bout de vingt-cinq ans, riche, il était revenu avec une femme et un enfant. Sa mère tenait un hôtel avec sa sœur dans son village natal. Pour les surprendre, il avait laissé sa femme et son enfant dans un autre établissement, était allé chez sa mère, qui ne l'avait pas reconnu quand il était entré. Par plaisanterie, il avait eu l'idée de prendre une chambre. Il avait montré son argent. Dans la nuit, sa mère et sa sœur l'avaient assassiné à coups de marteau pour le voler et avaient jeté son corps dans la rivière. Le matin, la femme était venue et avait révélé sans le savoir l'identité du voyageur. La mère s'était pendue. La sœur s'était jetée dans un puits. J'ai dû lire cette histoire des milliers de fois. D'un côté, elle était invraisemblable. D'un autre, elle était naturelle. De toute façon, je trouvais que le voyageur l'avait un peu mérité et qu'il ne faut jamais jouer.
>
> (Albert Camus, *L'Étranger*, 1942, p. 105.)

L'histoire relatée par Albert Camus dans ce style glacé qui marque son roman *L'Étranger* (histoire dont il tirera ensuite le sujet d'une pièce, *Le Malentendu*, jouée en 1944) est un thème folklorique ancien bien connu sous les appellations de méprise tragique ou fils assassiné.

Ce récit apparaît au XVIIe siècle dans des canards illustrés, ancêtres des journaux, qui relataient des « événements curieux et intéressants ».

> Histoire admirable et prodigieuse d'un père et d'une mère qui ont assassiné leur propre fils sans le cognoistre. Arrivée en la ville de Nismes en Languedoc, au mois d'octobre dernier, Paris 1618.
>
> (Seguin, 1959, p. 188.)

À travers de nombreuses variations, le récit, toujours présenté comme authentique et muni de nombreux effets de vérité, est au XVIIe siècle structuré de la manière suivante :

> Un drame à quatre personnages, survenu en 1618 en France, et une fois en 1649 en Cornouailles, et le plus souvent quelque part en Europe centrale, mettant en scène des parents aubergistes, un fils égorgé, une sœur toujours présente pour l'identifier et qui se termine par le suicide des coupables.
>
> (Kosko, 1966, p. 343.)

Au XVIIe siècle, le père joue le premier rôle en France ou en Angleterre ; il est parfois cupide, parfois bon mais endetté. En Europe centrale, c'est la mère qui tient le devant de la scène. Au XVIIIe siècle, le rôle du témoin est tenu par un personnage masculin, parrain ou oncle de la victime, et les coupables sont punis par la justice. Au XIXe siècle, les récits de faits divers et les livrets de colportage, mais aussi les contes, ballades et complaintes chantées, qui les transforment et les transmettent, donnent un rôle prééminent à la mère meurtrière, la sœur devenant sa complice et non plus le témoin sympathique.

La folkloriste d'origine polonaise Maria Kosko a consacré au thème du fils assassiné (qui porte dans la classification des contes d'Aarne et Thompson le numéro AT 939A) un gros ouvrage regroupant plus de 100 versions. Paru après le décès de son auteur en langue française dans une collection internationale, les *Folklore Fellows Communications*, cet ouvrage est demeuré largement méconnu. Ainsi, parlant des faits divers, le sociologue Georges Auclair évoque rapidement la méprise tragique comme un « fait divers interprétable comme la projection fantasmatique de la crainte inspirée par la “ mauvaise mère ” ». *Le Fils assassiné* a bien suscité un article (« Sur la production du récit populaire. À propos du Fils assassiné »), mais cet exercice d'application sémiotique paru en 1970 dans la revue *Arts et traditions populaires* se montra des plus sévères envers cet ouvrage : « *Le Fils assassiné* se présente comme une monographie sans théorie. » Maria Kosko recense les versions historiques des XVIIe et XVIIIe siècles, les contes, ballades et chansons du monde entier, les versions théâtrales du XVIIIe, mais aussi du XXe siècle (une vingtaine de pièces dont Albert Camus en 1944, Jean Cocteau et Darius Milhaud avec *Le Pauvre Matelot. Complainte en trois actes* en 1927). Sa bibliographie comporte plus de 14 pages. Il est impossible de rendre compte ici de sa totalité, mais une partie nous retiendra : celle qui présente l'incarnation en faits divers de ce thème aux XIXe et XXe siècles et a directement inspiré Albert Camus, lequel ignorait complètement l'aspect folklorique de cette histoire et affirmait la tenir de la presse.

> L'historien Jean-Pierre Seguin, auteur d'un ouvrage sur les *Nouvelles à sensation. Canards du XIXe siècle*, avait en effet écrit à Albert Camus pour lui signaler la coïncidence du fait divers lu par *L'Étranger* avec le thème de la méprise tragique et pour lui demander sa source. Camus se souvenait seulement d'avoir lu le fait divers dont il s'était inspiré « dans un journal d'Alger, il y a plus de vingt ans [...]. Il faisait particulièrement chaud, ce qui me fait supposer que nous étions en été, saison, comme vous le savez, propice au serpent de mer ».

En effet, on voit à l'œuvre dans ces faits divers les procédés d'effets de vérité, les cas d'incarnation de thèmes légendaires dans le réel ou les occurrences de faits exceptionnels réels mais racontés et retenus selon un schéma narratif préétabli qui caractérisent bien des légendes et récits présentés ici.

De 1808 à 1930, Maria Kosko note 9 récits de faits divers, situés pour la plupart en Europe de l'Est, où l'on retrouve la structure de l'histoire relatée par Camus. Elle a même très probablement retrouvé le fait divers dont celui-ci s'est inspiré : publiée le 6 janvier 1935 dans le *New York Times*, puis reprise par la presse à scandales Hearst à la fin de février, l'histoire était porteuse d'un préambule poétique.

> Du fond des collines nous arrive l'histoire d'une tragédie familiale qui évoque l'œuvre d'un romancier russe. À Oravitsa, une mère et sa fille tuèrent et dévalisèrent dans leur auberge un étranger – sans savoir qu'il était leur fils et frère...
>
> Mère et sœur enterraient le corps sans découvrir son identité jusqu'à ce que l'épouse de la victime vienne s'enquérir de son sort. Alors la mère se pendait, la fille se jetait dans le puits.
>
> (*Time*, 4 mars 1935, p. 44.)

C'est avec ironie que le magazine *Time* présentait cette histoire. En effet, deux mois plus tôt, il avait déjà dénoncé avec malice l'arrivée dans les colonnes du *New York Times* de ce canard éternel, situé lui aussi en Yougoslavie, mais auquel faisaient écho des publications de 1931 situant la tragédie en Pologne. La dénonciation provenait du talentueux chroniqueur américain Alexander Woolcott, auteur dans les années trente de recueils d'anecdotes où l'on retrouve de nombreuses légendes contemporaines dont il a reconnu la spécificité, bien que l'existence de celles-ci ne fût pas alors reconnue par les folkloristes. Woolcott s'étonnait de l'inculture extraordinaire de ses collègues.

> Ce qui m'intrigue, c'est que ces histoires qui voyagent sans cesse autour du monde peuvent apparemment compter dans chaque salle de rédaction sur quelqu'un qui ne les avait pas encore entendues. Cet aspect folklorique a toujours fasciné

Valentine Williams, le journaliste anglais auteur de romans noirs et amateur de ces fables. Depuis un quart de siècle, il [est] particulièrement agacé de voir répétée dans les journaux de toute l'Europe une histoire [...] qui pouvait être identifiée sous l'étiquette « le retour de l'étranger » [...]. Il s'agit du ressortissant de quelque pays de l'Europe de l'Est revenant d'Amérique après de longues années, les poches remplies d'or; il demande à passer la nuit chez de vieux paysans avares qui s'empressent de le tuer pour avoir son argent et trouvent ensuite dans ses papiers la preuve qu'ils ont assassiné leur propre fils. [...] Chaque fois l'histoire était publiée comme étant arrivée la nuit précédente, et chaque fois apparemment de bonne foi. Chaque fois aussi, il avait l'impression qu'elle lui avait été envoyée par quelque correspondant lointain, de bonne foi lui aussi, un correspondant crédule qui serait capable d'avaler tout entière l'histoire de la « Dame blanche » ou de la « triple prémonition » si quelqu'un dans une taverne devait la lui conter.

(Alexander Woolcott, « Folklore », *New Yorker*, 12 décembre 1931, p. 36, cité par Kosko, 1966, p. 263.)

Mais bien plus tôt, le caractère récurrent de ce pseudo-fait divers avait frappé les observateurs. Maria Kosko cite une talentueuse dénonciation humoristique tchèque de 1880.

Nous autres, journalistes, sommes des gens malins. Nous avons une réserve d'histoires qui nous aide d'une année à l'autre, dans les moments difficiles. [...] Nous avons le fils disparu, absent de longues années à l'étranger, qui revient et demande à ses parents un logement pour la nuit et que sa propre mère (l'année suivante son père) égorge pour son argent. Nous avons ce fossoyeur qui enferme son enfant en pénitence dans la morgue pour la nuit et le retrouve roué de coups et piétiné. Nous avons la meunière héroïque qui, étant attaquée par une bande de brigands, se tient avec une hache sur le pas de sa porte et les tue l'un après l'autre à mesure qu'ils s'enfilent dans un couloir souterrain – une très belle histoire celle-là. Nous avons les 208 candidats pour le poste de bourreau à X., parmi lesquels « un coiffeur et un acteur ». [...] Mais cette année, nous sommes à court. Nous avons déjà égorgé le fils il y a quelques jours, envoyé le coiffeur et l'acteur à X., et l'année n'est pas près de finir. Dieu sait quel crime nous commettrons encore !

(Jean Neruda, « Dulezita Otazka », feuilleton de 1880 publié en volume, *Drobne Klepy*, Prague, 1892, p. 292, cité par Kosko, 1966, p. 262.)

Le thème de la méprise tragique était une complainte ou une ballade du temps des chanteurs de rue. Ainsi, sous le nom de *Liverpool Tragedy*, dans le Londres du XIXe siècle, c'était un morceau « particulièrement apprécié des mères », confia un de ces chanteurs au reporter Henry Mayhew, auteur d'un grand ouvrage sur les travaux et les pauvres de Londres. Ce récit de malentendu absurde qui nous met face aux jeux parfois diaboliques du hasard aveugle a gardé sa séduction comme fait divers retransmis par les téléscripteurs.

> Le fait divers est devenu pour le peuple des gratte-ciel ce que l' « exemple » était pour celui des cathédrales, un moyen de mieux comprendre la vie [...]. C'est dans le fait divers que les vérités transcendantes trouvent parfois un refuge. Cela n'est vrai que de certains faits divers, de ceux qui sont en réalité des paraboles sommeillant au sein de la tradition populaire, cela n'est vrai que des faux faits divers qui cherchent à prendre dans la mémoire la place d'événements vécus afin d'en dégager le sens en traits frappants et immuables.
>
> Il s'agit, dans la grande famille des contes, d'un groupe distinct de récits réalistes dont le caractère saillant est la prétention à l'authenticité historique, comme si leur but [...] était bien de mystifier, de faire accepter comme fait réel une série d'épisodes agencés en vue de leur signification symbolique, de faire passer pour accidentel ce qui est une construction de l'esprit. [Ces récits réalistes] existent à l'état latent [...]. Ils s'épanouissent soudain [...] puis disparaissent pour renaître encore, jusqu'à ce que soit épuisé, avec leur charge symbolique, le crédit qui en dépendait. Certaines époques plus que d'autres en favorisent l'apparition et, paradoxalement, ce sont celles où le sens critique, le mépris des légendes et le souci de la vérité historique semblent exclure tout danger de mystification.
>
> (Kosko, 1966, p. 349-350).

> En passant d'une circulation paysanne locale à une circulation nationale – ou plutôt mondiale – parmi les groupes de presse, l'histoire – jusque-là mi-information mi-folklore comme le *corrido* mexicain – devient dépêche. Sa carrière, commencée voilà bien longtemps, prend sa source dans la littérature, tandis que ses phases ultérieures montrent l'information devenant savoir populaire.
>
> (MacGill Hughes, 1940, p. 197.)

Depuis les années quarante, cependant, le récit de la méprise tragique semble avoir disparu. La version voisine que présente dans les années soixante-dix *le jeune dévoyé et le dîner en ville* * fait de la victime un coupable et justifie l'acte meurtrier, ce qui change complètement la signification symbolique du récit. Dans les deux cas, la reconnaissance des liens réels unissant les acteurs demeure cependant le nœud central de la narration.

V. C.-V.

BIBLIOGRAPHIE

Georges AUCLAIR, *Le Mana quotidien. Structures et fonctions de la chronique des faits divers*, Paris, Anthropos, coll. « Sociologie et connaissance », 1970.

Daniel FABRE et Jacques LACROIX, « Sur la production du récit populaire. À propos du fils assassiné », *Arts et traditions populaires*, 18, 1-2-3, janvier-septembre 1970, p. 91-140.

Maria KOSKO, *Le Fils assassiné (AT 939 A). Étude d'un thème légendaire*, Helsinki, Academia Scientarum Fennica, (Folklore Fellows Communications n° 198), 1966 ; voir la bibliographie p. 351-364.

Helen MACGILL HUGHES, *News and the Human Interest Story*, Londres, Transaction Books, 1980 [1940].

Henry MAYHEW, *London Labour and the London Poor*, Londres, 1861, t. I : *Liverpool Tragedy*, p. 222-223.

Jean-Pierre SEGUIN, *Nouvelles à sensation. Canards du XIXe siècle,* Paris, Armand Colin (Kiosque), 1959 ; voir « Méprise tragique », p. 187-190 et 206-207.

[illegible]

Lectures [illegible]

[illegible]

Le chat dans le four à micro-ondes

Un petit garçon qui joue seul dans son jardin asperge accidentellement le chat avec le jet d'eau du tuyau d'arrosage. L'animal est trempé et l'enfant craint de se faire gronder par ses parents. Il place alors le chat dans le four à micro-ondes pour le faire sécher. Hélas, l'animal explose.

(D'après Brunvand, 1981, p. 63.)

Une femme de Los Angeles possède un petit caniche auquel elle est très attachée et dont elle prend grand soin. En particulier, elle le baigne souvent afin que son poil soit toujours propre et parfumé. Un jour qu'elle va sortir, son animal chéri se salit plus que d'ordinaire. Vite, au bain ! Mais la femme est pressée et ne veut pas que son petit chien reste mouillé. Alors elle a une idée lumineuse : elle le met dans son tout nouveau four à micro-ondes, certaine qu'en peu de temps le toutou sera parfaitement sec. Mais quand elle rouvre la porte du four cinq minutes après, le caniche n'est pas seulement séché : il est aussi cuit, juste à point.

(D'après Carbone, 1990, p. 126-127.)

Souvent situées aux États-Unis, parfois aussi en Europe (Brednich, 1990), ces histoires sont aujourd'hui très largement connues et racontées dans tous les pays industrialisés. Les deux versions ci-dessus sont les plus fréquentes, mais il existe des variantes et des combinaisons diverses : la personne mise en scène est tantôt un enfant – parfois deux, souvent de sexe masculin –, tantôt une dame plus ou moins âgée ; l'animal est fréquemment un chat ou un petit chien, ou plus rarement un oiseau et même une tortue ; il est mouillé accidentellement (arrosage, chute dans la cuvette des toilettes) ou à la suite d'un bain ; enfin, la cuisson que subit la malheureuse bête est accompagnée ou non d'un éclatement et il arrive que le four soit mis hors d'usage.

Ces récits sont apparus au début des années 1970, lorsque les fours à micro-ondes commencèrent à être largement disponibles sur le marché. Il n'est pas impossible, bien qu'on n'en ait aucune preuve concrète, qu'un accident de ce type se soit réellement produit un jour. L'histoire paraît donc vraisemblable, d'autant plus que la personne mise en scène – enfant ou dame âgée – est peu familiarisée avec le four à micro-ondes. En revanche, la fréquence avec laquelle cette histoire est relatée comme authentique au travers de ses multiples variantes indique nettement que nous avons affaire à une légende contemporaine. L'histoire est retenue par la mentalité collective non parce qu'elle est vraie, mais parce qu'elle est exemplaire.

Une fois de plus, le premier et le plus évident des messages implicites de ces récits – comme de beaucoup d'autres légendes contemporaines – est qu'il faut se méfier des nouvelles techniques. Dans les années soixante circulaient déjà des histoires d'accidents causés à des animaux domestiques par les appareils ménagers : des chats ou des petits chiens s'introduisent dans des fours à gaz, des machines à laver le linge ou la vaisselle, des séchoirs à linge, et l'on met en marche ces appareils sans s'apercevoir de leur présence. Dans certaines variantes, c'est un enfant qui place volontairement – mais naïvement – son chat dans la machine à laver le linge pour le nettoyer. Le four à micro-ondes s'est substitué à la machine à laver ou au séchoir à linge dans des histoires plus récentes.

Le four à micro-ondes fonctionne à l'inverse du four traditionnel : la rapidité de la cuisson a remplacé la lenteur des plats qui mijotent ; les aliments chauffent de l'intérieur vers l'extérieur et non depuis la surface – qui devient dorée et croustillante – vers le cœur de l'aliment ; enfin, les ondes sont invisibles et imperceptibles, contrairement aux flammes ou aux plaques électriques chauffées. Croire que l'on peut sécher le poil d'un animal en le plaçant dans un four à micro-ondes traduit une méconnaissance de la technique utilisée. Comme le dit le mode d'emploi de ce four : « Pour tirer pleinement parti des micro-ondes, il faut d'abord oublier le four traditionnel puis se familiariser avec ce nouvel appareil. » Il y a des interdits : ne pas mettre de métal, ne pas faire cuire un œuf dans sa coquille ou des aliments avec leur peau (tomate, boudin) sans les piquer au préalable, sinon ils explosent. Les sociologues savent que les changements les plus difficiles sont ceux de la vie quotidienne. Les histoires d'accidents impliquant des fours à micro-ondes manifestent à la fois la résistance aux techniques nouvelles mais aussi à la cuisine nouvelle. La méfiance envers ces fours est une métonymie – le contenant étant pris pour le contenu – de la méfiance envers les habitudes culinaires modernes : les surgelés à réchauffer sont contestés au nom des plats traditionnels, mijotés ou rissolés.

Le deuxième message implicite de ces histoires, là encore, est qu'il y a une justice immanente : une faute commise est punie ici-bas. Ce thème moral appartient à la tradition des contes fantastiques anciens et modernes – comme ceux de Stephen King. Le petit garçon et la dame sont punis par la mort horrible de leur animal familier. De quelle faute sont-ils donc coupables ? Il ne s'agit pas tant de leur méconnaissance du fonctionnement du four que de leur comportement social. En effet, le petit garçon enfreint l'autorité parentale : il n'avait pas le droit de mouiller le chat et peut-être n'était-il pas non plus autorisé à manipuler le tuyau d'arrosage, ni même à jouer dans le jardin ! Pour cacher une ou plusieurs fautes vénielles, il va provoquer une catastrophe. Le psychanalyste ne manquera pas de souligner – *cum grano salis* – le symbolisme sexuel de l'histoire : un garçon (on ne trouve pratiquement pas de fille dans les variantes de ce récit) joue avec un tuyau d'arrosage (son pénis) et arrose (éjaculation) un chat (sexe féminin). D'un point de vue psychanalytique, la légende s'interprète donc comme la condamnation d'une sexualité prématurée. Toujours aussi symbolique, le chat qui gonfle et explose est le délicat épilogue de ce récit à la fois fantasmatique et moralisateur !

La dame au caniche n'est pas plus innocente. Ce n'est pas un hasard si, à travers les variantes de l'histoire, la désignation de la race du chien reste constante, que ce soit aux États-Unis, en France, en Allemagne ou en Italie. Il existe en effet des stéréotypes canins, qui se manifestent bien entendu dans les légendes contemporaines : le doberman est typiquement le chien de garde et de défense (voir *le doberman qui étouffe* *), tandis que le caniche est par excellence l'animal d'agrément et de compagnie. Plus encore, chaque type de chien est associé par la mentalité collective à un stéréotype social, celui de son propriétaire (Abdelhafid, 1985). Ainsi, les traits caractéristiques que l'on attribue au possesseur de caniche permettent de brosser le portrait suivant : « C'est une dame d'un certain âge – quarante-soixante ans – et assez aisée. Elle est superficielle, snob et coquette ; elle aime bien s'habiller, se maquiller, ce qui la rend élégante mais aussi un peu ridicule. Elle est hautaine et orgueilleuse : c'est une petite-bourgeoise. C'est une femme frivole qui veut se rajeunir » (Abdelhafid, 1985, p. 25).

Le comportement de la dame dans l'histoire du four à micro-ondes correspond assez bien à ce portrait. On imagine aisément qu'elle porte autant de soin à son apparence physique qu'à son caniche. Le verbe « bichonner », qui vient à l'esprit, signifie à la fois « friser le poil d'un petit chien » et « se parer avec coquetterie ». L'accident du four advient parce que la femme s'apprête à sortir et qu'elle ne veut pas paraître en public en compagnie d'un chien qui n'est pas « propre et parfumé », à l'image de l'impression qu'elle veut donner d'elle-même. L'histoire du caniche dans le four à micro-ondes peut donc aussi être lue comme une parabole condamnant la coquetterie et la frivolité.

En troisième lieu, ces récits sont la mise en scène d'une transgression alimentaire inconsciente. Ce qui différencie radicalement l'animal familier de tout autre animal, domestique ou sauvage, est qu'on ne doit pas le manger. Même les cultures comme celle de la Chine, où le chien est comestible, distinguent soigneusement les chiens de compagnie et les chiens engraissés à des fins culinaires. En recueillant ces récits, le folkloriste américain Keith Cunningham (1979) les a nommés *hot dog stories*, jouant sur les mots pour montrer la correspondance entre des aliments – le *hot dog*, pain fourré d'une saucisse chaude – et des chiens accidentellement passés au four. Certaines expressions des récits évoquent explicitement le plat cuisiné : le caniche était « cuit, juste à point ». La transgression atteint son degré maximal lorsqu'on suggère le cannibalisme : par exemple dans la légende de *la baby-sitter hippie et l'enfant rôti* *, dont une variante récente précise que le four est à micro-ondes.

On retrouvera aussi le four à micro-ondes dans les histoires présentant les effets nocifs des ondes sur le corps humain (voir *l'effet Gremlins* * et *la jeune femme cuite aux UVA* *).

J.-B. R.

Bibliographie

Nouri Abdelhafid, *Enquête sur les stéréotypes des maîtres (ses) de chiens et de leur style de vie*, mémoire de maîtrise de sociologie, Montpellier, université Paul-Valéry, 1985.

Rolf Wilhelm Brednich, *Die Spinne in der Yucca-Palme*, 1990, p. 110-112.

Jan Harold Brunvand, *The Vanishing Hitchhiker*, 1981, p. 62-65 et 72-73.

Maria Teresa Carbone, *99 leggende urbane*, 1990, p. 126-127.

Keith Cunningham, « Hot dog ! Another urban belief tale », *Southwest Folklore*, 3, hiver 1979, p. 27-28.

Le monstre aux dents de fer

Réels, collectifs ou imaginaires, les assaillants-mystères dont nous avons esquissé les apparitions en présentant les *maniaques urbains* * avaient ému de façon diffuse l'ensemble d'une collectivité. D'autres incidents analogues touchent des sous-groupes restreints de la cité contemporaine.

Parfois, on semble proche du surnaturel. Ainsi, en 1954, les enfants d'un quartier populaire de Glasgow sont-ils partis à la chasse au monstre ou vampire aux dents de fer. L'affaire écossaise a commencé par un article du journal local de Glasgow, *The Bulletin*, qui titrait :

> La police a dû disperser les chasseurs de « vampires ».
>
> Les habitants de Caledonia Road ont téléphoné hier soir à la police pour se plaindre du bruit fait par des centaines d'enfants qui avaient envahi le cimetière sud pour traquer et tuer un « vampire aux dents de fer ».
>
> Selon les enfants, le vampire avait tué et mangé « deux petits ».
>
> Les enfants venaient de tout Hutchesontown. Certains étaient si jeunes qu'ils marchaient à peine, mais la plupart étaient armés de bâtons ou de pierres afin de combattre.
>
> La chasse avait commencé peu après l'école, et les adultes ont remarqué un flot d'enfants se dirigeant vers le cimetière.

Les enfants ont escaladé les murs d'enceinte et fouillé le terrain dans leur quête du « vampire ». Puis leurs cris et hurlements ont monté, rendant toute conversation impossible dans le voisinage.

Alerté par des coups de téléphone, l'officier de police Alex Deeprose s'est rendu sur place. Il nous a déclaré ensuite : « J'ai eu l'impression d'être le joueur de flûte de Hamelin. J'étais entouré d'enfants de tailles et âges divers, parlant tous en même temps et me racontant l'histoire du “vampire aux dents de fer”. » [...]

À la tombée de la nuit, la chasse fut arrêtée par l'arrivée de la pluie.

On a noté la programmation d'un film d'horreur dans le quartier cette semaine.

(*The Bulletin*, Glasgow, 24 septembre 1954.)

Cette information insolite, qu'accompagnait une photographie de l'officier de police Deeprose, se prolongea car les enfants continuèrent leur quête l'après-midi suivant et *The Bulletin* du 25 septembre 1954 titrait : « Les chasseurs de vampires sortent à nouveau. » Cependant, dès le 27 septembre, le même journal déclarait : « Le vampire ne fait plus peur », et citait des enfants de Glasgow qui tournaient en dérision l'hypothèse de l'existence d'un vampire.

Trente ans plus tard, Sandy Hobbs et David Cornwell, deux chercheurs écossais s'intéressant aux légendes contemporaines, ont mené une enquête sur cette chasse au monstre aux dents de fer. Ils ont noté qu'à l'époque, les journaux locaux – d'information, mais surtout journaux d'opinion, catholiques et éducatifs – avaient blâmé les bandes dessinées d'épouvante, les *horror comics* que lisait un jeune public soumis de façon croissante à l'influence américaine. Ces dénonciations moralisantes accusaient la main de l'étranger d'avoir causé ce désordre et de semer le trouble dans de jeunes esprits. Cependant, il est apparu nettement que nul lien précis ne pouvait être établi entre les albums alors en vente à Glasgow et la thématique particulière de cette panique qui avait poussé des centaines d'enfants dans le cimetière sud. Néanmoins, une loi sur les publications destinées à la jeunesse était alors en discussion et le sujet de l'influence néfaste des bandes dessinées d'épouvante était d'actualité dans le monde des adultes.

Quels facteurs ont pu influencer les enfants d'Hutchesontown ? Les chercheurs ont fait remarquer qu'il s'agissait d'un des quartiers les plus pauvres et les plus surpeuplés de la ville de Glasgow, déjà célèbre pour ses poches de grande pauvreté. Ces enfants traînaient hors de chez eux le plus possible lorsque le temps le permettait, en été et au début de l'automne. Par ailleurs, informations et chroniques anxiogènes abondaient dans la presse populaire de Glasgow les jours précédant la chasse au monstre. Ainsi, dans la série « Incroyable mais vrai », une chronique du 28 août 1954 avait été consacrée à Gilles de Rais, tandis que le 30 août on y parlait du « monstre de Glamis » (un vampire qui hante toujours une pièce du château de ce nom). Deux meurtres irrésolus, celui d'un acteur homosexuel et celui d'un garçon de onze ans, suscitaient des discussions – allusives, car un traitement ouvert de ce type de sujet était alors impensable – sur les mauvais traitements faits aux enfants et l'homosexualité. Pour Hobbs et Cornwell, l'article du *Sunday Post* du 12 septembre 1954 affirmant que plus de 300 meurtriers impunis sévissaient en Grande-Bretagne fut un facteur anxiogène non négligeable. Un film d'horreur était bien joué dans le quartier; mais les enfants ne pouvaient le voir, puisqu'il était classé « adultes seulement » – il parlait de fourmis géantes envahissant la cité.

Cette histoire était cependant liée à une tradition locale. Dans leur quête, les chercheurs ont trouvé la trace de « Jenny aux dents de fer », figure née au début du XIXe siècle à partir d'un personnage réel, une vieille fille aux dents proéminentes cerclées de métal dont le jardin était régulièrement envahi par des bandes de garnements. Immortalisée dans une ballade en 1879, « Jenny aux dents de fer » était devenue la grande figure effrayante, semi-fantastique, dont on menaçait les enfants qui refusaient d'aller se coucher. Hobbs et Cornwell ont retrouvé la trace d'autres chasses enfantines à Glasgow, dans les années trente, puis soixante. Ils en ont conclu que la chasse au monstre aux dents de fer avait été la mise en œuvre active d'une tradition familiale et locale liée peut-être à une inquiétude diffuse dans le climat de la cité, mais non alimentée par les bandes dessinées d'épouvante. Les enfants de ce quartier pauvre ressourçaient leur identité collective par la résurgence active d'un récit à faire peur enraciné dans la géographie du voisinage.

Un climat de tension sociale et d'hostilité raciale dans une ville favorise l'apparition de récits à faire peur qui soudent un groupe d'adolescents. Souvent, ce récit coagule et nomme une angoisse diffuse en affirmant l'existence de bandes ennemies parées d'une ubiquité quasi surnaturelle. Ainsi, en juin 1980, tous les ghettos maghrébins de la banlieue parisienne sont secoués de rumeurs affirmant pendant plusieurs semaines la présence d'ennemis fascistes. Tout a commencé à Bondy, le 30 mai et le 2 juin, par deux incidents. Le vendredi 30 mai, vers 23 h 30, une quinzaine de jeunes en treillis d'allure militaire et rangers, au crâne rasé, attaquent cinq jeunes Maghrébins qui discutaient près d'un des deux immeubles de la petite cité Delattre. Un jeune Maghrébin reçoit dans le dos une blessure, faite au rasoir, qui a demandé cinquante points de suture. Le lundi 2 juin, vers 22 heures, six attaquants casqués lancent un cocktail Molotov dans le hall d'un immeuble de la cité. Ces incidents sont interprétés par la police comme le résultat d'un règlement de compte entre deux bandes rivales et par la population maghrébine comme une agression raciste. Bientôt apparaissent des récits affolants; les écoles sont désertées, la crainte gagne la population.

> Une vaste rumeur s'est étendue ces derniers jours à l'ensemble du département de Seine-Saint-Denis. Elle touche surtout les établissements scolaires. [...] Ici, on aurait retrouvé le corps d'un enfant étranger sauvagement découpé en morceaux. Là, une jeune fille maghrébine enceinte aurait été violée, puis éventrée. Ailleurs, des "fascistes à têtes rasées" auraient pénétré de force dans une école primaire, puis désigné deux gamins arabes qu'ils auraient enlevés et égorgés. Rampante, la rumeur s'est brusquement étendue à tout le département depuis le lundi 9 juin, choisissant pour s'épanouir le réseau scolaire. [...] Vendredi 13 juin, à Bobigny, le standard de l'inspection académique du département est submergé d'appels.
>
> (*Le Monde*, 15 juin 1980.)

Devant ces mouvements, les autorités multiplient les démentis. La version policière de l'incident originel est réaffirmée et gagne du terrain. Une manifestation antiraciste rassemblera 1 500 personnes à Bondy le 21 juin, mais tout retombera.

> Une rumeur ? Quelle rumeur ? Si la Seine-Saint-Denis a pu croire un instant, après les deux agressions racistes de Bondy, que des commandos allaient égorger les enfants à la sortie des écoles et découper les femmes en morceaux, aujourd'hui elle s'est ressaisie. [...] Aujourd'hui, dans les établissements scolaires, on joue pour rire aux fascistes comme on jouait hier à Goldorak, tandis que les cars de police font des rondes supplémentaires dans les cités de Bondy et d'ailleurs pour contrôler les Maghrébins qui, inquiets, ont été nombreux à s'armer.
>
> (*Le Monde*, 22-23 juin 1980.)

Rétrospectivement, ce bref épisode apparaît comme une première prise de conscience des jeunes immigrés, le prélude au mouvement d'organisation de 1984-1985 qui les vit se dénommer « beurs », adopter le badge « Touche pas à mon pote », et adhérer en masse à SOS-Racisme. En 1992, les figures menaçantes des *skinheads* hantent toujours les petites villes provinciales et les centres touristiques de taille moyenne, régulièrement secoués de brèves rumeurs prémonitoires annonçant, avec force détails rendant l'histoire immédiate et crédible, l'arrivée de commandos de casseurs. Cependant, ces rumeurs semblent avoir déserté les grands ensembles des banlieues. Au début des années quatre-vingt-dix, ce sont le rap et les graffiti, les jets de pierres, les rodéos automobiles, les incendies et les émeutes qui expriment, symboliquement et réellement, un malaise qui n'a fait que grandir depuis 1980.

Un incident récent a cependant touché des communes voisines de ces grands ensembles. En octobre 1990, à la suite d'un incident entre une jeune fille membre des Jeunesses communistes et des militants d'extrême droite, des rumeurs angoissantes envahissent les communes du sud-ouest de la banlieue lyonnaise. L'attaque est déformée et grossie, elle est présentée comme annonciatrice d'une série de méfaits analogues de *skinheads* qui veulent venger l'émeute récente de Vaulx-en-Velin (selon les milieux immigrés où la rumeur fonctionne). On affirme que la jeune fille agressée aurait été marquée au rasoir, le sourire de la mort sur une joue, la croix gammée sur l'autre. Deux mémoires universitaires (Courbier, Schohn) ont été consacrés à l'étude de la rumeur d'Oullins, vite retombée après que des articles du *Progrès* eurent relayé les démentis rassurants des autorités scolaires, policières et municipales.

Les récits londoniens concernant les Chelsea Smilers n'ont guère dépassé le stade de l'échange entre préadolescents. Ils nous sont connus grâce à l'enquête menée par le folkloriste Steve Roud dans les écoles voisines après que sa fille lui eut raconté l'histoire qui courait dans son école de Croydon, commune de la banlieue sud de Londres. Circulant en février et mars 1989, ces récits avaient sans doute eu comme origine un incident violent opposant deux élèves. Ils annonçaient comme très proche – ils donnaient une date précise, qui variait d'école en école bien sûr – la venue dans l'école de commandos de supporters du club de football de Chelsea. Ils allaient attaquer les enfants en leur posant des questions sur le club, puis leur couper les commissures des lèvres au rasoir ou au cutter après (détail atroce) les avoir frappés pour leur faire ouvrir grand la bouche en un cri de douleur et créer ainsi un rictus permanent.

On remarquera que les séries des banlieues de Lyon et de Londres décrivent toutes deux des mutilations du visage consécutives à des lacérations au rasoir ou au cutter et dessinant des marques symboliques : sourire de la mort, croix gammée ou rictus. On ne peut guère imaginer qu'elles aient une origine commune ; mais on notera qu'à cette époque était lancé à grand battage publicitaire le premier *Batman*, film dont le méchant, le Joker, a les commissures ouvertes en un rictus. Les inventions indépendantes si proches de ces deux séries s'expliquent sans doute car de telles mutilations représentent un comble de cruauté : le héros de *L'Homme qui rit* de Victor Hugo (1869) n'avait-il pas été mutilé par les voleurs d'enfants qui voulaient en faire un mendiant horrible et pitoyable ? Le recours au comble est un procédé spontané de renforcement qui structure l'appréhension des faits divers comme la construction de nombreux scénarios des légendes contemporaines.

Le climat d'hostilité raciale est particulièrement virulent à New York, et attisé par les réactions des médias : « La moindre agression ouvertement motivée par des préjugés raciaux devient une grande affaire médiatique, qui va à son tour susciter des représailles et occulter une ultraviolence quotidienne dans les minorités » (Filloux, 1992). Depuis quelques années, on note dans cette ville des incidents dus à la violence gratuite analogues à ceux suscités par les *maniaques urbains* *. Néanmoins, ces incidents sont l'expression non plus d'un déséquilibre personnel, mais d'une hostilité raciale diffuse. Ainsi, pendant une dizaine de jours, en octobre 1989, des bandes d'adolescents noirs – surtout des filles – parcouraient le quartier central d'Upper West Side en piquant avec des épingles ou des aiguilles des passantes blanches choisies au hasard. La police recueillit 41 plaintes et arrêta une dizaine d'adolescents au terme de quinze jours de surveillance. Au début de 1992, la ville s'enfiévra à nouveau quand dans le Bronx, deux adolescents noirs – un frère et sa sœur, âgés de quatorze et douze ans – furent agressés et aspergés de peinture blanche par des commandos de jeunes Blancs – des Albanais et des Italiens – du voisinage. Dix jours plus tard, on comptait une quinzaine d'incidents similaires, dont le viol d'une adolescente blanche par des Noirs et l'aspersion d'un Hispanique de douze ans par trois jeunes Blancs. Dans son commentaire de ces faits navrants, la presse de qualité se mit alors à conseiller la prudence dans l'interprétation : bien que les préjugés et l'hostilité raciale jouent un rôle dans de nombreux incidents, il est exagéré et partisan d'en faire des causes majeures. Un crime, un délit, a généralement plusieurs motifs ; et attribuer une attaque quelconque aux préjugés raciaux n'est qu'une généralisation hâtive qui transforme le mal en pire (*International Herald Tribune*, 18-19 janvier 1992).

Monstre aux dents de fer, commandos de *skinheads* ou de « fascistes » expriment les angoisses diffuses de groupes d'adolescents. Paradoxalement, incarner l'angoisse dans une menace précise l'affaiblit ; car on peut contrôler le danger dès qu'il est nommé, qu'il a un visage, même terrifiant. Il est possible d'agir. Comme le remarque le folkloriste Bill Ellis (1992), on trouve ici un des ressorts clefs de la construction des légendes contemporaines : le principe de Rumpelstiltskin, ce petit lutin du conte de Grimm qui perd tout son pouvoir sur la reine dès que celle-ci découvre son nom.

V. C.-V

Bibliographie

Marguerite Courbier, *La Rumeur d'Oullins*, dossier de TD « Perception et représentation du monde » (psychologie), université de Lyon-II, 1990.

Bill Ellis, « Needling Whitey : the New York City pin-prick incidents as ostension », *Foaftale News*, 16, décembre 1989, p. 5-6.

–, « Mystery assaillants : more pinpricks in New York City. London tube friends », *Foaftale News*, 19, octobre 1990, p. 9.

–, « Fables of fright », (interview de Lawrence Roud), *American Way*, 25, 2, janvier 1992, p. 38-41.

Frédéric Filloux, « Les gosses du Bronx en voient de toutes les couleurs », *Libération*, 20 janvier 1992.

Sandy Hobbs et David Cornwell, « Hunting the monster with iron teeth », *in* Gillian Bennett et Paul Smith (eds), *Monsters with Iron Teeth. Perspectives on Contemporary Legend vol. III*, Sheffield Academic Press, 1988, p. 115-137.

International Herald Tribune, 18-19 janvier 1992 (« Cool it New Yorkers »).

Steve Roud, « Chelsea smilers : interim report on a gang-violence rumor », *Foaftale News*, 15, septembre 1989, p. 1-2.

Christophe Schohn, *Insaisissables rumeurs*, dossier de TD « Perception et représentation du monde » (psychologie), université de Lyon-II, 1990.

Le plombier malchanceux

Une dame (trop tendre) envoie le plombier (trop court vêtu) à l'hôpital.

Tel-Aviv, lundi.

Une mésaventure peu banale est arrivée à un plombier israélien. Elle lui a valu de se retrouver sur un lit d'hôpital, la tête un tant soit peu endommagée, une jambe dans le plâtre. À l'origine, un siphon de lavabo bouché. Le propriétaire de l'appartement avait promis à sa femme de le déboucher mais, une fois qu'elle fut partie faire des courses, il se ravisa et préféra faire appel à un spécialiste. Lorsque la dame revint et entra dans la salle de bains, elle crut voir son mari accroupi sous le lavabo, en petite tenue pour être plus à l'aise, et aperçut, dépassant d'un short des plus réduits, une partie de son anatomie. Étant de fort bonne humeur, elle porta la main sur ce qu'elle pensait appartenir à son époux. Mais c'était le bien du plombier qui, plus que surpris, sursauta vivement, oubliant le lavabo au-dessus de sa tête. Le plombier évanoui et la dame désolée ne pouvant le ranimer, elle appela une ambulance. Mais elle eut une autre initiative malheureuse : raconter toute l'histoire aux brancardiers, alors qu'ils transportaient le plombier toujours inconscient. Ils la trouvèrent si drôle qu'ils en laissèrent échapper la civière. Résultat : une jambe cassée pour le plombier. Ce dernier a retrouvé ses esprits à l'hôpital et demande à la dame au geste trop rapide des dommages et intérêts conséquents...

(*France-Soir*, 2 janvier 1973.)

Le journaliste ne s'est pas soucié d'ajouter à cette anecdote des détails authentifiants et il s'agit nettement de la reprise d'une bonne histoire, qui sera d'ailleurs publiée à nouveau quelques années plus tard dans le même journal. On y trouve des ressorts narratifs classiques : la méprise de l'épouse, qui lance l'action ; la chute – trop parfaite pour ne pas être suspecte – qui redouble l'accident malencontreux. L'histoire a lieu dans la salle de bains, lieu privilégié de l'accident domestique, et s'inscrit dans tout un ensemble de récits d'accidents amusants.

Des variantes forçant sur le comique circulaient en Angleterre vers la fin des années soixante-dix (White). La méprise de l'épouse se situe par exemple dans les vestiaires d'un club sportif où, venue prévenir les hommes que le thé est servi, elle secoue gaiement un sexe qui lui semble familier – l'homme passe son chandail – en claironnant : « Ding-ding ! Le thé est servi. » Et l'histoire s'arrête là. Plus proche de l'anecdote de *France-Soir* est le récit où le mari s'apprête à conduire sa femme en ville pour y faire des courses. La voiture refusant de démarrer, elle s'y rend seule à pied. L'épouse se méprend en revenant lorsqu'elle voit deux jambes dépassant du capot de la voiture et fait un geste... affectueux en disant : « Coucou, me voilà ! » Elle comprend sa méprise en apercevant son mari au coin du feu, appelle avec lui du secours pour le mécanicien qui, surpris, s'est blessé, provoque enfin le second accident en relatant aux ambulanciers hilares les circonstances du premier.

Dans ces accidents domestiques, la victime est parfois le mari : c'est la variante des toilettes explosives, où le premier accident a lieu quand le mari jette un mégot dans les toilettes que sa femme vient de nettoyer par mégarde avec de la térébenthine au lieu d'eau de Javel. C'est toujours, on le voit, l'épouse qui est en faute dans cette variante, signalée aux États-Unis et en Italie (Brunvand, 1981, Carbone).

En 1976, j'ai entendu, relaté comme anecdote parisienne récente par un journaliste, un récit où l'auteur involontaire de l'accident était non plus l'épouse mais un chaton que le mari tentait de rattraper sous la baignoire et qui l'avait surpris et chatouillé. Un récit analogue, où le mari est encore « victime », est rapporté par Brunvand en 1986 : l'homme sort de la douche attiré par les cris de son épouse qui a vu surgir, d'une plante exotique qu'on vient de livrer, un serpent, immédiatement réfugié sous l'évier. En fait, c'est le chien (ou le chat) de la maisonnée qui l'a surprise et a provoqué l'accident en posant son museau froid (ou sa queue duveteuse) à un emplacement incongru. Les ambulanciers viennent et rient... La cause ici n'est plus une humeur folâtre, mais un animal exotique déplacé (voir *la mygale dans le yucca* *), métaphore des envahissements d'étrangers, désignés par leurs animaux ou leurs produits (voir *le serpent de grand magasin* *).

Une variante sur le motif du redoublement d'un accident se trouve dans le récit de l'accident de ski qui a couru en Scandinavie et aux États-Unis au début des années 1980 :

> Une jeune femme d'Akron, en vacances de ski, participe à une dégustation de bons crus au sommet puis redescend. Elle est prise d'un besoin pressant, s'écarte de la piste vers un bouquet d'arbres, s'accroupit pantalons aux chevilles. Soudain, elle perd l'équilibre et part à reculons. Afin d'arrêter sa descente, elle fait de grands moulinets, et se casse un bras en heurtant un arbre. Secourue, conduite à l'hôpital, elle reçoit les premiers soins puis engage, avant d'être plâtrée, la conversation avec son voisin qui attend pour une fracture de la jambe : « Et comment vous l'êtes-vous cassée ? – Vous ne me croirez jamais. J'étais sur le remonte-pente quand j'ai aperçu cette femme, les fesses à l'air, qui dévalait à reculons en agitant frénétiquement les bras. J'ai tant ri que je suis tombé de mon siège. Et vous ? »
>
> (*Akron Journal*, 14 avril 1982, cité par Brunvand, 1986, p. 117-118.)

Parmi les versions suédoises qui circulaient à la même époque, la première a été publiée en janvier 1981. L'histoire a rapidement touché tout le pays. On est ici très près de la simple histoire drôle ; mais ces récits circulent munis de tous les effets de vérité permettant de les définir comme des légendes contemporaines. Ces variations sur les thèmes du scabreux au foyer, de la méprise et du redoublement se présentent en effet comme étant vraiment arrivées, et c'est d'ailleurs sous la rubrique « faits divers » qu'elles apparaissent dans les colonnes des journaux ou dans la chronique du présentateur de télévision. On trouvera, dans *le cou de dinde* *, une description des mécanismes de diffusion à l'œuvre dans ce type de récits.

V. C.-V.

Bibliographie

Jan Harold Brunvand, *The Vanishing Hitchhiker*, 1981, p. 181-182.
–, *The Mexican Pet*, 1986, p. 114-116 et 117-120.
Véronique Campion-Vincent, « Les histoires exemplaires », *Contrepoint*, décembre 1976, p. 217-232.
Maria Teresa Carbone, *99 leggende urbane*, 1990 ; voir « Bagno », p. 52-53.
David White, « There's something nasty in the fridge », *New Society*, 1er novembre 1979, p. 248-249.

La Porsche maudite de James Dean

Le 30 septembre 1955, le célèbre acteur américain James Dean se tuait dans un accident de voiture à l'âge de vingt-quatre ans. Il était au volant de sa Porsche Spider gris métallisé numéro 130 et roulait à 160 kilomètres/heure vers Salinas, en Californie, où il devait disputer une course automobile. Il venait de quitter le tournage de *Giant* et s'en était allé, inquiet et fiévreux selon les uns, extraordinairement serein selon les autres.

Après l'accident, la voiture fut rachetée par le mécanicien qui s'en occupait habituellement. Or en descendant du camion qui servait au transport, les freins de la Porsche lâchèrent et la voiture écrasa un ouvrier, lui brisant les deux jambes. Un pilote de course amateur, M. McHenry, de Beverly Hills, racheta le moteur de la voiture et fut, peu de temps après, blessé dans une compétition. Quand la carcasse de la Porsche fut amenée à Salinas, le camion qui la transportait dut freiner brusquement, la carrosserie fut éjectée et elle tomba sur une voiture dont elle tua le conducteur. L'accident provoqua un carambolage de plusieurs véhicules.

En 1968, treize ans après la mort de James Dean, la Porsche disparut mystérieusement, comme volatilisée. On ne la retrouva jamais.

James Dean est sans conteste l'une des stars mythiques du cinéma de la seconde moitié du XXe siècle. Deux films à succès, *À l'est d'Eden* (1955) et surtout *La Fureur de vivre* (1955) ont fait de lui l'incarnation du jeune révolté des années cinquante, en blue-jeans, blouson et voiture de sport. Sa vie agitée semblait correspondre à ses rôles à l'écran : les journaux se faisaient l'écho de ses exploits dans les corridas mexicaines, de ses aventures amoureuses et de sa passion pour les motos et les voitures de course. Toute une génération d'adolescents américains se reconnaissait dans le visage et dans le style de vie de ce « rebelle sans cause », pour reprendre le titre américain de *La Fureur de vivre*. Son enterrement fut accompagné de scènes d'hystérie collective telles qu'on n'en avait pas vu depuis les funérailles de Rudolph Valentino. Aujourd'hui encore, il demeure une idole pour 46 % des jeunes Français de vingt à vingt-quatre ans (sondage Ipsos, juillet 1990), et un opéra-rock de Michel Berger et Luc Plamandon célèbre la *Légende de Jimmy* (septembre 1990).

Face au hasard tragique et au non-sens d'un accident de la route, il n'est pas rare que l'esprit humain cherche une signification cachée, un rapprochement pertinent qui lie le destin d'un homme à sa fin brutale : l'accident automobile qui coûta la vie à Albert Camus en 1960 sera rapproché de la philosophie de l'absurde chère à l'écrivain ; en 1963, après le décès accidentel de Jean Bruce, créateur de la série *OSS 117*, le journal *Paris-Jour* écrira qu'il « est mort comme vivaient ses héros : à toute vitesse ». Ainsi, vivant « à plus de 100 à l'heure », James Dean est mort parce qu'il roulait trop vite en Porsche sur une route de Californie.

Dans le champ mythologique des automobiles, la Porsche symbolisait – et symbolise toujours – la jeunesse, la virilité, la compétition, l'efficacité technique, la vitesse. Entre la voiture de course à une place et la familiale à quatre sièges, l'automobile à deux places évoque le couple et la conquête amoureuse. Point n'est besoin d'être psychanalyste pour percevoir le symbolisme phallique de la voiture de course. Et il y a une dangereuse jubilation de la vitesse, comme l'écrit justement Françoise Sagan dans *Avec mon meilleur souvenir* : « De même qu'elle rejoint le jeu, le hasard, la vitesse rejoint le bonheur de vivre et, par conséquent, le confus espoir de mourir qui traîne toujours dans ledit bonheur de vivre. » Enfin, de manière plus générale, on le voit dans de nombreuses œuvres cinématographiques, la voiture qui roule à toute vitesse sur une route symbolise le destin, l'aventure, l'évasion, l'errance du héros en quête de l'autre, de lui-même, de l'absolu. Quant à la Californie, elle évoque le nouvel art de vivre américain, par opposition à la côte Est des États-Unis.

L'accident de James Dean apparaît paradoxalement comme une manifestation de cette « fureur de vivre » qui identifie la star, une « affirmation de la vie jusque dans la mort », pour reprendre la définition que donne Georges Bataille de l'érotisme. Une scène de *La Fureur de vivre* ne montre-t-elle pas la course à la mort des voitures fonçant sur un précipice, dans une compétition que se livrent entre eux les mâles de bandes d'adolescents ? Le risque individuel pris en automobile remplit la même fonction, selon Edgar Morin, qu'une épreuve initiatique virile.

James Dean symbolisait si fortement la jeunesse et la volonté de vivre – et tant de jeunes s'identifiaient à lui – qu'une légende de survivance s'est développée. On raconte que c'est un garçon faisant de l'auto-stop qui aurait été tué. James Dean serait vivant mais, défiguré par son accident, méconnaissable, il se cacherait dans une ferme près de Los Angeles. Une variante ajoute qu'il serait paralysé ; une autre qu'il aurait perdu la raison et serait enfermé dans un asile de fous ou un hôpital. On observera que, dans ces légendes, l'homme James Dean est peut-être vivant mais l'acteur, lui, est bien mort, précisément dans ce qui faisait son mythe : son beau visage a disparu, son intense activité physique s'est arrêtée, son esprit rebelle est devenu fou. Edgar Morin (1957) souligne que les lieux où James Dean survivant se trouverait sont « un *no man's land* entre la vie et la mort » : un asile de fous, un hôpital. Aussi longtemps que l'espérance de vie rend la chose vraisemblable – Dean aurait aujourd'hui soixante et un ans –, la croyance en la survivance de l'acteur peut persister. Plusieurs années après sa disparition, il recevait encore des milliers de lettres d'amour : les chiffres avancés varient entre 2 000 par semaine et 7 000 par jour ! Les séances spirites se sont aussi multipliées, où l'on prétendait entrer en contact avec l'esprit de l'acteur. En 1956, le livre *James Dean Returns*, vendu à 500 000 exemplaires, réunit des messages envoyés de l'au-delà par la star à l'auteur.

Une autre possibilité de conjurer le destin consiste à placer la malchance dans les objets inanimés, qui exprimeraient ainsi une sorte de déterminisme occulte. C'est le motif de l'objet maudit, que l'on rencontre aussi dans les superstitions sur des objets portant malheur, dans les légendes historiques concernant des maisons ou des bijoux maléfiques qui frappent leurs propriétaires successifs, dans les récits fantastiques où l'antiquaire vend des choses « qui ont cessé d'être attendrissantes ou désuètes pour s'animer d'une vie propre, féroce ou répugnante » (Vax, 1965). Le récit légendaire égrène les méfaits de l'objet maudit dans une litanie macabre semblable à celles que déclinent les « lettres de saint Antoine » en énumérant les malheurs arrivés à ceux qui ont brisé la chaîne. On y observe le même recours aux chiffres superstitieux : ainsi, les treize ans qui séparent la mort de James Dean de la disparition de la voiture.

La Porsche accidentée fut exposée à la ferveur des fans : c'est là sans doute que la légende a pris corps. Edgar Morin rapporte que pour 25 cents, on pouvait contempler la voiture fatale et, pour un supplément de 25 cents, se glisser à son volant. La voiture aurait même été débitée en boulons et morceaux de ferraille tordus, vendus comme reliques à partir de 25 dollars pièce : cela expliquerait peut-être la complète disparition de la voiture !

La torpédo de l'archiduc

La légende de la Porsche de James Dean est à rapprocher du récit concernant la voiture dans laquelle fut assassiné l'archiduc François-Ferdinand à Sarajevo, en 1914.

Le 28 juin 1914, l'archiduc François-Ferdinand de Habsbourg, héritier de l'empire autrichien, arrivait en visite officielle avec son épouse à Sarajevo, en Bosnie. Leur véhicule, une torpédo grand luxe de couleur rouge, avait été spécialement construit pour eux et ils l'inauguraient pendant ce voyage. La visite commença mal, puisqu'une bombe fut lancée vers le couple princier; mais elle explosa sur la chaussée, blessant quatre cavaliers de l'escorte. Peu après, un étudiant serbe, Gavrilo Princip, se précipita avec un pistolet vers la voiture et tua l'archiduc et son épouse. Un mois plus tard, l'Autriche déclarait la guerre à la Serbie, ouvrant ainsi les hostilités de la Première Guerre mondiale.

La voiture fut récupérée par le général autrichien Potiorek : celui-ci subit bientôt une cruelle défaite militaire, perdit son commandement et mourut à moitié fou dans la misère. Un jeune capitaine utilisa une semaine la voiture avant de se tuer dans un accident automobile qui coûta également la vie à deux paysans. Après la guerre, le gouverneur yougoslave de Sarajevo utilisa la Torpédo, puis s'en débarrassa après avoir eu en quatre mois quatre accidents, dans le dernier desquels il perdit l'usage de son bras droit. Un médecin, le docteur Srkis, racheta la voiture à la ferraille et se tua six mois plus tard. Un riche bijoutier en fit l'acquisition et se suicida, ruiné, un an après. Le propriétaire suivant, à nouveau un médecin, vit sa clientèle péricliter. Un coureur automobile suisse racheta la voiture mais se tua après avoir dérapé et heurté un mur. La torpédo passa ensuite entre les mains d'un riche fermier des environs de Sarajevo : un jour que la voiture en panne était remorquée par une charrette à bœufs, elle se mit brusquement à démarrer et, après avoir démoli l'attelage du paysan, elle se retourna dans une descente, tuant net son propriétaire. Un garagiste du nom de Tiber Hirshfield racheta la voiture, la répara et la peignit en bleu. En accompagnant six personnes à un mariage, il heurta à grande vitesse une voiture qu'il doublait : il y perdit la vie ainsi que quatre de ses passagers. La torpédo fut restaurée par le gouvernement autrichien et placée dans un musée à Vienne. Le bâtiment où elle se trouvait fut détruit par un bombardement durant la Seconde Guerre mondiale : de la voiture, on ne retrouva absolument rien, pas même un bouchon de radiateur.

Bien que les événements rapportés dans ces deux histoires soient présentés comme « absolument authentiques », un travail de vérification serait intéressant à effectuer, pour comparer la réalité des faits et leur transcription dans le récit. Tout aussi fructueuse serait l'analyse des variantes. Ainsi, par rapport au texte de George Langelaan (1967) sur la voiture de Sarajevo, la bande dessinée de Serge De Beketch et Jacques Tardi, sous le titre évocateur de *La Torpédo rouge sang*, accentue la dimension légendaire du récit en présentant plusieurs victimes de la voiture comme ayant mérité leur châtiment : le général Potiorek a pillé Sarajevo, le fringant capitaine se pavane de conquête féminine en conquête féminine et le bijoutier mène grande vie avec sa jeune maîtresse. On retrouve ici la morale inhérente à toute histoire exemplaire : dans ce récit, la voiture agit comme un justicier surnaturel.

Les variantes de l'histoire de la Porsche maudite portent sur des atténuations ou des accentuations des accidents racontés : le mécanicien a une jambe brisée et non deux, le pilote de course amateur décède au lieu d'être seulement blessé. La carrosserie et le châssis de la Porsche auraient été présentés dans une exposition itinérante : à chacun de ses déplacements, la voiture provoquait des catastrophes, blessant des visiteurs, brisant des vitres, etc. Cette exposition étant organisée par la sécurité routière, on observe ici un « comble », si fréquent dans les légendes et les rumeurs ! C'est au cours d'un transport en train que la voiture disparut mystérieusement.

On aura certainement remarqué que la légende de la Torpédo de Sarajevo et celle de la Porsche de James Dean présentent une structure semblable. Tout d'abord, une voiture est directement ou indirectement la cause d'un événement tragique important, chacun à son échelle respective, et connu de tous : le déclenchement de la Première Guerre mondiale, la mort d'une star au sommet de sa gloire. Entre les deux victimes de l'attentat et les millions de morts de la guerre, entre l'absurdité d'un accident automobile et la disparition d'un jeune acteur incarnant toute une génération, il y a un tel décalage que l'on cherche une raison cachée pour l'expliquer – d'où le thème de la malédiction. Chaque légende énumère alors une « série noire » d'événements malheureux, de faits divers catastrophiques, insignifiants en eux-mêmes et de nature diverse, mais qui prennent une signification par leur répétition et leur accumulation, en suivant le fil directeur que constitue la voiture. Déjà, des signes annonciateurs précèdent l'accident principal et ouvrent le récit : l'attitude inquiète et fiévreuse, ou au contraire « extraordinairement » sereine, de James Dean allant à la mort, ou encore le procès-verbal pour excès de vitesse, peu de temps avant l'accident ; l'attentat à la bombe précédant l'assassinat de Sarajevo. La voiture de James Dean est parfois décrite – à tort – comme étant de couleur rouge, symbole de l'excès et de la violence. C'est aussi la couleur de la Torpédo – « rouge sang », précisent symboliquement De Beketch et Tardi (1970). Les superstitieux font observer que le nombre 13 figure dans le numéro de course (130) de la voiture de James Dean et correspond au nombre d'années séparant la date de l'accident et celle de la disparition de la Porsche.

Dans la légende de la Porsche, tous les événements sont des accidents automobiles, ce qui diminue l'action « tous azimuts » de la malédiction mais accentue le thème du risque routier, évidemment plus important en 1955 que dans l'entre-deux-guerres. Dans l'une et l'autre des légendes, un épisode évoque la quasi-autonomie, l'anthropomorphisme de la voiture : la Porsche descend seule du camion de transport et la Torpédo démarre sans intervention humaine. De ce fait, la voiture semble animée d'une volonté propre, et tous les accidents qu'elle provoque ne relèvent plus du hasard mais d'une intention maléfique. Les films fantastiques modernes exploiteront le motif de la « voiture diabolique », par exemple *Duel* de Steven Spielberg (1971, d'après un roman de Richard Matheson) et *Christine* de John Carpenter (1983, d'après un roman de Stephen King), tandis que la série des *Coccinelles*, des productions Walt Disney, présente une version rose de la voiture anthropomorphe.

Après l'événement principal et la série noire, le troisième élément de la structure, clôturant chaque légende, est la disparition inexpliquée de la voiture maudite. Sans doute cet élément est-il d'abord une nécessité narrative : la malédiction ne peut cesser que si l'objet maudit n'existe plus matériellement. Mais on peut voir aussi dans le mystère de cette disparition la preuve que le surnaturel a bien été à l'œuvre dans les événements racontés.

La structure ternaire de cette légende type de la voiture maudite correspond bien à celle qu'a révélée la sémiotique :

– épreuve principale : l'événement important qui sert de base au récit (attentat de Sarajevo, accident de James Dean) ;
– épreuves qualifiantes : la série noire permettant de qualifier la voiture de « maudite » ;
– épreuve glorifiante : la malédiction cesse avec la totale disparition de la voiture, ce qui prouve qu'elle était bien maléfique.

Mettant en scène une réalité moderne et technologique, à savoir l'automobile, que l'on associe à des représentations de plaisir et de mort (voir *les auto-stoppeurs fantômes* *), la légende de la voiture maudite exprime la croyance en la malchance, en la fatalité, formes profanes et impersonnelles du pouvoir maléfique autrefois attribué aux démons et aux sorciers. On sait que James Dean, comme sans doute beaucoup de ses fans, croyait fermement à l'astrologie...

J.-B. R.

BIBLIOGRAPHIE

Maria Teresa CARBONE, *99 leggende urbane*, 1990, p. 100.
Serge DE BEKETCH et Jacques TARDI, « La torpédo rouge sang », *Pilote*, 567, 1970, p. 22–27 (réédité en 1984 par Pepperland, Bruxelles).
Jean-Noël KAPFERER, *Rumeurs*, 1990, p. 205–206.
George LANGELAAN, « Les faits maudits », *Planète*, 32, 1967.
Edgar MORIN, *Les Stars*, Paris, Le Seuil, 1957, p. 119-130 (rééd. Galilée, 1984).
Yves SALGUES, *James Dean*, Paris, Stock, 1990.
Louis VAX, *La Séduction de l'étrange*, Paris, PUF, 1965, p. 73.

La Pyramide du Louvre et sa signification satanique

> La Pyramide du Louvre « présente certains aspects mystérieux et occultes. S'articulant précisément sur l'axe du méridien zéro de Paris et au centre exact de la capitale, cette pyramide revêt une signification ésotérique étroitement liée à la mort et à l'initiation. Cette symbolique est encore plus accentuée du fait que ce monument est recouvert par 666 dalles de verre. Or, dans l'Apocalypse de saint Jean, 666 est le chiffre maudit de la Bête ».
>
> (Courrier des lecteurs de *L'Est républicain*, 28 mars 1988.)

La Pyramide du Louvre, construite en 1988, figure parmi les monuments modernes de Paris. Constituée de plaques de verre sur une architecture métallique, elle s'élève dans la cour Napoléon, au centre des bâtiments du Louvre, et permet l'entrée au musée du même nom. Très tôt, une rumeur a circulé dans les milieux occultistes et intégristes français : la Pyramide serait constituée de 666 panneaux de verre. On sait que ce chiffre est celui de la Bête, symbole de l'Antéchrist dans l'Apocalypse de saint Jean (**13,** 18). Pour le spécialiste des rumeurs, la Pyramide du Louvre s'ajoute à la liste des objets prétendument marqués au nombre satanique : le logo de Procter & Gamble, les codes-barres, les semelles de chaussures exportées par l'Europe, les nouvelles cartes d'identité en Grèce, etc. (voir *les symboles cachés* *).

La presse s'est fait l'écho des spéculations occultistes sur la Pyramide du Louvre. Dans *L'Est républicain*, le lecteur qui évoque les 666 dalles de verre ajoute que la Pyramide est au centre d'une sorte de « cromlech » dont le rayon est délimité par le « menhir » que constitue l'obélisque de la place de la Concorde. Dans ce cercle géographique, on trouve tous les grands centres de décision politiques, intellectuels, artistiques et religieux de la France. La Pyramide, construite « sur un terrain au tellurisme intense », pourrait donc agir comme « un puissant catalyseur » et influencer les responsables du pays. Le rédacteur de la lettre conclut en prédisant de profonds bouleversements.

La revue *L'Inconnu*, spécialisée dans l'occultisme populaire, mentionne la Pyramide du Louvre et ses 666 facettes dans deux articles du numéro d'avril 1988. L'auteur du premier article voit dans la Pyramide et sa signification apocalyptique un signe précurseur d'une fin du monde catastrophique. Il désigne aussi le quartier parisien de la Défense comme un lieu satanique dévolu aux adorateurs de l'argent et de l'énergie nucléaire, en raison de la présence des sièges sociaux de grandes compagnies financières et d'Électricité de France. Le second article adopte une position originale en interprétant le chiffre 666 de manière optimiste : ce nombre annoncerait le début de l'ère du Verseau, ère d'amour et d'harmonie. La Pyramide, construite par un architecte chinois, Ming Pei, a été inaugurée en 1988 : or, en astrologie chinoise, 1988 est l'année du Dragon, animal éminemment bénéfique dans la tradition asiatique. De plus, la Pyramide est un symbole solaire, ce qui renforce cette interprétation positive. Malgré leurs différences, les deux articles se rejoignent donc pour voir dans le monument le signe prophétique d'un bouleversement à venir.

Dans un entrefilet intitulé « La rumeur du Louvre. La Bête, Dieu et la Pyramide », *Le Monde* du 12 mai 1989 fait état de la rumeur des 666 panneaux de la Pyramide du Louvre. Il conteste la réalité de ce chiffre : les constructeurs de l'édifice annoncent un chiffre officiel de 875 losanges et 118 triangles, tandis qu'un lecteur du journal a dénombré 603 losanges et 70 triangles, soit sept (encore un nombre symbolique !) de plus que le nombre fatidique. Ainsi, la précision apparente du chiffre 666 correspond en fait à une imprécision découlant des différentes manières de compter les plaques de verre. La rumeur voit également dans la forme de la pyramide et des triangles une manifestation de symboles franc-maçonniques. Le journal estime avec raison que ces rumeurs visent à déconsidérer le monument et, par-delà, celui qui l'a parrainé, le socialiste François Mitterrand, président de la République.

La Pyramide du Louvre est située à l'extrémité d'un axe urbain qui passe par la place de la Concorde – où Louis XVI fut guillotiné –, puis par l'arc de Triomphe de la place de l'Étoile pour aboutir à l'arche de la Défense, édifiée en 1989. Dans les milieux traditionalistes – intégristes catholiques, royalistes, extrême droite –, on ne manque pas de souligner les connotations maçonniques, laïques et républicaines de ces monuments, auxquels sont opposées la cathédrale Notre-Dame et la basilique du Sacré-Cœur. Paris n'est pas le seul lieu incriminé. Bernard Antony, catholique traditionaliste et membre du bureau politique du Front national, dénonce « les symboles maçonniques, le triangle, l'équerre et le compas » dont sont remplies, selon lui, les nouvelles constructions architecturales de la Région Midi-Pyrénées (*Le Monde*, 31 août 1991).

La même fièvre interprétative semble toucher les États-Unis, où un livre (Westbrook, 1990) prétend

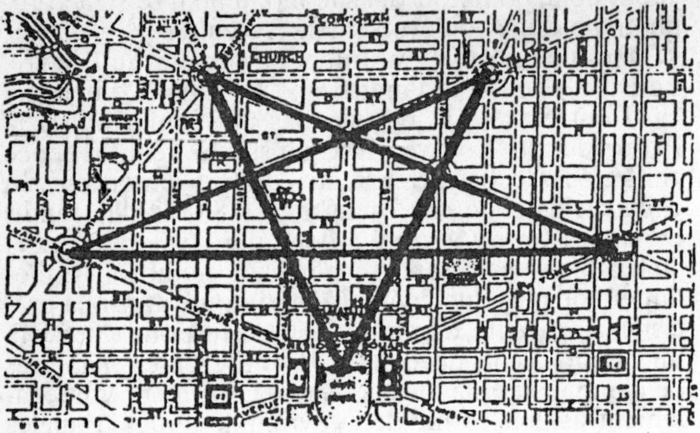

Symboles occultes formés par les rues de Washington. *Source* : Westbrook, 1990 (D.R.)

démontrer, sur le plan de Washington, que les rues de la ville forment des symboles maçonniques, des signes sataniques, des pentacles mystérieux.

La découverte de figures régulières à partir de phénomènes désordonnés semble être une activité majeure de la pensée parascientifique. Ainsi des occultistes d'outre-Manche font-ils émerger de la campagne anglaise des *leys*, pistes rectilignes correspondant à de prétendus courants telluriques ou, plus poétiquement, à des chemins empruntés par les fées et les lutins ! De leur côté, les ufologues, spécialistes des soucoupes volantes, ont cru découvrir des figures géométriques – lignes droites ou triangles isocèles – en reliant sur une carte les lieux d'apparition des mystérieux engins volants.

Les rumeurs autour de la Pyramide du Louvre s'enracinent dans les spéculations de l'occultisme. On cherche un sens à l'emplacement géographique de l'édifice : centre de Paris, centre d'un cercle de monuments, situation sur une ligne symbolique, etc. Dans la lettre du lecteur de *L'Est républicain*, l'allusion au vieux « méridien zéro » de Paris est significative : avant que le méridien de l'Observatoire de Greenwich, en Angleterre, ne devienne en 1884, par convention internationale, le méridien d'origine, c'est le méridien de l'Observatoire de Paris qui, depuis le XVIIe siècle, faisait office de premier méridien. Louis XIV en avait ainsi décidé, pour sa plus grande gloire et celle de la France. La revue *Inexpliqué* (1983) l'écrit justement : le méridien zéro « n'est plus seulement la ligne le long de laquelle on observe le soleil, mais aussi celle de laquelle le Roi-Soleil a choisi d'observer ses sujets ».

La forme du monument intervient aussi pour beaucoup dans ces spéculations : elle évoque naturellement les pyramides d'Égypte et leur « mystère », cultivé depuis longtemps par la pensée occultiste, mais également les théories parascientifiques modernes sur les « ondes de formes », qui seraient émises par les volumes géométriques, et tout particulièrement la pyramide.

Si l'on rapproche de la rumeur de la Pyramide du Louvre l'histoire des *vérins hydrauliques de la tour Eiffel* *, la situation est paradoxale : une « légende technique » se rattache à un monument déjà vieux d'un siècle, la tour Eiffel, tandis que des croyances traditionnelles ou parareligieuses sont associées à un édifice récent et moderniste, la Pyramide du Louvre. Derrière ce paradoxe, on observe néanmoins quelques points communs entre ces deux monuments. Tout d'abord, ils figurent parmi les monuments de Paris les plus visités. On l'a vu, Gary Alan Fine (1985) a nommé « effet Goliath » la tendance des rumeurs à viser les produits ou les entreprises les plus connus. On peut penser que l'effet Goliath s'applique aussi aux édifices les plus réputés. Par ailleurs, ces deux monuments ont été et sont encore l'objet de vives controverses. Au nom de valeurs esthétiques classiques, du culte du passé et du nationalisme, leurs détracteurs dénoncent leur laideur, leur modernisme outrancier, l'origine étrangère de leur constructeur : Gustave Eiffel était d'origine allemande, tout comme le créateur de l'arche de la Défense ; l'architecte de la Pyramide du Louvre est chinois. Là aussi, l'existence de controverses serait un facteur favorable à l'émergence de légendes contemporaines, surtout lorsqu'il s'agit de contester la nouveauté et la modernité.

J.-B. R.

BIBLIOGRAPHIE

L'Est républicain, 28 mars 1988.

Gary Alan FINE, « The Goliath effect. Corporate dominance and mercantile legends », *Journal of American Folklore*, 98, 1985, p. 63-84.

L'Inconnu, avril 1988.

Inexpliqué, Paris, Éditions Atlas, 1983, t. X : « Les secrets du méridien de Paris », p. 2161-2165.

Le Monde, 12 mai 1989, p. 28 ; 31 août 1991.

Mouvements religieux, 104, décembre 1988, p. 10-11.

Charles L. WESTBROOK, *The Talisman of the United States : The Mysterious Street Lines of Washington DC*, Ayden, Westcom Press, 1990.

L'os de rat
et autres animaux immondes mangés

Appartenant à l'ensemble des rumeurs de contamination, les histoires qui suivent parlent d'aliments trompeurs où se dissimulent des animaux immondes. De la rumeur brève à la narration structurée, elles prennent des formes fort diverses. Nous nous attacherons surtout à décrire et à interpréter les histoires proches des légendes, qui se diffusent sous forme de narrations bien charpentées survenues aux narrateurs ou à leurs proches (les ubiquistes *aduas*). Ces histoires sont immémoriales : la peur de l'immonde est aussi vieille que l'homme. Mais de nos jours, elles puisent leur force dans la crainte des conséquences néfastes de l'évolution sociale contemporaine sur notre alimentation toujours plus artificielle. Après un détour parmi des histoires récentes de contamination – alimentaire et sexuelle – accompagnant l'épidémie de sida, nous examinerons pour conclure les mouvements d'opinion, rumeurs et comportements collectifs liés à ces craintes de l'alimentation moderne et renforcés par l'action des mouvements militants de protection des consommateurs.

L'os de rat

L'histoire de l'os de rat a fait le tour de l'Europe au début des années soixante-dix, incitant la clientèle à fuir bien des restaurants exotiques :

> Oh ! il ne s'agissait nullement d'une affaire grave... L'anecdote était toujours la même et, bien sûr, celui qui la racontait assurait, en toute bonne foi, la tenir de quelqu'un qui connaissait personnellement la victime de la mésaventure que voici.
>
> Souffrant au lendemain d'un dîner au restaurant, un patient se rend chez son dentiste qui lui retire de la mâchoire un curieux petit bout d'os. Si curieux que le dentiste, consciencieux, le fait examiner incontinent par un laboratoire, lequel conclut formellement qu'il s'agit là d'un fragment... d'os de rat. Le dentiste téléphone aussitôt à son malade. Plainte est déposée. La police perquisitionne au restaurant incriminé et découvre dans la cuisine un réfrigérateur rempli de rats dépecés. Au sud de la Loire, où on enjolive volontiers les histoires, l'infortuné dîneur avait manqué être étouffé par l'os entier resté en travers de la gorge ; on l'avait transporté à l'hôpital et la police avait trouvé un élevage de rats dans la cave de l'établissement.
>
> En France, l'an passé, les restaurants ainsi voués à la vindicte publique étaient toujours des restaurants vietnamiens et chinois. Puis la même campagne a été signalée en Suisse [...]. En ce moment même, dans toute l'Allemagne de l'Ouest, les restaurants étrangers, essentiellement méditerranéens ou exotiques, florissants depuis quelques années, viennent d'être brusquement désertés par leur clientèle. [...] À un an de distance, en France puis en Allemagne, la même histoire absurde s'est répandue comme un feu de paille, entraînant des conséquences immédiates, concrètes, mesurables, provoquant un changement brutal des habitudes et du comportement de centaines de milliers de gens, clients des restaurants visés. C'est là que l'anecdote prend sa dimension, qu'elle peut effrayer, qu'elle donne à réfléchir. [...] Si l'apologue semble exemplaire, c'est d'abord pour la sombre poésie qu'enfantent secrètement les cités heureuses du XXe siècle. C'est ensuite parce que la force d'une telle rumeur, à l'ère de la télévision, de la radio et de la presse populaire, devrait donner matière à méditer, non seulement aux sociologues, mais à tous les spécialistes des mass media, et leur inspirer quelque modestie. C'est enfin par les abîmes insoupçonnés ou oubliés, les sapes archaïques qui minent la conscience collective sous la croûte de notre confort et de notre assurance,

et qui soudain se révèlent à notre stupeur, sous nos pas, en nous-même.

(Pierre Viansson-Ponté, « L'os de rat », *Le Monde*, 10-11 juin 1973.)

D'autres pays européens voyaient également circuler l'anecdote, avec des variantes. Le type des restaurants exotiques accusés change : asiatiques en France et en Grande-Bretagne, méditerranéens en Allemagne. Chacun raconte l'histoire en fonction de ses intérêts dominants. Ainsi, elle est attribuée à un restaurant méditerranéen par un Français ami des rats et trouve une conclusion originale : « Nul jusqu'à ce jour ne s'était plaint, bien au contraire, de la qualité de la viande qui accompagnait le couscous ! Les clients se pourléchaient et recommandaient l'endroit à leurs amis » (Dansel, 1977, p. 184). En Scandinavie, l'accident survient lors d'un voyage touristique à l'étranger, dans ces pays de soleil à la cuisine délicieuse mais inquiétante.

Ainsi, c'est après avoir déjeuné d'une délicieuse salade de poulet dans l'île grecque de Rhodes qu'un habitant de Norköpping, en Suède, s'aperçoit qu'un os était malencontreusement resté coincé dans sa gorge. Son docteur en Suède retire l'os, qu'il reconnaît immédiatement pour un os de rat et non de poulet. Une enquête ultérieure fait découvrir un congélateur rempli de rats dans l'arrière-salle du restaurant de Rhodes.

(D'après Brunvand, 1981, p. 84.)

Vers la même époque, une histoire très proche circulait aux États-Unis. Elle décrivait la surprise horrifiée d'une femme découvrant que le morceau de poulet frit acheté au Kentucky Fried Chicken voisin qu'elle est en train de déguster tout en regardant son émission favorite à la télé, est en fait... du rat ! Découverte subite, pendant l'absorption de l'immonde – et non plus tardive, après intervention médicale –, qui se conclut fréquemment par une nausée que l'on retrouve dans la série voisine du *cannibalisme involon-*

taire *. L'étude détaillée, rassemblant 115 versions du Kentucky Fried Rat, menée par Gary Fine en 1980, montre des régularités frappantes dans les circonstances de l'horrible découverte. On est dans le noir, ce qui explique logiquement que le rat ne soit détecté qu'une fois à demi mangé. Mais cela renvoie également à un repas hâtif et sur le pouce, indice d'une alimentation déstructurée et solitaire au sein de la cellule familiale. La victime est le plus souvent une femme, parfois un couple. On précise à l'occasion que la femme a tenté de tromper son mari sur ses capacités de cuisinière.

> C'était une femme qui n'avait rien de prêt pour le dîner de son mari. Alors elle a rapidement acheté un lot de poulet frit et tâché d'avoir l'air de servir un repas soigné. Elle a allumé des bougies, etc. Mais quand son mari et elle ont commencé à manger le poulet, il avait un drôle de goût. Et ils ont découvert que c'était du rat frit.
>
> (Fine, 1980, p. 234.)

Pourquoi cette prédominance des femmes victimes ? La faible femme est une victime plus intéressante. De plus, l'histoire relate une punition justifiée, puisque la femme se soustrait à son rôle et néglige sa tâche de nourricière du foyer.

Assez rares sont les versions (15, soit 13 %) qui mentionnent des conséquences graves pour la victime. Le recours aux tribunaux est évoqué plus fréquemment (20 versions, soit 17 %). La raison de la présence du rat – saleté de l'établissement ou malveillance des employés mécontents – n'est guère explicitée (16 versions, soit 14 %) ; mais l'histoire parle d'elle-même et n'a pas besoin de commentaires. Les histoires de Kentucky Fried Rat sont des récits hostiles, qui attaquent les chaînes de fast food et commentent l'impersonnalité des rapports sociaux qu'entraîne la prise en charge par des sociétés commerciales nationales – dont l'objectif est le profit, non la qualité – de fonctions et de services jusque-là assurés par la cellule familiale ou à l'échelon des services locaux. Ces histoires métamorphosent en hostilité et en peur l'angoisse et la culpabilité ressenties à se nourrir d'aliments achetés tout prêts et non plus préparés au foyer.

À l'époque, les fast food n'existaient guère sur le continent européen, mais étaient déjà bien implantés en Grande-Bretagne. Accusés d'avoir servi des rats à leurs clients, les responsables du Kentucky Fried Chicken de la ville de Sheffield réagirent en publiant par voie de presse, au début de 1981, une offre de récompense (1 000 livres) à qui leur donnerait des indications sur l'origine et la diffusion de ce faux bruit. Même réaction, donc, que celle des gérants de grande surface visés en France par les histoires de *serpents de grand magasin* *, et initiative qui leur a permis de renverser la logique de la preuve. Après des articles favorables et équilibrés dans la presse, ceux qui racontaient l'histoire se sont révélés peu crédibles.

Dans l'étude qu'il a consacrée à cet épisode – dont il faut noter qu'il survient à Sheffield un an avant que se tienne dans cette ville le premier colloque international sur la légende contemporaine, à l'été 1982 –, Paul Smith indique que l'histoire circulait surtout parmi les consommateurs d'aliments tout prêts, habitants des quartiers ouvriers et enfants des écoles, ainsi que chez les producteurs menacés par cette nouvelle consommation : les travailleurs du marché central de poisson et de viande de la ville de Sheffield. Pour les responsables, qui venaient de gagner le prix du magasin Kentucky Fried Chicken le plus propre d'Angleterre, la découverte du récit accusateur – ils ont été les derniers à l'apprendre – a été suivie de la confrontation aux coups de fil anonymes et hostiles (jusqu'à 50 par jour au maximum du cycle). Mais le plus dur a été de répondre avec humour à leurs clients restés fidèles. Ceux-ci – réaction très anglaise

– plaisantaient : « Puis-je en avoir un sans queue ce soir, s'il vous plaît ? » ou « Un blanc pour moi, pas un brun. » La responsable se rappelait très nettement, un an et demi après les faits, combien il lui avait coûté de s'adapter à ces plaisanteries.

> Il nous fallait traiter ça en plaisanterie et répondre : « Zut, nous n'avons pas de bruns ce soir, juste des blancs aux yeux roses. » Mais malgré tout, cela faisait mal. Je me souviens encore des grandes respirations que je prenais et des larmes qui me montaient aux yeux tandis que j'essayais de répondre par une plaisanterie. Je ne pense pas avoir jamais éprouvé quelque chose d'aussi dur de ma vie.
>
> (Smith, 1984, p. 205.)

Le Cokelore

Le Cola-Cola, boisson qui symbolise l'Amérique dans le monde entier, est depuis longtemps l'occasion de récits stéréotypés où, dans des circonstances voisines, on trouve une souris flottant dans la bouteille. Ces récits complètent un riche folklore qu'a favorisé le secret entourant la composition exacte du produit : le Cola-Cola dissout la viande, donne aux cuivres un splendide poli, est une injection contraceptive efficace, etc. Les récits de souris dans les *soft drinks*, ces boissons gazeuses, sucrées et non alcoolisées typiques de l'Amérique, sont très répandus. Ils sont antérieurs aux récits de rats et de poulets frits, comme ces boissons sont antérieures aux fast food.

Gary Fine, après avoir recueilli des versions présentées comme des expériences personnelles, a recherché la trace de jugements, ces récits évoquant toujours de fabuleux dommages et intérêts alloués aux victimes. Sa moisson a été fructueuse, puisque 45 cas de contamination de *soft drinks* par des souris sont passés en appel de 1914 à 1976 aux États-Unis. À cette occasion, Gary Fine s'est livré à une arithmétique du vertige : un cas venant en appel sur

400 procès, soit 18 000 souris ; un procès pour 10 contaminations signalées à Coca-Cola, soit 180 000 souris ; un récit fait directement à 20 personnes équivaut à 3 600 000 récits entendus de première main sur le territoire des États-Unis, ce qui est loin d'être négligeable, même sur une durée de soixante-deux ans. On voit, en dépit des incertitudes de ce genre d'exercice, que le renforcement des histoires par les récits d'expérience personnelle a dû être important.

Il est certain que les événements de contamination donnant lieu à procès ont été ceux qui ressemblaient au modèle de l'histoire de la souris dans le Coca. Au début de la chaîne d'influences réciproques, on ne peut ignorer des sabotages opérés par des employés mécontents... et connaissant ces récits. C'est également en se référant aux histoires, en conformité avec un modèle, que s'expliquent les plaintes frauduleuses dont les auteurs espèrent des dommages et intérêts substantiels (Preston) : on portera plainte contre Coca-Cola en affirmant faussement avoir trouvé dans la bouteille une souris qu'on y a introduite après l'ouverture. Gary Fine a cependant trouvé que les dommages (connus dans 35 cas sur 45) étaient très inférieurs à ceux des récits. Ils vont de 50 dollars à 20 000 dollars, la médiane étant de 1 000 dollars et la moyenne de 1 772 dollars.

Les déclarations des plaignants et plaignantes (ici, on trouve autant d'hommes que de femmes) devant le tribunal d'appel ressemblent enfin de façon frappante aux récits légendaires :

> Deux vieilles dames sont entrées dans un restaurant pour un déjeuner léger. Elles ont passé leur commande et demandé des Seven-Up, qu'on leur a apportés dans les vieilles bouteilles vertes. Elles se sont assises, chacune s'est servie un verre, et elles bavardaient comme le font les vieilles dames et euh... Après leur premier verre, l'une d'elles, se versant un second verre, croit distinguer quelque chose au fond de la bouteille, et elle ne voit pas ce que c'est. Alors elles

commencent à regarder, en tâchant de voir ce que c'est que cette chose au fond de la bouteille de Seven-Up, et elles renversent la bouteille et c'est sorti, et c'était une souris décomposée, et elles se sont évanouies toutes les deux, et on les a ranimées plus tard, et une fois rentrées chez elles, elles ont attaqué Seven-Up et ont gagné des milliers de dollars.

(Recueilli le 11 mai 1976 à Minneapolis auprès de L.H., garçon blanc de vingt-cinq ans qui l'avait entendu à Davenport, Iowa, en 1960-1965; cité par Fine, 1979, p. 478.)

La nuit du 24 juillet 1943, la plaignante et sa sœur sont entrées au comptoir Spa, se sont assises au bar et ont commandé une bouteille de Coca-Cola chacune. La serveuse a pris deux bouteilles de Coca-Cola au rafraîchissoir, en a ôté les capsules avec un décapsuleur, et a placé une bouteille devant la plaignante et une devant sa sœur. La plaignante a placé une paille dans chaque bouteille et, sans porter d'attention particulière au contenu de sa bouteille, a commencé à boire à l'aide de la paille. Selon la plaignante, voici ce qui s'est alors passé : « Arrivée à la moitié, j'ai fait remarquer à ma sœur : " Ça a un goût infect. " Elle a dit que le sien était bien. J'ai continué à boire, et quand je suis arrivée au fond de la bouteille, la paille a heurté quelque chose. J'ai pris la bouteille, j'ai regardé et il y avait une souris dedans. [...] J'ai crié et le propriétaire est venu me dire de rester calme sans attirer l'attention car il y avait des clients dans le bar. [...] J'ai eu mal au cœur, je suis sortie et j'ai vomi. »

(Patargias contre société d'embouteillage Coca-Cola de Chicago; cité par Fine, 1979, p. 480.)

Le modèle normatif influence les récits et les actions en justice; mais davantage encore, car l'on peut avancer que les faits ne sont perçus qu'à travers le prisme du modèle.

Certaines concentrations sont bien étranges. Ainsi quand Jean-Loïc Le Quellec – nous revenons ici en France et de nos jours – trouve dans les quotidiens locaux du Nord et de l'Orne, de mai à décembre 1989, six anecdotes de conserves de haricots contaminés ouvertes par des ménagères (cinq boîtes de haricots verts, dont quatre contiennent des crapauds et la cinquième un lézard, et une boîte de flageolets contenant une grenouille). Il demeure persuadé qu'un processus de rumeur relayé par la presse écrite mais surtout par des radios de proximité ne laissant pas d'archives est à l'origine de cette épidémie si délimitée géographiquement. Il s'interroge également :

> À chaque fois, il s'agit d'un reptile trouvé par une femme dans des haricots. Pourquoi jamais aucun homme ne trouve-t-il de guêpe dans des fruits au sirop ? Tout se passe comme si, dans l'imaginaire concernant les femmes, le crapaud était symboliquement « bon » à trouver dans les haricots.
>
> (Le Quellec, 1991, p. 95.)

Les journalistes opèrent largement dans l'implicite. Ils se basent en effet sur des critères de bonne forme de ce type pour trier parmi les occurrences multiples du quotidien. Ce qu'on appelle une bonne information, ce qui est relaté parmi ces incidents d'importance minuscule, c'est celui qui correspond à un modèle, qui a une résonance, qui est « bon à penser ».

Après une première histoire qui mettait en scène un restaurateur exotique malhonnête choisissant volontairement des animaux immondes pour aliments, nous sommes passés, avec les séries du rat frit et de la souris dans le Coca, à des contaminations accidentelles, de portée limitée. Quelle est la motivation du restaurateur malhonnête ? Le récit ne l'explique pas, mais d'évidence, c'est avant tout l'avidité, et aussi l'indifférence ou l'hostilité vis-à-vis de clients qu'il exploite. On retrouve les motivations d'avidité et l'emploi systématique d'animaux répugnants mais pas véritablement dangereux, afin de maximiser ses gains, dans les brèves rumeurs accusant MacDonald d'additionner ses hamburgers de 20 % (ou plus, ou moins) de vers ou de viande de kangourou, ou certaines chaînes américaines de garnir leurs pizzas de viande pour chiens.

La motivation change et d'avidité, devient hostilité quand on se trouve face à l'étranger. Ainsi, une rumeur hostile concernant la bière mexicaine Corona a été étudiée par Gary Fine en 1989. Cette rumeur, apparue en 1986 en Californie, concernait un produit dont les importations avaient crû de 170 % cette année-là. Elle affirmait que les ouvriers mexicains urinaient dans les bouteilles destinées à l'exportation vers les États-Unis, et que là était la raison de la belle couleur jaune et de la mousse abondante qui la caractérisent. L'animal est ici remplacé par l'excrément (voir *le cannibalisme involontaire* *), mais on reste bien dans l'immonde. Cependant y a-t-il danger pour le consommateur ? Cela reste incertain.

L'importateur de Corona réagit et attaqua en justice un importateur concurrent dont les ventes avaient souffert et dont les représentants répandaient activement l'histoire. L'affaire se conclut par un accord à l'amiable. On a noté des relais analogues dans le cas de Procter & Gamble : les représentants d'Amway, chaîne de distribution à domicile de produits ménagers, propageaient activement la rumeur déclarant que cette firme concurrente était contrôlée par Satan, comme le démontrait son logo (voir *les symboles cachés* *). Procter & Gamble poursuivit et fit condamner plusieurs représentants. Cependant, dans ce cas comme dans celui de Corona, il ne s'agit que d'une exploitation, pas d'une création ; la dynamique de la légende est à chercher ailleurs. L'important, ici, pour Gary Fine, réside dans les préjugés des Américains envers les Mexicains : ce comportement, hostile et répugnant, des travailleurs mexicains, est jugé plausible car il traduit la haine que les Américains prêtent à leurs voisins vis-à-vis d'eux. Il correspond aussi à la projection de l'hostilité craintive que ressentent les Américains face au Mexique, pays voisin mais étranger, tiers-monde à leur porte – que l'on voie l'hostilité du petit chien trompeur originaire du Mexique dans le *serpent de grand magasin* *.

Parmi la minorité noire américaine, un récit de contamination alimentaire agressive exprimant les angoisses du groupe circule depuis dix ans. La chaîne de poulet frit accusée, Church's Fried Chicken, appartiendrait au Ku Klux Klan, et la nourriture qui y est servie contiendrait un ingrédient stérilisant les Noirs. Le récit se situe du côté de la rumeur : assez bref, il n'est ni localisé ni personnalisé en incidents authentifiés, mais les narrateurs se réfèrent à une source autorisée, affirmant que l'information a été présentée dans un magazine télévisé d'information prestigieux. C'est un fait avéré, de portée très générale, puisque tout Noir mangeant dans n'importe quel restaurant de la chaîne est en danger. Pourquoi la firme Church est-elle accusée ? Il s'agit d'une société fondée en 1952 par un Texan et introduite en Bourse en 1965, qui fait très peu de publicité, vise le marché des Noirs, sert des produits typiques et est installée dans les quartiers noirs (Turner).

Des accusations analogues, matérialisées par un tract, sont apparues au printemps 1991 à New York à propos d'un soda bon marché, le Tropical Fantasy lancé six mois plus tôt et qui visait également le marché des Noirs (Ellis, 1991). Que l'attaque de l'ennemi blanc concerne la capacité sexuelle du mâle noir n'étonnera guère. La puissance sexuelle et reproductive, c'est la richesse des démunis et le stéréotype du Noir bête de sexe reste toujours vivace chez les Blancs, même si son expression ouverte est censurée de nos jours. La crainte du taux de natalité des Noirs en serait-elle une expression atténuée, tout comme les reproches des politiciens conservateurs à propos de leur absence de cellule familiale ?

Les produits attaqués dans ces histoires sont les leaders des marques (Coca-Cola : Fine 1985) ou des produits en forte progression (Corona). Des produits innovants comme le chewing-gum à nouvelle texture, Bubble Yum ou les bonbons carbonatés Pop Rocks ont également été l'objet de rumeurs. Le Bubble Yum contenait des nids d'araignées ou était cancérigène, les Pop Rocks explosaient dans l'estomac. Ici, le danger pour le consommateur n'était pas lié à l'avidité ou à l'agressivité du fabricant ; les rumeurs impliquaient que ces produits innovants, mal contrôlés, avaient échappé à leurs créateurs et il s'agissait d'une sorte d'*effet Gremlins* *. Ces récits courts, d'une ligne, se rangeaient du côté de la rumeur brève. Cependant, un ragot rapportant la mort d'une célébrité s'est aggloméré aux rumeurs concernant les Pop Rocks. Elle affirmait que Little Mickey, un enfant qui présentait des céréales à la télévision, était mort d'une indigestion de ces bonbons dangereux.

La transmission volontaire du sida

L'épidémie de sida entraîne tout un ensemble de récits stéréotypés de mise en garde qui ont réactivé des motifs traditionnels apparus à l'occasion d'autres épidémies. Dans le récit *Hold the mayo*, « Stop à la mayonnaise », recueilli en 1988, il s'agit d'une contamination par l'alimentation (Langlois, 1991). Ce récit accuse la chaîne de fast food Burger King ; il affirme qu'un de ses employés, atteint du sida, a éjaculé dans la mayonnaise afin de contaminer les clients. Il se diffuse sous forme de légende, avec des détails permettant une pseudo-authentification, l'attribution à des proches, une mise en scène vivante. On trouve ici les deux thèmes de la contamination alimentaire volontaire causée par l'agressivité et non par l'avidité et de la vengeance : contaminé sexuellement, l'employé contamine à son tour et prend ainsi sa revanche.

Apparue vers 1985, une histoire de contamination sexuelle par vengeance a été étudiée par Gary Fine (1987). L'anecdote mettait en scène un naïf qui passait la nuit avec une jeune femme rencontrée dans un bar. À son réveil, la belle s'était éclipsée, laissant le message « Bienvenue au club du sida » tracé au rouge à lèvres sur le miroir de la salle de bains. Cette histoire présente une contamination allant de la femme vers l'homme, alors qu'à cette date, ce cas de figure était rare. Pour Fine, cet aspect de la légende semblait central et a guidé son interprétation : la légende fonctionnerait parmi les femmes comme une réplique à la crainte du viol, vive aux États-Unis, et parmi les hommes comme l'expression de leur crainte des femmes. En 1991, en Autriche, courait un récit où la personne contaminée était une jeune Autrichienne. De retour de vacances, celle-ci ouvrait dans l'avion, comme il le lui avait recommandé, le petit cadeau d'adieu donné par l'ami rencontré en Grèce, en Espagne, en Tunisie ou en Turquie. Elle y trouvait un rat mort et l'inscription « Bienvenue au club du sida » (Schneider, 1992). Ce sont les dangers venus du Sud et du tiers-monde (voir *le serpent de grand magasin* *) qui sont désignés à travers cette histoire de contamination sexuelle.

La frontière séparant les récits et les comportements d'ostension qui prennent ces récits pour modèles est particulièrement floue lorsqu'il s'agit du sida. Les histoires de piqueurs lâchés dans la ville et transmettant la maladie ou menaçant de la transmettre ne sont pas seulement des récits (voir *les maniaques urbains* *). L'histoire de la femme contaminatrice est jouée et mise en scène, et même si elle n'est pas réalisée, on se trouve proche du réel. Ainsi, en septembre 1991, le magazine *Ebony* (conçu pour les Noirs américains, il ressemble à notre *Paris-Match*) publie la lettre d'une lectrice de Dallas affirmant qu'après avoir été atteinte du sida, elle racole de façon obsessionnelle dans les bars afin de transmettre le virus au plus grand nombre. Elle concluait : « Je trouve que si je dois mourir d'une maladie atroce, je désire ne pas partir seule. » Le magazine précisait qu'il n'était pas certain de l'exactitude de la missive signée C.J. mais avait décidé de la publier « comme avertissement aux lecteurs ». La lettre suscita une vive émotion dans la région et l'animateur d'une radio locale demanda à son auteur de le contacter. Le 4 septembre, « C.J. » décrivait à la radio ses activités de séductrice fatale et affirmait ne ressentir aucun remords : « Je fais ça à tous les hommes parce que c'est un homme qui me l'a fait. » Le retentissement fut grand : les cours de sensibilisation au sida étaient plus assidûment fréquentés, la vente des préservatifs augmenta, la fréquentation des boîtes de nuit chuta. Fin octobre, la police de Dallas affirma détenir la preuve que l'auteur de la lettre et l'héroïne de l'émission étaient toutes deux des « farceuses » non porteuses du virus. Âgée de quinze ans, l'auteur de la lettre avait récemment perdu un proche victime du sida et elle déclarait avoir écrit pour « accroître la vigilance face à la maladie ». L'héroïne de l'émission, âgée de vingt-neuf ans, affirmait avoir téléphoné pour faire une blague et « ne voulait pas que cela tourne comme ça » (Ellis, 1992). Un client de boîte de nuit interviewé pendant la période d'affolement disait justement : « Si cette femme dit vrai, c'est du meurtre en série. » Et l'on n'est pas loin des accusations portées contre les empoisonneurs de fontaine lors des épidémies d'autrefois.

Les dangers de l'alimentation moderne

Animaux immondes, excréments, produits nouveaux se révélant toxiques ou dangereux pour la santé déclinent dans la société d'aujourd'hui nos craintes face à l'alimentation moderne. Les récits portent sur l'alimentation industrielle et sur les aliments condamnés par la diététique : boissons sucrées gazeuses, poulets frits bien gras, mayonnaise.

Cette alimentation préparée par l'industrie agroalimentaire n'est-elle pas pleine d'additifs néfastes ? Au milieu des années soixante-dix, en France, est apparue la rumeur du tract de Villejuif, qui tentait de prouver cette assertion (Kapferer, 1985, 1989). L'apparition de ce tract est bien documentée, et on connaît la situation énigmatique et conflictuelle qui lui a donné naissance.

Au début des années soixante-dix, une nomenclature unifiée des additifs alimentaires était adoptée pour les pays de la CEE. Le 1er juin 1975, les listes de cette nomenclature furent publiées au *Journal officiel* et des mentions énigmatiques telles que E 224 ou E 450 apparurent sur les produits alimentaires. En décembre 1975, *Science et vie* publia, sous le titre « Petit guide des additifs alimentaires », un tableau commentant la codification publiée par le *Journal officiel.* Ce tableau présentait 143 additifs et en désignait 29 comme « suspects » ou « dangereux ».

Parallèlement, une controverse se développa autour de l'emploi de colorants. 9 substances colorantes allaient être interdites par la CEE, mais on décida de les autoriser encore un an. Les organisations de consommateurs protestèrent et lancèrent, au début de 1976, une campagne de boycott de tous les colorants dans laquelle elles s'opposèrent vigoureusement aux pouvoirs publics. Cette campagne, bien oubliée aujourd'hui, eut beaucoup d'impact et toucha vivement l'industrie alimentaire pour laquelle 1976 et 1977 furent des années de crise. En avril 1976, le numéro 106 de *Que choisir ?*, revue de l'Union fédérale des consommateurs, était intitulé : « Boycottez les colorants ». Il comprenait un encart à plier que l'on pouvait garder sur soi afin de mettre en pratique ces consignes de boycott. Intitulé « Guide des codes et additifs alimentaires. Évitez les risques inutiles », cet encart présentait 107 colorants mais en désignait 70 comme dangereux ou suspects.

Les premiers tracts sont apparus au tout début de 1976. Ils semblaient s'inspirer de l'article de *Science et vie*, mais leur contenu était alarmant. Ils classaient les additifs alimentaires en cancérigènes, suspects, inoffensifs et déclaraient que le plus dangereux était l'acide citrique E 330, produit banal et inoffensif que *Science et vie* et *Que choisir?* avaient cependant présenté comme suspect. Il est certain que la campagne de boycott des colorants a validé et renforcé la méfiance face à l'alimentation industrielle qui s'exprime dans le tract.

Dans un processus d'authentification progressive, le tract reprenait dans ses premières versions l'intitulé de *Science et vie*, puis était attribué à l'hôpital de Villejuif, le centre anti-cancéreux le plus connu de France à l'époque. On passait ainsi de la mention « distribué à l'hôpital de Villejuif » à la phrase « distribué par l'hôpital de Villejuif », pour arriver à un prestigieux « L'hôpital de Villejuif informe... ».

La contre-offensive des groupes concernés – industrie alimentaire, pouvoirs publics, centre de Villejuif – a été vigoureuse. Mais elle est demeurée peu efficace. De nombreuses plaintes ont été déposées contre ceux qui diffusaient le tract. Cependant, les tribunaux ont rarement condamné, jugeant les distributeurs de bonne foi.

L'extension de l'adoption de la nomenclature dans les pays de la CEE a entraîné des floraisons de « tracts de Villejuif » dans les pays nouvellement touchés par cet étiquetage. Ce fut le cas en 1984 en Grande-Bretagne, en 1989 au Danemark. En 1990, dans une version allemande, ce texte circulait activement parmi le personnel de la Commission européenne de Bruxelles.

Le tract doit son succès durable à la résonance qu'il a rencontrée dans les milieux de militants des mouvements de consommateurs. Confrontés aux erreurs factuelles de ce document (l'acide citrique E 330, présent dans les agrumes à l'état naturel, ne peut être sérieusement considéré comme cancérigène ni même nocif), militants et diffuseurs répliquent que ces erreurs sont de détail et n'invalident pas le message de base du tract : l'alimentation industrielle est dangereuse.

Les inquiétudes provoquées par les contaminations alimentaires vont croissant dans le monde. Actions de militants, menaces publiques d'empoisonnement à grande échelle, chantage crapuleux sont trois facteurs qui les favorisent.

Les militants luttent contre l'alimentation industrielle par des déclarations apocalyptiques. Leurs controverses avec les pouvoirs publics – les scientifiques pouvant faire partie des deux camps – au sujet de la qualité des produits de l'alimentation moderne ne cessent de s'étendre et de s'aggraver. L'audience de ces groupes militants s'accroît avec chaque controverse autour d'un épisode de contamination alimentaire : vacherins et listériose, œufs et salmonellose, aliments congelés et contamination bactérienne, encéphalite spongiforme des vaches britanniques (*BSE*), problème vétérinaire bien réel en 1989, devenu en 1992 le sujet d'un feuilleton télévisé en trois épisodes mettant en scène les méchants géants de l'agro-alimentaire et intitulé *Natural Lies* (de David Pirie : *The Independent* 1992). En 1987, on soupçonna des chargements de viande congelée d'origine irlandaise et danoise d'avoir souffert des retombées de Tchernobyl. Refusés en Amérique du Sud, ils débarquèrent en Hollande où quelques lots jugés radioactifs furent détruits. En 1989, le reste de ces chargements fut réexpédié en Afrique de l'Ouest. Les Verts néerlandais annoncèrent la nouvelle avec indignation et furent relayés en Afrique par le Nigeria. La rumeur de radioactivité se répandit, provoquant des débuts d'émeutes et les chargements furent refusés bien que les expertises effectuées ne montrassent aucune anomalie (*L'Union*, 1989). Quelques mois plus tard, les passions se calmèrent et les chargements purent être écoulés. À la même époque, des pays du

Moyen-Orient refusèrent des chargements de moutons d'origine australienne accusés d'être contaminés par la brucellose (*Libération, Le Monde*, 1989).

Les menaces d'empoisonnement alimentaire pour des causes variées ne sont mises à exécution que très partiellement mais valent à leurs auteurs la publicité recherchée. Elles visaient des chargements de fruits, par vengeance contre les options politiques qu'on prêtait au pays exportateur. Les pamplemousses israéliens ou sud-africains furent touchés en Europe en 1978, 1985, 1987, 1988 (Klintberg) ; aux États-Unis, en 1989 (Carlson), c'étaient des fruits chiliens. Ces menaces ont aussi défié les produits d'une firme pour promouvoir une cause : la lutte contre la vivisection par exemple. C'est le cas de l'Animal Liberation Front qui prétendait avoir contaminé les friandises Mars en Grande-Bretagne en 1984.

Il existe aussi tout le champ du chantage crapuleux, qui cherche à extorquer de l'argent à de grandes firmes, vulnérables en raison de la distribution massive de leurs produits. Dans ce domaine, l'information est fréquemment partielle, la police et les entreprises désirant le moins de publicité possible. Est-ce là l'explication des décès – officiellement inexpliqués à ce jour – de plusieurs Américains tués par des capsules de Tylénol contenant en fait du cyanure en 1982, ou s'agissait-il alors du geste immotivé d'un déséquilibré ? Quoi qu'il en soit, c'est bien un chantage crapuleux qui déclencha une vague de contamination de petits pots d'aliments pour bébés de la marque Heinz en Grande-Bretagne, au printemps 1989. L'auteur, policier dévoyé en activité au moment des faits, ce qui le plaçait aux premières loges pour griller ses collègues, fut jugé et sévèrement condamné à la fin de 1990.

Ce qui est frappant dans les paniques récentes, c'est l'intervention croissante des systèmes politiques légitimes : les peurs alimentaires ne sont plus le domaine réservé des terroristes et des maîtres chanteurs. À l'inverse, les interventions politiques semblent les légitimer. Tout est possible, désormais, et surtout le pire.

> Le doute est là, et aucun communiqué ne peut rassurer l'opinion. Si les services sanitaires sont à ce point incompétents, il n'est plus étonnant que des crapauds se trouvent dans les haricots et des grenades explosives dans les pommes de terre, que des doigts coupés flottent dans la crème, que des cadavres gisent au fond des cuves de vin, que les élèves des lycées mangent en épinards la pelouse du campus, que le Téflon des poêles dégage des vapeurs mortelles à la cuisson, que des capotes anglaises soient découvertes dans des baguettes de pain ou dans des corn-flakes, que des lames de rasoir, des débris de verre ou de la soude caustique se trouvent dans des petits pots pour bébé, que des serpents minute se cachent dans les régimes de bananes des supermarchés, que l'additif alimentaire E 330 soit cancérigène, qu'il y ait de la mort-aux-rats dans les barres de chocolat, que des lépreux travaillent dans des usines de produits alimentaires ou fabriquent les cigarettes Chesterfield, que des ouvriers jettent leurs mégots dans le fromage fondu et que même d'honnêtes travailleurs finissent leurs jours dans des boîtes de « singe ».
>
> (Le Quellec, 1991, p. 216.)

V. C.-V.

Bibliographie

Jan Harold Brunvand, *The Vanishing Hitchhiker*, 1981, p. 81-90 et 99-100.
–, *The Choking Doberman*, 1984, p. 115-122.
–, *The Mexican Pet*, 1987, p. 99-103.
Margaret Carlson, « Do you dare eat a peach ? Or an apple, or a grape ? The fruit panic was a lesson about terrorism and living with risk », *Time*, 27 mars 1989.
Michel Dansel, *Nos frères les rats*, Paris, Fayard, 1977.
Bill Ellis, « Tropical Fantasy and the KKK », *Foaftale News*, 22, juin 1991.
–, « Aids Mary on radio talk show », *Foaftale News*, 25, mars 1992.

Gary Alan FINE, « Cokelore and coke law : urban belief tales and the problem of multiple origins », *Journal of American Folklore,* 92, 1979, p. 477-482.
–, « The Kentucky fried rat : legends and modern society », *Journal of the Folklore Institute*, 17, 1980, p. 222-243.
–, « The Goliath effect. Corporate dominance and mercantile legends », *Journal of American Folklore*, 98, 1985, p. 63-84.
–, « Welcome to the world of AIDS : fantasies of female revenge », *Western Folklore*, 46, 1987, p. 192-197.
–, « Mercantile legends and the world economy : dangerous imports from the Third World », *Western Folklore*, 48, 1989, p. 169-177.
The Independent du 30 mai 1992 : « Mad, bad and dangerous to chew » ; 1er juin 1992 : « When the message is in the medium rare ».
Jean-Noël KAPFERER, « Les consommateurs empoisonnés par la rumeur de Villejuif », *Revue française du marketing*, 101, 1985, p. 83-92.
–, « A mass poisoning rumor in Europe », *Public Opinion Quarterly*, 53, 1989, p. 467-481.
Bengt af KLINTBERG, « Modern migratory legends in oral tradition and daily papers », *ARV*, 37, 1981, p. 153-160.
Janet LANGLOIS, « " Hold the mayo " : purity and danger in an AIDS legend », *Contemporary Legend*, 1, 1991, p. 153-172.
Jean-Loïc LE QUELLEC, *Alcool de singe et liqueur de vipère. Plus quelques autres recettes*, Vouillé, Geste Éditions, 1991, coll. « Légendes et rumeurs ». Cf. chapitres V, « Le crapaud dans les haricots » et VI, « Coca-Cola, bestioles, interdits et symbolisme ».
Libération du 2 octobre 1989 : « La galère de dix mille moutons australiens en rade dans la mer Rouge » et « Afrique. La viande importée sur le gril ».
Le Monde du 21 octobre 1989 : « L'errance de deux bateaux sur les côtes africaines. La ballade du bœuf irradié ».
L'Union (Gabon) du 29 septembre 1989 : « Viande radioactive au Gabon ? » ; 30 septembre 1989 : « L'Afrique fortement menacée. Redoubler de vigilance » ; 3 octobre 1989 : « À propos de la viande radioactive. Les deux navires ont levé l'ancre ».
Michael J. PRESTON, « The mouse in the Coors beer can : Goliath strikes back », *Foaftale News*, 14, juin 1989, p. 1-3.

Ingo SCHNEIDER, « Geschichten über AIDS. Zum Verhältnis von Sage und Wirklichkeit », *Osterreichische Zeitschrift für Volkskunde*, 46, 95, 1992, p. 1-27.
Paul SMITH, « On the receiving end : when legend becomes rumour », *Perspectives on Contemporary Legend. Proceedings of the Conference on Contemporary Legend, Sheffield, July 1982,* Sheffield, CECTAL, 1984, p. 197-215.
Patricia A. TURNER, « Church's fried chicken and the Klan : a rhetorical analysis of rumor in the Black community », *Western Folklore,* 46, 1987, p. 294-306.

G U I D E   D E S   A D D I T I F S
A L I M E N T A I R E S .

-:-:-:-:-:-

E I24 TOXIQUE D'après une enquête de "SCIENCES & VIE"
E I25 SUSPECT n° 699 Décembre I975
E I26 INOFFENSIF avec la conclusion des toxicologues.

Tous les additifs sont actuellement autorisés en France, mais doivent être indiqués.
Freinez l'utilisation abusive de ces additifs en sélectionnant les produits que vous achetez !

C'EST LE CONSOMMATEUR QUI CONDITIONNE LES OPTIONS DES FABRICANTS

PENSEZ A LA SANTE DE VOS ENFANTS
(Bonbons, sirops de fruits Etc.......)

I00	I27	I70	2I3	236	28I	32I	340	440
I0I	I30	I7I	2I4	237	282	322	34I	450
I02	I3I	I72	2I5	238	290	325	400	460
I03	I32	I73	2I6	239	300	326	40I	46I
I04	I40	I74	2I7	240	30I	327	402	462
I05	I4I	I75	220	24I	302	330	403	463
II0	I42	I80	22I	250	303	33I	404	465
III	I50	I8I	222	25I	304	332	406	466
I20	I5I	200	223	252	306	333	405	470%
I2I	I52	20I	224	260	307	334	407	47I
I22	I53	202	226	26I	308	335	408	472
I23	I60	203	230	262	309	336	4I0	473
I24	I6I	2I0	23I	263	3II	337	4II	474
I25	I62	2II	232	270	3I2	338	4I3	475
I26	I63	2I2	233	280	320	339	4I4	477
							420	480
							42I	48I
							422	482
								483

qu'on se le dise

ALERTE! DISTRIBUE PAR L'HOPITAL DE VILLEJUIF

Tous ces additifs sont actuellement autorisés en France, mais doivent être indiqués. FREINEZ LEUR UTILISATION en sélectionnant les produits que vous achetez.
N'OUBLIEZ PAS QUE C'EST LE CONSOMMATEUR QUI CONDITIONNE LES OPTIONS DES FABRICANTS !

PENSEZ A VOS ENFANTS!

* *

Reproduisez ce document, distribuez-le autour de vous. Affichez-le et, surtout, UTILISEZ-LE. Il y va de votre santé.

TOXIQUES CANCERIGENES: additifs n^es

102 - 110 - 120 - 123 - 124 - 127 - 211 - 220 - 225 - 230 - 250 -
251 - 252 - 311 - 330 - 407 - 450. 312 - 320

→ le plus dangereux: n° 330 (se trouve dans: [redacted]* citron, certains appéritifs, [redacted], moutarde [redacted], crème de fromage ([redacted])

SUSPECTS (études en cours): additifs n^os

125 - 131 - 141 - 142 - 150 - 153 - 171 - 172 - 210 - 212 - 213 -
214 - 215 - 216 - 217 - 231 - 232 - 241 - 338 - 340 - 341 - 460 -
462 - 463 - 465 - 477.

INOFFENSIFS: additifs n^os

100 - 101 - 103 - 104 - 105 - 111 - 121 - 122 - 132 - 140 - 151 -
160 - 161 - 168 - 170 - 174 - 175 - 180 - 181 - 200 - 201 - 202 -
203 - 236 - 237 - 239 - 260 - 261 - 270 - 280 - 281 - 282 - 290 -
293 - 300 - 301 - 302 - 304 - 305 - 306 - 307 - 308 - 309 - 322 -
325 - 326 - 327 - 331 - 332 - 333 - 334 - 335 - 336 - 337 - 401 -
402 - 403 - 404 - 405 - 406 - 408 - 410 - 411 - 413 - 420 - 421 -
422 - 440 - 470 - 471 - 472 - 473 - 474 - 475 - 480.

INTESTINS (perturbations)	*: E 221 - 222 - 223 - 224 - 226*
DERME (peau)	*: E 220 - 231 - 232 - 233*
DIGESTION (perturbations)	*: E 330 - 339 - 340 - 406 - 341 - 461 - 462 - 463 - 466*
CALCULS RENAUX	*: E 447*
PRODUITS DANGEREUX	*: E 102 - 110 - 120 - 124 - 127*
DESTRUCTION vitamine B 12	*: E 220*
ACCIDENTS VASCULAIRES	*: E 230 - 251 - 252 (dans la charcuterie)*
CHOLESTEROL	*: E 320 - 321*
SENSIBILITE CUTANEE	*: E 311 - 312*
APHTES	*: E 330*
CREMES GLACEES DIGESTION	*: E 407*
PRODUITS CANCERIGENES	*: E 131 - 142 - 210 - 212 - 213 - 214*

Exemples: E 102 : bonbons ([redacted])
E 330 : LE PLUS DANGEREUX : [redacted], [redacted], certaines limonades
E 120 : pastis [redacted].

* Pour des raisons déontologiques, les noms de marques ont été masqués *(N.d.É.)*.

Le rein volé

Mon père avait, à un moment, un professeur remplaçant qui avait voyagé dans le monde entier. Entre autres pays, il avait visité le Brésil avec un copain. Un soir, ils ont décidé de sortir faire la fête. Après un verre trop bien servi, le copain a perdu connaissance, à la suite de quoi ils se sont perdus.

Le lendemain matin, le copain en question s'est réveillé en petite tenue dans une chambre d'hôtel et a réalisé qu'il avait une grande cicatrice dans le dos. Il est descendu dans le vestibule de l'hôtel, mais personne ne l'a reconnu et personne n'a su lui dire comment il était arrivé là. Il est alors retourné en Suède et est allé consulter un médecin.

Pendant sa nuit d'inconscience, un de ses reins lui avait été enlevé.

Racontée par une jeune fille en octobre 1990 au folkloriste Bengt Klintberg dans la petite ville suédoise de Borlänge, cette histoire de rein volé semble être apparue d'abord en Europe, où on la situait dans des pays lointains. L'histoire s'explique car il est de notoriété publique que dans certains pays comme l'Inde, le Brésil ou la Turquie, la vente d'un rein destiné à une transplantation est devenue le moyen pour des pauvres de se sortir d'affaire en gagnant de très grosses sommes.

Pendant l'été 1990, une histoire voisine a été recueillie par l'ethnologue Rolf Brednich en Allemagne. Elle se passe en Turquie, où un couple de touristes originaires de Brême se perd de vue au cours d'une visite du bazar d'Istanbul. Deux jours plus tard, l'épouse retrouve son mari sur une plage, hébété et marqué d'une cicatrice. Elle le ramène immédiatement à Brême, où on lui explique qu'un rein lui a été ôté. Cette histoire est devenue le sujet du jour en Allemagne pendant l'été 1990 et Brednich en a recueilli une vingtaine de versions en quelques semaines. En plus de la Turquie, le pays dangereux où le touriste allemand perdait son rein était situé en Amérique du Sud ou en Europe de l'Est, Roumanie et Bulgarie (Brednich, 1990).

Cette histoire s'est incarnée en Allemagne : le magazine féminin populaire *Bild der Frau* a publié l'authentique (?) photographie de la famille de touristes à laquelle était advenue la mésaventure. Cependant, après enquête sur la véracité de l'article, le quotidien turc *Milliyet* du 10 septembre 1990 ne cachait pas son scepticisme : aucune plainte n'avait en effet été déposée ni à la police ni au consulat allemand d'Istanbul (Kiliclaya, 1990).

En février et mars 1991, l'histoire atteint les États-Unis. Elle y est diffusée sous une forme très semblable ; cependant, le lieu du rapt n'est plus l'étranger mais la ville de New York. Il ne s'agissait plus de vacances familiales ou en couple, de disparition dans un bazar, mais de groupes de célibataires en voyage d'affaires, de bars accueillants où la proie rencontrait une jeune personne séduisante avec laquelle elle décidait de passer la nuit. L'histoire se racontait dans le Wisconsin ou dans l'Illinois (Hesselberg, 1991, Brunvand, 1991). Les victimes étaient des gens de classes élevées, originaires de capitales provinciales (Madison et Chicago respectivement), mais trop naïfs pour les pièges de la ville par excellence, la prestigieuse Big Apple des années soixante devenue un repaire de la violence et du vice. Dès son apparition, l'histoire est récupérée par la vorace culture de masse : un épisode romancé s'en inspirant sera diffusé le 2 avril 1991 dans la série *Law and Order* de la chaîne NBC. Le scénariste Joe Morgenstern, qui a entendu l'histoire à un dîner, a un peu dramatisé l'épisode et remplacé la séduction dans un bar par une attaque et un enlèvement dans Central Park lors d'un jogging solitaire. Il avait maintenu le rang social élevé de la victime, qu'il présentait comme un analyste financier dans une grosse maison de courtage boursier. Peu avant la fin du tournage, il s'entendit narrer ce scénario dramatisé – soigneusement gardé secret, mais comment empêcher l'équipe du film de bavarder à propos d'un tournage ? – dans un dîner, bien sûr, comme un épisode authentique (Grove, 1991).

Notre histoire puise ses racines dans la situation tendue créée par les progrès de la technologie médicale en matière de greffes d'organes et les pénuries causées par le manque d'organes à greffer pour des malades chaque jour plus nombreux. Un véritable marché des organes s'est développé, on l'a vu, dans les pays où coexistent des personnes vivant dans une grande pauvreté et un développement scientifique et technique permettant la présence d'équipes chirurgicales compétentes sur place. On exploite parfois les morts : les cadavres des exécutés sont utilisés en Chine pour des transplantations rénales tandis que des trafics de greffes de cornée sur les cadavres des plus démunis s'organisent de façon sporadique en Amérique du Sud. Les trafics ne fonctionnent pas toujours harmonieusement et plusieurs scandales ont éclaté à la suite de conflits financiers opposant donneurs et intermédiaires. Les transactions avec des êtres vivants concernent exclusivement des organes « en double » – rein ou cornée. Mais leur existence, qu'il s'agisse de trafics légaux ou clandestins, rend crédible les rumeurs alarmistes parlant de bébés en pièces détachées et affirmant l'existence de réseaux organisés qui enlèveraient des enfants des pays pauvres et les exporteraient vers les pays riches pour les massacrer afin de récupérer leurs organes. Ces histoires alarmantes sont très fréquentes en Amérique latine, mais existent également en Asie.

Elles sont aussi rendues vraisemblables par l'existence d'un trafic d'enfants que suscite le développement des adoptions du tiers-monde vers les pays riches (Serrill, 1991). En augmentation au cours de ces vingt dernières années, ces adoptions à l'étranger engendrent toute une classe d'intermédiaires, dont les motifs vont du désintéressement charitable à l'avidité éhontée, et dont les acteurs comprennent des personnes intègres mais aussi de véritables gangsters se livrant à des trafics d'enfants qu'ils achètent à des mères isolées ou qu'ils enlèvent parfois afin de satisfaire leurs clients des pays riches. Ces rumeurs ne présentent pas une thématique narrative développée ; elles correspondent à des convictions qu'il y a complots, enlèvements systématiques, exploitation organisée. Qu'un scandale éclate, que l'on découvre un orphelinat clandestin comme au Guatemala et au Honduras en 1987, ou que l'on voit arriver un Américain à New Delhi pour adopter un second enfant en juin 1991, et ces convictions se renforcent. Les scandales entraînent des affirmations publiques. Celles-ci sont souvent rétractées, mais l'opinion publique oublie les démentis et ne retient que les accusations.

Les massacres de jeunes vagabonds opérés systématiquement dans les grandes villes d'Amérique du Sud par des « escadrons de la mort », policiers ou miliciens payés par les commerçants, constituent un facteur supplémentaire rendant ces accusations plausibles sur tout ce continent. L'apparition publique de ces accusations en Amérique latine remonte à 1987 (Campion-Vincent, 1990). De là, elles ont gagné le monde entier. Car ces convictions sont très répandues en dépit de l'absence de preuves. Les rumeurs accusatrices persistent et convainquent car elles symbolisent les agressions infligées aux pays pauvres par les pays riches qui maîtrisent les termes inégaux de l'échange économique. Des dépêches récentes renvoient à une montée des accusations contre les mauvais chirurgiens, en Iran comme en Argentine :

> Voleur de reins.
> La police iranienne a lancé un appel à Interpol pour retrouver un chirurgien iranien accusé d'avoir volé les reins de plusieurs de ses patients.
> (*France-Soir,* 4 décembre 1991.)

> Des reins volés à des enfants en Argentine.
> Le trafic rapporte tant que les cadavres à l'hôpital sont souvent privés de leurs organes. Quand Maria Luisa Ramirez mourut de pneumonie à l'hôpital le mois dernier, la famille trouva que l'autopsie était bizarre. Un nouvel examen montra que la plupart de ses organes internes avaient été retirés, sans doute par l'hôpital [...] Araoz, ministre de la Santé, a reconnu que de tels cas étaient fréquents : « Il y a des cas où l'on retrouve les corps bourrés de papier quand ils sont remis à la famille, ou encore les gens ouvrent le cercueil et s'aperçoivent qu'il est vide. »
> (Maria Laura Avignolo, *Sunday Times,* 8 décembre 1991.)

> La mafia des organes écume les bidonvilles.
> À onze ans, Oscar s'est fait enlever dans une rue malodorante de la cité misérable où il vit dans la banlieue sud du grand Buenos Aires. On l'a interné dans une clinique qu'il est incapable aujourd'hui d'identifier. On lui a enlevé un rein et on l'a ramené à la maison un mois plus tard, avec 400 dollars en poche et une cicatrice.
> Oscar est une victime des trafiquants d'organes qui terrorisent bidonvilles et quartiers pauvres d'Argentine à la recherche de reins qu'ils revendront sur le marché parallèle quelque 45 000 dollars à des patients nord-américains, brésiliens ou argentins qui attendent désespérément une greffe. [...]
> Cela fait deux ans que l'on parle en Argentine d'enlèvements d'enfants retrouvés avec une cicatrice et un rein en moins. Mais il s'agit peut-être d'une fantasmagorie collective, d'une gigantesque rumeur qui parcourt d'ailleurs la plupart des pays d'Amérique du Sud.
> (Maria Laura Avignolo, *Libération,* 12 décembre 1991.)

Dans une Italie obsédée par l'influence croissante de la Mafia, les affirmations d'enlèvements d'enfants organisés pour prélever des organes ont trouvé un terrain fertile et donné lieu à des paniques (Bermani, 1991, Toselli, 1991).

Le fait qui rend invraisemblable l'idée d'une « mafia des organes » est la haute technicité des transplantations. Ces opérations font appel à un personnel nombreux et fort qualifié dont la participation collective à une entreprise criminelle de longue haleine est impossible ou laisserait des traces, fournirait des preuves et entraînerait des dénonciations. Bien entendu, ce fait n'est jamais évoqué dans les médias bas de gamme, les fictions télévisées, les ouvrages à scandale, les articles de propagandistes, qui se font régulièrement l'écho de ces rumeurs.

Ces peurs, les riches les ressentent aussi face aux pauvres. Les versions européennes de l'histoire du rein volé brodent sur les dangers menaçant le touriste en pays lointains ; elles font écho aux histoires de contamination (voir *le serpent de grand magasin* *) déjà anciennes où le tiers-monde est accusé de nous envahir de produits dangereux. La situation de conflits potentiels créée par des inégalités qui ne font, semble-t-il, que s'accroître, se traduit dans ces récits où la menace s'incarne dans un produit ou un animal. Cependant, avec les récits d'attaque directe, un degré est franchi : le conflit potentiel s'exprime symboliquement par une atteinte immédiate à l'intégrité du corps du riche et non plus seulement indirecte, avec l'envoi de produits contaminés. Ainsi, en Allemagne courent des récits d'enlèvements de touristes à l'étranger qui ont pris le relais des vieilles histoires de *traite des Blanches* *.

Quant aux versions américaines, où le danger est aux États-Unis, à New York, elles semblent dire la frayeur d'un pays qui se juge envahi face à cette ville phare devenue ville poubelle, ville où Noirs – américains, mais surtout des Caraïbes – et Hispaniques sont maintenant majoritaires, ville où le tiers-monde l'a emporté et où ses mœurs règnent.

On le voit, fantasmes des riches et peur des pauvres se font écho et se renvoient en miroir. Cependant, les conditions sociales régissant le tiers-monde rendent malheureusement plus crédibles les peurs des pauvres.

La littérature et le cinéma fantastiques ont fréquemment traité les thèmes de greffes qui, accomplies par le classique savant fou, se révèlent souvent catastrophiques au lieu de sauver le receveur. Ainsi le monstre composite de *Frankenstein,* imaginé en 1817 par Mary Shelley, reçoit-il un cerveau criminel et stupide ; le pianiste des *Mains d'Orlac,* évoqué par Maurice Renard en 1920, a des mains d'assassin. En 1965, le tandem Boileau-Narcejac imagine, dans *Et mon tout est un homme,* que le diabolique Dr Marek greffe sept morceaux tirés du corps d'un condamné sur sept mutilés. Cependant, le vrai héros du livre est Myrtil, le criminel décapité, et la pseudo-expérience du Dr Marek, qui intéressait la Défense nationale, est un prétexte ingénieux destiné à assurer sa survie.

> Tout devient clair : le douteux Dr Marek, acheté par les millions de Myrtil avant sa décapitation, reconstituait le redoutable bandit. Et c'est Myrtil lui-même qui a profité de sa propre mort pour assassiner.

Ce roman extravagant nous retiendra surtout en raison du compte rendu prophétique qu'en a réalisé l'écrivain et humoriste Alexandre Vialatte, qui prédit à cette occasion l'explosion inquiétante des avancées de la chirurgie. En 1965, la littérature était donc une fois de plus en avance sur le réel.

> La chirurgie fait des progrès considérables. On greffe des reins, on plante des dents, on coupe des cheveux, on remplace des nez, on envoie réparer des organes essentiels qu'on replace ensuite comme des chaussettes dans une valise ; on

cloue sur un pivot d'argent la tête du fémur dans sa boîte, on rebouche le trou de Botal, on resangle la selle turcique, on fait tenir en équilibre sur sa pointe la pyramide de Malpighi. Ce ne sont que vésicules, appendices, hypophyses et aponévroses. On allonge, on étire, on coupe, on modifie. On résèque, on supprime, on change. On ouvre, on ferme, on entrebâille, on frotte, on racle et on polit. Bref, on ouvre le corps comme une montre et on le répare comme un réveil. Surtout, on greffe. [...] On greffe de tout. Greffe-t-on des têtes ? Pourquoi pas ? Mais secrètement.

(Vialatte, 1965)

Les légendes contemporaines expriment les peurs des donneurs involontaires, atteints dans l'intégrité de leur corps. Les croyances fantastiques évoquent fréquemment l'action d'extraterrestres qui auraient besoin d'organes humains. Les personnes prétendant avoir été enlevées par des extraterrestres affirment avoir subi des prélèvements corporels. On retrouve d'ailleurs dans ces récits la même structure narrative que pour le rein volé : l'emploi du temps d'une personne présente un blanc inexpliqué, un *missing time*, puis l'on découvre que son corps a subi des opérations chirurgicales. Les extraterrestres sont également accusés de mutilations ou, pis encore, de maintenir des êtres humains dans un état végétatif afin de se constituer une réserve d'organes.

Histoires de rein volé, rumeurs de vols d'enfants, croyances à des extraterrestres voleurs de corps reflètent notre peur d'une civilisation médico-technique et amorale où régnerait un ordre cannibale traitant les hommes comme de simples pièces de rechange à l'usage des puissants.

V. C.-V.

Bibliographie

Cesare Bermani, « Non entrate in quella boutique ! La leggenda continua », *Tutte storie,* novembre 1991.

Rolf Wilhelm Brednich, *Die Maus im Jumbo-Jet,* 1991, p. 77-80.
Jan Harold Brunvand, « The case of the kidney heist », *United Features Syndicate,* 22 avril 1991.
Véronique Campion-Vincent, « The baby-parts story : a new Latin American legend », *Western Folklore,* 49, janvier 1990, p. 9-25.
Lloyd Grove, « The kidney that got away. Stolen organs among stuff of urban legends », *Washington Post,* 2 avril 1991.
George Hesselberg, « Organ theft destined for urban legends », *Wisconsin State Journal,* 31 mars 1991.
Belkis Kiliclaya, « Alman 'kuyruklu yalan'i », *Milliyet,* 10 septembre 1990.
Bengt af Klintberg, « Den vandrande njuren », *Expressen,* 26 mai 1991.
Michael Serrill, « The global baby chase. Wrapping the earth in family ties », *Time,* 4 novembre 1991, p. 40-47.
Paolo Toselli, « Bambini : carne da trapianto ! La leggenda esplode », *Tutte storie,* juillet 1991.
–, « Bambini rapiti e traffico d'organi », *Tutte storie,* novembre 1991.
– et Giuseppe Stile, « Gli acchiappabambini e l'ambulanza nera », *Tutte storie,* mars 1991.
Alexandre Vialatte, « Et mon tout est un homme », *La Montagne,* 23 novembre 1965.

Le serpent de grand magasin

Les récits de serpents de grand magasin sont apparus en France au tournant des années quatre-vingt, frappant les grandes surfaces de cités provinciales. Leur apparition est brutale et le récit se révèle bref : un enfant est mort récemment, piqué par un serpent dissimulé dans une marchandise exotique – un jouet ou un fruit – vendue dans l'hypermarché X... Le magasin apprend l'existence de la rumeur accusatrice en constatant une importante baisse de fréquentation. Les enquêtes des autorités débouchent sur le vide : rien au Samu ni dans les hôpitaux, aucun incident impliquant un enfant. Mais le bruit persiste en dépit des démentis et l'hypermarché demeure désert. Les dirigeants visés réagissent par des accusations de complot.

En août 1982, le directeur d'un hypermarché de Wittenheim – commune située dans la banlieue de Mulhouse – s'offrit une demi-page du journal *L'Alsace*. Sous le titre « Avis de recherche », il s'inscrivait en faux contre la rumeur selon laquelle « un enfant aurait été piqué par un serpent sorti d'un régime de bananes », demandait « à tous les honnêtes gens de l'aider à découvrir l'origine exacte de cette calomnie » et promettait une prime de 10 000 francs à qui permettrait d'identifier les auteurs de cette fausse information. Toute la presse fit écho à ce communiqué, mais le directeur ne reçut que quelques coups de téléphone – anonymes et imprécis.

Cependant, des lettres de lecteurs adressées au *Monde*, qui avait répercuté l'information, firent état de rumeurs analogues à Saint-Étienne (1981), Liège et Chambéry (1982). À Chambéry, le reptile mortel aurait été dissimulé dans un cheval de bois situé dans la galerie d'un centre commercial près de la boutique d'un fleuriste. On supposait que l'animal avait surgi d'une plante exotique pour se cacher dans le socle du cheval.

On trouvait le même type de cachette dans une série apparue dans le Sud-Ouest en 1981 : en Dordogne, dans les Landes, à Pau, Montpellier, Toulouse. Mais dans cette série le dangereux serpent n'était pas lié à des marchandises exotiques. L'enfant était mort piqué par une vipère dissimulée dans un manège. Il s'agissait de vipères autochtones qui avaient infesté le manège pendant son séjour d'hiver sur le causse. Sans doute faut-il voir dans cette variante l'influence des histoires de *lâchers de vipères* *, très actives alors dans la région. Les nouvelles arrivées, larguées d'hélicoptères dans nos campagnes par les écologistes, étaient suffisamment nombreuses pour agir sans autre renfort de l'étranger. D'ailleurs, elles-mêmes étaient des importations récentes, puisque le récit accusait les écologistes d'importer des vipères « des pays de l'Est ».

Un an et demi plus tard, le 15 décembre 1983, une dépêche AFP de Marseille annonce qu'un enfant est mort piqué par un serpent dissimulé dans un ours en peluche « made in Taiwan », dans un hypermarché d'Aubagne près de Marseille. Tancé par le directeur du magasin pour avoir répercuté cette fausse information niée par la gendarmerie, le *Provençal* dément deux jours plus tard – tout en rappelant qu'il a reproduit une information transmise par l'AFP – et révèle qu'une rumeur analogue a vidé l'été dernier l'hypermarché de la même société à Avignon. La direction porte plainte contre X pour « colportage de fausses nouvelles ». Comme les précédentes – et les suivantes – cette plainte ne débouche sur rien. Il s'agit d'un acte symbolique de protestation publique davantage que d'une démarche juridique.

Le produit incriminé n'est pas neutre. En cette fin d'année 1983, il est l'objet de polémiques. En effet, l'ours en peluche « made in Taiwan » accusé a un petit frère de Chine populaire qui inonde alors le marché et contre lequel les fonctionnaires de la Direction de la consommation et de la répression des fraudes de Tours ont bien des griefs. Transportés par bateau, les petits jouets (vendus entre 20 et 40 francs) sont munis de sachets de produit antimite pouvant se révéler toxique. De plus, leurs têtes sont fixées à l'aide d'agrafes susceptibles de blesser. Les services de Tours ont fait paraître en décembre des communiqués repris par les magazines de protection des consommateurs qui ont sans doute renforcé les récits.

Au début de décembre 1983, la même histoire court à Nice. C'est ici un scorpion mortel qui s'est dissimulé dans la dangereuse peluche. Trois magasins de la ville sont désertés, un démenti est publié par le bureau d'hygiène municipal et les directeurs des magasins évoquent la malveillance.

Une vague de récits analogues a balayé les États-Unis en 1968–1969, avec des résurgences sporadiques pendant les années soixante-dix. Les victimes supposées étaient surtout des femmes. Épisodes et victimes n'étaient que vaguement identifiés, cependant que les produits étaient décrits précisément : il s'agissait de couvertures – parfois de pulls – venant d'Asie. Le thème de la dangereuse couverture chauffante d'origine asiatique a frappé au milieu des années quatre-vingt une société française de vente par correspondance. Dans l'histoire, un serpent, lové à l'intérieur d'une couverture, avait frappé une cliente quand celle-ci ouvrit son paquet.

Déclinant toujours les dangers de produits lointains, l'épisode de la mygale dans le yucca est arrivé en France au début de 1986. Ce récit dépasse l'information brève type « une petite fille est morte piquée par un serpent caché dans... » et se diffuse sous la forme d'une anecdote bien charpentée à raconter en prenant son temps et assurant au diseur habile l'intérêt de son auditoire.

> L'héroïne, une femme vivant seule mais dont on souligne fréquemment la jeunesse, s'aperçoit en arrosant le yucca qu'on vient de lui offrir que la plante s'anime à chaque arrosage (le yucca peut également se mettre à vibrer la nuit). Appelés à l'aide, police secours, pompiers ou spécialistes du Muséum d'histoire naturelle traitent l'incident avec grand sérieux, et emmènent la plante ou la brûlent en prenant mille précautions. Ce n'est pas la première fois en effet que l'on fait appel à eux pour cette épidémie de mygales.

En région parisienne, la diffusion de ce récit stéréotypé a connu une forte expansion suivie d'une disparition aussi rapide. En attestent des articles de presse présentant (puis démentant, bien entendu) l'histoire de la mygale dans le yucca. En février 1986 le conservateur des serres du Jardin des Plantes affirmait, selon le *Journal du dimanche*, ne jamais avoir entendu parler de cette histoire, tandis qu'un pépiniériste s'esclaffait : « C'est vraiment n'importe quoi ! » (Vidal). En revanche, en avril 1986, le même responsable du Jardin des Plantes avouait au *Nouvel Observateur* être assailli d'appels téléphoniques (Righini) et, fin juillet, le principal importateur de yuccas, interrogé par *Libération*, faisait grise mine, les ventes s'étant effondrées. On était passé de cinq à six containers par an – vente régulière depuis 1980 – à moins de deux. Le yucca est importé en bûches, puis empoté en serres en France. Chaque container représente quelque 50 000 bûches (Fouchard).

On ne s'était d'ailleurs pas limité aux appels téléphoniques : des spécimens de yuccas contenant des araignées avaient été adressés au conservateur des serres du Jardin des Plantes. Ces araignées n'étaient pas des espèces exotiques mais provenaient, ont jugé les spécialistes, des horticulteurs empotant les yuccas (Reumaux, 1988, p. 69.)

Depuis 1986, l'histoire de la mygale dans le yucca fait encore quelques apparitions sporadiques, mais le rythme est bien tombé. On note également quelques épisodes de serpent de grand magasin. En juin 1988 (*Nord Matin*, Berry), une résurgence combine les deux récits : l'enfant dont on annonçait la mort à l'hypermarché d'Englos, dans la banlieue de Lille, avait été piqué par une mygale géante dissimulée dans un yucca. Cependant, les deux séries sont très proches, et cette combinaison de motifs était déjà présente en 1982 à Chambéry.

Pendant les années quatre-vingt, une autre histoire d'animal dangereux, celle du petit chien trompeur, courait la ville. C'était un récit de vacances qui se terminaient mal, le souvenir rapporté du pays lointain se révélant bien différent de ce qu'il semblait !

> Un couple de Français est parti en vacances aux Philippines. Ils reviennent à Paris en ramenant un mignon petit chien qu'ils avaient rencontré et nourri plusieurs fois dans un restaurant local. Ils avaient demandé au patron la permission de l'emmener et celui-ci avait acquiescé, un drôle de sourire aux lèvres. L'animal sympathise avec le chat de la maison. Mais un jour où les propriétaires oublient de le nourrir, ils découvrent le chat égorgé, une vraie boucherie ! Amenant l'animal chez le vétérinaire, celui-ci leur déclara que c'était un rat géant des Philippines et annonça à la femme, aux pieds de laquelle l'animal avait coutume de dormir, que ce rat aurait très bien pu lui dévorer le visage !
>
> (Paris, vers 1980 ; raconté à Jean-Bruno Renard par un étudiant en sciences âgé de vingt ans.)

En 1986, l'histoire a eu beaucoup de succès en Italie, en Allemagne et en France. *Libération* en rendait compte avec ironie, en parallèle avec le récit de la mygale.

> Après avoir été servis en boulettes dans les restaurants arabes ou chinois, les rats récidivent et attaquent. Un beau jour, M. et Mme Duchmol, en vacances chez des amis en Amérique du Sud, trouvent un petit chiot auquel ils s'attachent. Un bâtard tout ce qu'il y a de plus adorable. Ils l'emportent en France, l'élèvent avec amour et le petit chiot devient adulte, ni très grand ni très beau, mais très sage. Jusqu'au jour où ils reçoivent des amis qui viennent avec leur chat [...]. Tout le monde sort dîner, laissant les deux bestiaux faire plus ample connaissance. Au retour, c'est le carnage : les murs sont couverts de sang, le chat est introuvable, à part un bout d'oreille par-ci, un bout de patte par-là. Le chien, visiblement repu, ronfle dans un coin. Pour mettre fin au cauchemar, le couple Duchmol emmène le chien maudit chez le vétérinaire pour le faire piquer. « Je veux bien, leur dit-il, mais votre chien n'est pas un chien, c'est un rat. Un rat d'une espèce très rare. »
>
> (Fouchard, 1986.)

« Et ce rat est mourant », ajoute-t-on dans la version qui court les États-Unis à la même époque. Le pays d'origine est, plus logiquement et dans le sens de l'histoire du *Mexican Pet*, le Mexique, pays où la touriste imprudente (car l'histoire américaine concerne le plus souvent une femme seule) a passé des vacances et a été séduite par le petit chien trompeur au point de le ramener en fraude. C'est toujours le voisin qui obsède les Américains, le pays méprisé et redouté d'où est originaire ou par lequel transite une population toujours croissante d'immigrés. L'histoire est avant tout une mise en garde contre cet immigré dangereux. Rat et non chien, il trompe sur sa nature. D'aspect doux et séduisant, il se révèle agressif une fois dans la place. Sa santé apparente n'est qu'un leurre. Le motif du passage en fraude fait écho à l'immigration clandestine.

Serpent de grand magasin, mygale dans le yucca ou petit chien trompeur sont des récits de violence.

L'étranger – désigné avec discrétion, par litote, à travers les produits et les plantes qu'il nous envoie ou comparé à l'animal trompeur – attaque au moyen des serpents, des mygales ou des scorpions que contiennent ces produits et ces plantes, ou par ses chiens-rats. Enfants et femmes sont menacés, dans les carrefours de la tentation que sont les grandes surfaces commerciales, mais aussi dans l'intimité de foyers envahis de yuccas et de petits chiens trompeurs :

> Ce que la rumeur « se charge de dire » dans ces contes un peu fous et éminemment sensationnels, c'est que les étrangers passent au travers des barrières que l'on met pour les contenir, qu'ils savent nous séduire pour nous envahir, pénétrer dans nos appartements, manger nos chats, piquer nos ménagères qui achètent des couvertures chauffantes, tuer nos enfants.
>
> (Fouchard, 1986.)

La série des serpents de grand magasin se centre sur les dangers que présentent les produits manufacturés et accuse les grandes surfaces. Celles-ci, temples de la consommation, nouvelles cathédrales des temps modernes, gagnent de l'argent avec des importations à bon marché qui concurrencent sévèrement nos productions. On peut aisément y déchiffrer l'inquiétude des anciens maîtres européens (et nord-américains) face à ces peuples d'Asie autrefois dominés, qui produisent maintenant mieux et meilleur marché que nous dans de nombreux domaines. Cette évolution entraîne en effet, aux États-Unis comme en Europe, des pertes d'emplois productifs et un déficit structurel des balances commerciales.

Dans la série de la mygale dans le yucca, l'inquiétude se centre sur les productions brutes, plantes ou fruits originaires de pays lointains. Le pays d'origine de la plante n'est guère précisé et l'anecdote désigne un danger diffus. On retrouve le conflit entre la nature sauvage envahissante et la ville policée – sous les pavés la jungle – qui figurait dans le récit des *alligators dans les égouts de New York* *.

Il est malheureusement aisé de prédire un bel avenir à ces rumeurs qui déclinent la peur de l'étranger, dans notre village planétaire où les échanges et les angoisses semblent croître en parallèle.

> L'hégémonie n'est plus garantie dans un monde d'échanges libres et sans restriction, un monde où les technologies industrielles sont exportées et adoptées à l'étranger. Si le second tiers du XXe siècle a vu la croissance du pouvoir politique et industriel américain, le troisième tiers voit l'effondrement de cette domination industrielle. Tandis que la réalité de cette décadence est saisie par la population, des avertissements émergent à travers des narrations populaires. Le monde est devenu décentré, mais il n'est pas aisé pour ceux qui étaient aux commandes de reconnaître ce fait.
>
> (Fine, 1989, p. 160.)

V. C.-V.

Bibliographie

Miguel Berry, « Il n'y a pas et il n'y a jamais eu de mygale à Auchan Englos », *La Voix du Nord*, 9 juin 1988.

Jan Harold Brunvand, *The Vanishing Hitchhiker*, 1981, p. 160-170, 172-173.

–, *The Mexican Pet*, 1987, p. 21-24, 114-116.

Gary Alan Fine, « Mercantile legends and the world economy : dangerous imports from the Third World », *Western Folklore*, 48, 1989, p. 169-177.

Anne Fouchard, « Elle court, elle court, la rumeur au fond des pots de yuccas », *Libération*, 30 juillet 1986.

Jean-Noël Kapferer, *Rumeurs*, 1990, p. 142-143, 174-175, 273.

Bernard Lederer, « Une récompense contre une rumeur », *Le Monde*, 1er-2 août 1982.

Le Monde, 8-9 août 1982, « Fables. Le serpent et les corbeaux ».

Nord-Matin, 10 juin 1988, « Pas de serpent ni de mygale à Englos ».

Le Provençal, 17 décembre 1983, « L'affaire du serpent d'Aubagne. Une histoire de langue de... vipère ».
Françoise REUMAUX, « Un rite oral urbain, la rumeur », *Cahiers de littérature orale*, 24, 1988, p. 55-73.
Mariella RIGHINI, « L'invasion des mygales », *Le Nouvel Observateur*, avril 1986.
Marc VIDAL, « La rumeur araignée », *Journal du dimanche*, 16 février 1986.

La vengeance à la superglu

> Une femme qui déjeunait normalement au bureau rentre à l'improviste chez elle. Elle trouve la voiture de son mari dans l'allée et en pénétrant dans la maison, entend, venant de la chambre à coucher, des voix qui lui font comprendre son infortune. Elle quitte la maison sans être remarquée et prépare sa vengeance. Le soir, elle cuisine les plats favoris de son époux, met un déshabillé affriolant, allume les bougies et organise un dîner d'amoureux. Après le repas, on passe dans la chambre à coucher. Elle achève de l'exciter en le déshabillant puis... lui colle le sexe au ventre à la superglu. Il a fallu recourir à la chirurgie pour l'ôter.
>
> (Brunvand, 1984, p. 146.)

Ce récit de la vengeance féroce d'une épouse dupée qui castre le coupable se situe dans un riche ensemble évoquant les conséquences inattendues et néfastes de l'emploi de la superglu, un matériau nouveau. Ces récits extraordinaires et d'authenticité douteuse courent surtout les milieux médicaux et les policiers, ambulanciers et pompiers intervenant en cas d'accidents. Ils extrapolent à partir d'incidents réels mais peu spectaculaires : des bricoleurs maladroits se seraient collés à des sièges de toilettes, des enfants en bas âge à leurs chaises hautes, une femme voulant fixer ses faux cils à la superglu se serait retrouvée le doigt collé à la paupière, etc. L'histoire de la vengeance à la superglu peut donc être considérée comme un *effet Gremlins* *, le récit du mauvais usage d'une technologie. Cependant, il s'agit d'un mauvais usage délibéré, causé par la colère et non par l'ignorance ou l'incompétence comme dans les autres récits.

La femme trompée castre l'infidèle, le punissant par où il a péché. Dans les milieux mexicains du Texas, où Mark Glazer a recueilli et analysé une vingtaine de versions surtout transmises par des femmes, la superglu a remplacé l'assaut direct de l'épouse qui utilisait plutôt couteau ou rasoir avant 1980. Peut-on lire dans cette histoire une réflexion sur les conséquences désastreuses qu'entraîne la perte de contrôle de la nature ? C'est l'interprétation qu'en propose Mark Glazer, qui note qu'à cause de la sexualité incontrôlée du mari et de la vengeance passionnée de la femme, ni l'un ni l'autre n'ont plus accès à la sexualité. On indique en effet, dans ces versions, que le couple demeure uni après la tragédie.

L'histoire se prolonge de nos jours en pseudo-faits divers auxquels la presse populaire anglo-américaine fait fréquemment écho. Ainsi, ce récit récent, d'origine germanique.

> Boris Smiegel, trente-neuf ans, et sa maîtresse Greta Hegley furent surpris peu après leur arrivée dans un motel près de Salzbourg par l'épouse de Boris, Frieda Smiegel, trente-six ans. Furieuse, celle-ci, technicienne dans un laboratoire d'adhésifs, déversa sur le couple adultère le contenu de deux seaux de colle extrarapide et forte qu'elle avait emportés puis s'en alla. Ce n'est que le lendemain matin que le couple fut découvert et transporté à l'hôpital où une opération de cinq heures fut nécessaire pour les séparer. Abandonné par sa maîtresse, Smiegel est maintenant attaqué par son ex-épouse qui demande le divorce.
>
> (*Sun*, 11 juillet 1989, p. 35.)

Plus machiste, une variante brésilienne nous parle de la vengeance d'un mari qui tourne mal.

Un mari trompé de São Paulo, dont l'identité n'a pas été révélée, a eu recours, pour se venger, à un procédé aussi cruel que machiavélique. Il n'a pas hésité, en effet, sous la menace d'un revolver, à enduire la main de sa femme d'une colle extraforte et à obliger celle-ci à empoigner fermement... le pénis de son amant, a rapporté jeudi un quotidien de São Paulo qui détient cette déclaration de source médicale. La police se refuse à toute déclaration par souci de discrétion. Les deux amants durent subir une intervention chirurgicale particulièrement délicate pour pouvoir être enfin séparés l'un de l'autre et se libérer ainsi d'une situation pour le moins embarrassante. Mais ce que n'avait pas prévu le mari, c'est que ces colles extrafortes sont d'une exceptionnelle toxicité et que le sexe de l'homme est constitué d'un tissu très poreux. Résultat, l'amant est mort quelques jours après, empoisonné par les toxines de la colle qui avaient envahi son système sanguin. Le mari risque maintenant d'être inculpé d'homicide par imprudence.

(28 juin 1986, dépêche d'agence citée par Delaloye, 1988, p. 59 et Vergez 1990.)

Ce mari trompé est plus agressif que le mari dupé de la Cadillac remplie de ciment. Celui-ci, conducteur de travaux, rentre à l'improviste de son chantier un après-midi. Une voiture décapotable inconnue est garée dans la contre-allée et dans la maison, sa femme parle avec un homme. Il repart subrepticement, revient avec une bétonnière et remplit la voiture de ciment frais. Ce récit a fait le tour des États-Unis au début des années soixante, puis a couru l'Europe – Scandinavie et pays de langue allemande surtout – au début des années soixante-dix. Brednich cite des voitures remplies de mousse synthétique à durcissement instantané ou de fumier dans des variantes rurales. Déplacée sur un objet, l'agressivité de cette vengeance personnelle est-elle acceptable ? Sans doute non, car cette histoire se raconte aussi en ridiculisant le mari soupçonneux. L'homme avec lequel parlait l'épouse n'était pas un amant mais un vendeur de voiture, et la belle décapotable le cadeau-surprise qu'elle lui préparait à l'occasion de son anniversaire.

La vengeance à la superglu renvoie également à tout un ensemble de récits exploitant le thème mythologique du danger du sexe féminin, *vagina dentata* pour le mâle. Les craintes masculines sont exprimées de nos jours par le biais d'anecdotes stéréotypées comiques relatant les malheurs des amants coincés. Chez les Américains, il s'agit généralement d'un couple clandestin s'étreignant furtivement dans l'inconfort d'une voiture. Dérangé brutalement à un moment crucial, voici le couple bloqué dans son étreinte et contraint d'appeler une aide extérieure. Il faut démolir la voiture.

> « Et comment vais-je expliquer à mon mari ce qui est arrivé à la voiture ? » se désole l'épouse adultère qui utilisait le véhicule conjugal. Dans une variante proche de l'histoire drôle, la voiture est la propriété de l'amant et la femme, qui a gardé tout son sang-froid, répond aux pompiers s'excusant d'avoir démoli la voiture du ménage : « Ce n'est pas grave. Il n'est pas mon mari. »
>
> (d'après Brunvand, 1984, p. 142-143.)

Ici, l'accident semble être considéré comme conséquence de l'inconfort d'une petite voiture de sport peu indiquée pour les étreintes passionnées. Cependant, le plus souvent, l'histoire évoque la croyance selon laquelle, s'il y a choc au moment de l'orgasme, les muscles vaginaux peuvent se tétaniser et retenir le *penis captivus*. Ainsi ce récit, qui a couru l'Allemagne en 1981 à partir de la ville de Baunatal.

> Une femme un peu frivole habitait avec son mari dans des logements destinés aux employés de Volkswagen à Baunatal. Un jour que son mari était parti en séjour de cure thermale, elle profite de l'occasion pour faire venir son amant. Alors qu'ils étaient en train de faire l'amour, la femme est prise d'un soudain remords et attrape une crampe vaginale. Si bien que son amant ne peut plus se retirer. Ils se sont déplacés tant bien que mal pour téléphoner à une ambulance. Lorsqu'on les a sortis tous deux de la maison sur un brancard, on a essayé de limiter leur honte en les couvrant d'un drap. À l'hôpital, le médecin a dénoué la crampe vaginale par une piqûre.
>
> (Brednich, 1990, p. 121-122.)

Cette croyance se trouve authentifiée par des publications sporadiques dans la presse médicale depuis le XIXe siècle. Elle semble cependant s'appuyer fréquemment sur des cas imaginaires. Ainsi, la référence américaine la plus citée a été vérifiée par Brunvand, qui l'a jugée fort douteuse : il s'agissait d'une lettre de lecteur publiée sous pseudonyme en 1884 et ne fournissant aucune preuve de ses dires. Mais la saveur de l'anecdote avait eu raison de la sévérité normale d'un éditeur scientifique et lui avait valu la publication. Des cas, rares mais bien réels, existent cependant et des revues médicales françaises (*Gynécologie et psychosomatique, Cahiers de sexologie clinique*) leur ont fait écho. L'un d'entre nous connaît personnellement – il ne s'agit pas d'un *adua* – une gynécologue ayant accueilli, au cours de son internat en 1979, un couple coincé à l'hôpital de Caen. Cependant, il y a beaucoup plus de récits que de cas (comme pour les corps étrangers dans les bouteilles évoqués dans l'*os de rat* *). Et ces récits suivent un modèle stéréotypé : mise en scène du transport à l'hôpital, valorisation de la fonction morale du fâcheux accident, qui punit des manquements à la règle de la fidélité conjugale. L'emploi de l'expression récit légendaire est donc justifié, en dépit des cas réels.

Deux faits divers insolites, situés en Afrique de l'Est, combinent vengeance conjugale et amants coincés. Ce n'est pas la superglu mais la magie qui opère ici. La vengeance est exercée par le mari trompé, soit indirectement en faisant appel à un sorcier (Kenya), soit directement (Ouganda), et alors le mari exige une compensation financière pour conjurer le sort jeté.

> Deux amants kenyans ont dû être transportés à l'hôpital pour être séparés après avoir été littéralement « collés » ensemble par les charmes d'un sorcier auquel avait fait appel le mari trompé. Les voisins, ayant entendu les cris des amants, ont appelé la police, après avoir tenté en vain de les séparer.

Un couple qui se livrait aux joies de l'adultère à Kampala, vendredi, est resté coincé dans une position gênante à cause d'un mauvais sort que le mari trompé avait jeté à son épouse, écrit le quotidien ougandais en langue anglaise *The Star*. La police a été appelée sur les lieux pour disperser la foule hilare qui contemplait la scène. Doué du sens des affaires, le mari a réclamé 200 000 shillings ougandais à son rival pour conjurer le sort qu'il lui avait jeté et lui permettre ainsi de se séparer de sa maîtresse.

(4 juillet 1983 et 10 septembre 1985, dépêches d'agence citées par Delaloye, 1988, p. 56, 57.)

Le couple illicite, le caractère public de l'humiliation – la première intervention des voisins étant suivie d'un recours à la police – sont proches des récits européens. S'il est impossible d'interpréter, à partir de ces quelques lignes qui ont franchi plusieurs seuils – journal local puis agence de presse internationale – avant de nous parvenir, et ont sans doute été retravaillées en fonction des attentes supposées d'un public mondial friand de comique et d'insolite, on peut cependant s'interroger sur les circonstances de l'incident originel et l'existence des croyances locales qui lui ont donné forme.

Ces récits plaisent car il est psychologiquement gratifiant d'évoquer les dangers de la sexualité féminine débridée. Rappelons encore à leur propos le motif de *vagina dentata* présent dans de nombreux contes et mythes d'origine qui mettent en scène une créature féminine à l'étreinte mutilante.

Une variante a été relatée à la télévision par le couturier Paco Rabanne comme anecdote authentique (*Ciel mon mardi*, TF1, 22 octobre 1991). Lors d'un baiser fougueux, le couple, debout sur un tapis de nylon, se retrouve coincé, soudé par ses bridges dentaires respectifs « qui ont fait masse ». Ici, les amants sont moins victimes d'une sexualité débordante que de l'hypertechnicité contemporaine, de notre environnement de prothèses et de matériaux artificiels.

Enfin, on trouve également dans ces histoires un commentaire, tantôt favorable, tantôt sévère, des conséquences de la vengeance personnelle.

V. C.-V.

Bibliographie

Rolf Wilhelm BREDNICH, *Die Spinne in der Yucca-Palme,* 1990, p. 27-28 (la Cadillac) et 121-122 (les amants coincés).

Jan Harold BRUNVAND, *The Vanishing Hitchhiker*, 1981, p. 125-133, 149-150 et 187-188.

–, *The Choking Doberman*, 1984, p. 142-149.

Laurent DELALOYE, *Quelle planète !,* 1988, p. 56, 57, 59.

Mark GLAZER, « The superglue revenge : a psychological analysis », *in* Gillian Bennett et Paul Smith (eds), *Monsters with Iron Teeth. Perspectives on Contemporary Legend vol. III*, Sheffield Academic Press, 1988, p. 139-146.

Monte GUZLOW et Carol MITCHELL, « "Vagina dentata" and "Incurable venereal disease". Legends from the Viet-Nam war », *Western Folklore*, 39, 1980, p. 306-316.

Sun, 11 juillet 1989, p. 35 (reproduit par *Foaftale News*, 18, juin 1990, p. 10).

Michel VERGEZ, *Faits divers,* 1990, p. 145.

Les symboles cachés

Le mot *sex* est inscrit de manière quasi invisible sur des biscuits d'apéritif...

Des symboles sur les pochettes de disques des Beatles confirment la rumeur sur la mort de l'un des chanteurs...

Une faucille et un marteau minuscules figurent sur la pièce d'un demi-dollar américain...

Les trois K du mot Ku Klux Klan sont dessinés sur le paquet d'une célèbre marque de cigarettes...

Les petites étoiles figurant sur la couverture du magazine *Playboy* ont une signification sexuelle...

Le chiffre de la Bête de l'Apocalypse, 666, est décelable sur le logo d'une grande entreprise américaine, dans les codes-barres, dans la Pyramide du Louvre...

La médaille miraculeuse de la rue du Bac à Paris présente une image qui a été falsifiée par les francs-maçons...

Il existe un légendaire des symboles cachés. Les rumeurs prétendent révéler ce qui est dissimulé, le vrai visage des choses : il n'est donc pas étonnant que de nombreuses histoires circulent dans le public ou certains milieux à propos de symboles cachés dans des images ou des objets d'apparence anodine. Ces signes seraient la preuve de la mainmise de pouvoirs occultes sur notre société. La croyance aux images subliminales – que seul notre inconscient perçoit et qui nous influenceraient à notre insu – est la forme moderne et technologique de la croyance à l'envoûtement par les sorciers. La recherche des symboles cachés s'apparente à l'ancienne quête des indices diaboliques, des marques de Satan. De fait, les thèmes évoqués correspondent aux peurs et aux tabous traditionnels de l'Occident : le sexe, la mort, la subversion. Le satanisme lui-même est loin d'avoir disparu de la mentalité contemporaine.

Dans les années soixante, période de libéralisation des mœurs, des rumeurs plutôt amusantes à contenu sexuel circulèrent aux États-Unis. Ainsi, certains prétendaient que « le mot *sex* apparaît en relief sur les crackers Ritz afin de les rendre plus attirants, de manière subliminale, pour les consommateurs » (Morgan 1988). Des curieux eurent beau tourner et retourner dans tous les sens ces biscuits d'apéritif, rechercher le message caché jusque dans de possibles figures ambiguës, des jeux de la forme et du fond, des illusions perceptives, ils ne trouvèrent rien. Cette rumeur aura en tout cas été utile à de joyeux convives pour égayer leurs soirées !

Dans son livre *Subliminal Seduction*, Bryan Key prétend que, sur des images publicitaires pour certaines boissons alcoolisées, les glaçons qui fondent dans les verres présentent intentionnellement des formes sexuelles suggestives. Mais on sait que toute figure ambiguë, comme les nuages, les taches sur un mur ou les planches du test de Rorschach, permet à l'imagination de se projeter librement. La rumeur est même devenue réalité et on trouve dans le commerce des moules à glaçons représentant des femmes nues ou des sexes masculins !

Les petites étoiles qui figurent sur la couverture de *Playboy*, à côté du titre du magazine, ont donné lieu à plusieurs interprétations reflétant les fantasmes des lecteurs. Pour les uns, il s'agirait d'un système de notation des performances sexuelles de la Playmate du mois avec laquelle couchait, disait-on, le directeur de la publication, Hugh Hefner : plus il y avait d'étoiles, plus le mannequin avait été un « bon coup » ! Pour d'autres, le nombre d'étoiles indiquerait les performances de Hefner lui-même, le nombre de fois où il avait « honoré » la Playmate, et on a compté jusqu'à six étoiles ! Pour d'autres encore, le code était plus simple : si les étoiles étaient à l'intérieur du P de *Playboy*, Hefner avait couché avec la Playmate ; si elles étaient à l'extérieur, il avait essuyé un échec ! En réalité, ces mystérieuses étoiles permettent simplement d'identifier au centre de tri les six différentes éditions régionales du magazine. Quant à l'emplacement des étoiles par rapport à la lettre P, il dépend de la couleur claire ou foncée des lettres du titre et obéit à un principe élémentaire de lisibilité.

À l'automne 1969 se répandit aux États-Unis, puis en Europe, une rumeur qui figure parmi les classiques du genre : on racontait que Paul McCartney, l'un des Beatles, était mort depuis 1966 dans un accident de voiture, que son décès avait été tenu secret et qu'un sosie l'avait remplacé dans le groupe. On avançait pour preuves de multiples indices relevés dans les chansons – éventuellement écoutées à une vitesse différente ou même à l'envers – et sur les pochettes de disques du groupe. Par exemple, sur l'album *Sergeant Pepper*, un massif de fleurs jaunes – couronne mortuaire ? – a la forme d'une guitare de gaucher ; or Paul était le seul gaucher du groupe. La surimpression de la photographie de la pochette avec les paroles des chansons fait apparaître la main de George Harrison désignant la phrase « Mercredi matin à cinq heures... », jour et heure présumés de la mort de Paul McCartney. Sur l'album *Abbey Road*, on voit en arrière-plan une Volkswagen dont le numéro minéralogique se termine par « 28 IF » ; cela signifie, selon les infatigables scrutateurs de pochettes de disques : « Paul aurait vingt-huit ans s'il était encore en vie. » Lorsque McCartney démentit la rumeur dans le magazine *Life*, il y eut encore des amateurs de spéculations iconiques qui remarquèrent qu'en regardant par transparence la photo du Beatle – ou de son sosie – au verso de laquelle se trouvait une publicité automobile, la voiture semblait couper la tête de Paul McCartney, évoquant ainsi les circonstances de sa mort.

À propos des Beatles, une autre rumeur – rose cette fois – prétendait qu'un numéro de téléphone était caché dans l'image de l'album *Magical Mystery Tour*, qu'il était visible à l'aide d'un miroir et qu'en appelant à ce numéro on pouvait gagner un voyage en Méditerranée. Cette histoire peut être rapprochée de la rumeur concernant les billets de cinq dollars aux États-Unis : en observant attentivement les buissons situés à gauche des marches du Lincoln Memorial, au dos du billet, on peut y déceler le nombre « 372 » ou, selon d'autres, « 3719 ». Cette mystérieuse série de chiffres correspondrait à un non moins mystérieux numéro de téléphone.

Pendant la guerre froide, l'obsession de la subversion communiste a fait naître de nombreux récits de symboles cachés. Dès 1948, certains Américains affirmèrent que les initiales « J.S. » qui figurent encore sur le côté face du *dime* – pièce de 10 cents – signifiaient Joseph Staline. En réalité, il s'agissait tout bonnement des initiales du dessinateur de la pièce, John Sinnock. Plus tard, on prétendit observer sur le demi-dollar frappé à l'effigie de Kennedy une faucille et un marteau minuscules, situés à la base du cou du président. Là encore, il s'agissait simplement des initiales stylisées du dessinateur de la pièce, Gilroy Roberts. Dans ces deux exemples, on retrouve l'idée d'une cinquième colonne communiste qui infiltre les États-Unis jusque dans ses institutions les plus vitales (le Trésor américain) et dans ses symboles les plus forts et les plus répandus (la monnaie et le portrait du Président).

Toujours aux États-Unis, actuellement, le leader noir musulman Louis Farakhan, farouchement antisémite, a coutume de brandir un billet de un dollar dans ses meetings et prétend prouver que les Juifs dirigent l'Amérique en montrant que les treize étoiles situées au-dessus de la tête de l'aigle américain, dans le médaillon à droite du mot *One*, au dos du billet, sont disposées de telle sorte qu'elles forment une étoile de David.

La peur de l'extrême droite a également nourri quelques attributions de symboles. Chacun connaît l'histoire des cigarettes Marlboro dont la firme financerait le Ku Klux Klan : la preuve en serait donnée par les figures en chevron du paquet rouge et blanc, qui forment les trois K du mouvement raciste. Cette interprétation circule surtout en Europe, où elle alimente les convictions antiaméricaines de ceux qui identifient les États-Unis au racisme, à la violence, à la puissance de l'argent. Les Américains, quant à eux, ne connaissent pas cette histoire.

Un billet émis par le Canada en 1954, et représentant la reine Elizabeth, est supposé avoir été « trafiqué » par des nationalistes irlandais : en regardant bien les cheveux de Sa Gracieuse Majesté, on peut y déceler la face grimaçante d'un démon ! Ceci rappelle les petits jeux de société consistant à chercher des formes reconnaissables dans des figures autres ou ambiguës : par exemple découvrir la tête du général de Gaulle sur les boîtes de fromage La vache qui rit (années soixante) ou trouver le chamelier dans les taches du dromadaire dessiné sur les paquets de cigarettes Camel – une variante précise le Manneken-Pis de Bruxelles !

Les marques de Satan

Le signe de la paix – un Y renversé avec une troisième barre centrale dans la fourche, le tout inscrit dans un cercle – a été imaginé en 1958 par un graphiste anglais comme logo pour un mouvement en faveur du désarmement nucléaire. Le dessin était inspiré des deux signaux sémaphores pour le N (*Nuclear*) et le D (*Disarmament*). En 1970, une rumeur se répandit selon laquelle ce symbole était un emblème satanique. D'après Morgan (1988), la source de cette légende semble être un article publié en juin 1970 dans *American Opinion*, magazine du mouvement américain d'extrême droite John Birch Society. L'auteur de cet article voit dans le symbole une « empreinte de poulet », signe utilisé pendant les rites sataniques comme marque du diable et qui représente aussi la croix chrétienne renversée.

Mais l'histoire la plus typique concernant la découverte de signes diaboliques dans des images est certainement l'affaire Procter et Gamble dans les années quatre-vingt. Cette grande entreprise américaine de produits d'entretien a été accusée par la rumeur, en 1981, d'être dirigée par des adeptes de Satan. L'accusation provenait principalement de mouvements religieux fondamentalistes. Selon eux, il fallait décrypter le logo de la société : un croissant de lune à face humaine accompagné de treize étoiles. Non seulement la lune était un astre diabolique et le chiffre 13 maléfique, mais surtout le nombre 666 – chiffre de la Bête de l'Apocalypse (**13**, 18), de l'Antéchrist, de Satan – était suggéré par trois boucles de la barbe du personnage lunaire. Les deux extrémités torsadées du croissant de lune figuraient les cornes du bélier, animal diabolique. Enfin, certains retrouvaient le nombre 666 en reliant les étoiles entre elles d'une certaine manière.

Malgré les explications données par la firme sur l'origine du logo créé en 1872 – les treize étoiles symbolisent les treize premiers États historiques des États-Unis, et la lune rappelle que les premiers produits fabriqués par Procter et Gamble furent des bougies –, la rumeur se répandit très largement, ajoutant à l'accusation de satanisme une autre, selon laquelle la firme était à la solde de la secte Moon (sans doute à cause du visage lunaire !). La firme reçut près de 100 000 demandes d'explication à propos de ses liens supposés avec le satanisme. Elle entama même une demi-douzaine de poursuites judiciaires contre des individus qui auraient diffusé la rumeur. Elle trouva de l'aide auprès de personnalités comme le prédicateur Billy Graham, le cardinal Joseph Bernardin de Chicago et la journaliste Abigail Van Burin. Après une longue campagne de contre-attaques et de démentis, la société Procter et Gamble décida, en 1985, de retirer progressivement le logo de la plupart de ses produits, alors que la rumeur commençait à se répandre en Europe.

L'emblème L'emblème interprété Le nouvel emblème

Sources : Kapferer, 1990, p. 37 ;
Fortean Times, septembre, 1991, p. 17 (D.R.).

En juillet 1991, la firme fit redessiner son logo, en éliminant les trois boucles suspectes et ce qui ressemblait à des cornes de bélier. Elle a toutefois conservé les treize étoiles, réaffirmant qu'elles représentaient les treize premiers États d'Amérique et non les treize membres d'une assemblée de sorciers ou la figuration de chiffres cachés. On notera aussi que le visage est plus serein et plus souriant !

La main du diable a également été suspectée dans les codes-barres. En effet, la série de barres plus ou moins épaisses est encadrée à ses extrémités et séparée en son milieu par un même signe constitué de deux traits minces, plus longs que les autres. Or ce signe ressemble au symbole-barre signifiant le plus souvent le chiffre 6 : il était aisé de conclure que sa triple répétition correspondait au fatidique et diabolique nombre de la Bête, 666. Cette codification des produits commerciaux a été rapprochée des versets de l'Apocalypse (**13,** 17) : « Et nul ne pourra rien acheter ni vendre s'il n'est marqué au nom de la Bête ou au chiffre de son nom. » Selon certains, il y aurait même des chaussures, exportées par la Communauté économique européenne, sur la semelle desquelles serait représentée une tête de bélier surmontant le nombre 666. En 1986, des milliers de Grecs ont manifesté devant le Parlement d'Athènes pour protester contre la mise en circulation de nouvelles cartes d'identité : ils affirmaient que ces nouveaux papiers portaient le nombre de l'Antéchrist, le 666. À l'obsession de la présence de Satan dans le monde s'ajoute ici un thème commun à de nombreuses légendes contemporaines : la réaction de refus face à la technologie moderne, aux nouveaux moyens de paiement ou de fichage des citoyens.

En mai 1991, le Service d'immatriculation des véhicules de Swansea, dans le pays de Galles, annonça qu'il ne délivrerait aucun numéro contenant la séquence de chiffres 666. Un fonctionnaire expliqua que les gens attribuaient à la présence de ce nombre diabolique des collisions et des accidents automobiles. On a même parlé d'animaux furieux attaquant les véhicules marqués 666 et d'un assassin prétendant que son camion immatriculé 666 lui avait fait commettre son acte criminel. L'évêque de Peterborough approuva la mesure prise par le Service d'immatriculation, tandis que l'Alliance évangélique dénonçait l'hystérie anti-666 comme une superstition, donnant au contraire en exemple un militant chrétien qui avait trois 6 dans son numéro de téléphone et qui n'avait jamais demandé à ce qu'il soit changé (*The Independent*, 2 mai 1991).

À Montpellier, tout près de la faculté des lettres, une maison individuelle a pour numéro le nombre 666. Un artiste des rues, sans nul doute conscient de la signification de ce nombre, a, un jour de 1991, dessiné au pochoir sur le mur, près du numéro de la maison, une tête de diable. Mieux encore, les amateurs de théologie apprendront avec plaisir que le propriétaire de cette villa lui a donné le nom de « Santa Maria » : coïncidence ou, plus vraisemblablement, appel propitiatoire à Celle qui écrase le Serpent sous son talon ?

Une histoire peu connue, qui circule en France dans les milieux catholiques intégristes, concerne la médaille miraculeuse. Cette médaille a été créée en 1832 à la suite des apparitions de la Vierge dans la chapelle des sœurs de Saint-Vincent-de-Paul au 140 rue du Bac à Paris. Elle reproduit la vision reçue par Catherine Labouré le 27 novembre 1830. L'avers représente la Vierge debout sur le globe terrestre et écrasant le serpent ; de ses mains jaillissent des rayons lumineux d'inégale longueur. Sur le revers, on voit le monogramme de la Vierge – la lettre M entrelacée d'une croix – surmontant les deux saints cœurs, le tout entouré par douze étoiles et, dans le bas, de neuf rayons. Selon des auteurs intégristes, les médailles miraculeuses vendues dans le commerce présentent des défauts : l'un ou l'autre des détails des images authentiques manque ou a été modifié, par exemple la longueur des rayons, les positions relatives du M et de la croix, etc. Michel Servant (1973) dénonce cette falsification : « La répétition et la variété de ces erreurs sont trop fréquentes pour qu'on puisse n'y voir que l'effet du hasard. » Des entretiens avec les partisans de cette idée, il ressort que les indices relevés dans les fausses médailles seraient des signes maçonniques ou sataniques, révélant ainsi le pouvoir occulte et l'action anticatholique de la franc-maçonnerie et de Satan. Une « vraie » médaille miraculeuse, fidèle à la tradition, circule d'ailleurs parmi les croyants.

Il n'est pas étonnant que les milieux les plus actifs dans la diffusion et sans doute aussi dans la création de ces rumeurs à contenu satanique soient les Églises fondamentalistes aux États-Unis et les mouvements catholiques intégristes en France.

Le dernier avatar du décryptage des signes sataniques concerne l'architecture et l'urbanisme : par exemple les figures mystérieuses que forment les rues sur le plan d'une ville ou bien les 666 panneaux de verre de la Pyramide du Louvre (voir *la Pyramide du Louvre et sa signification satanique* *).

De leur côté, les populations musulmanes d'aujourd'hui découvrent les noms d'Allah ou de Mahomet dans le ciel, mais aussi dans des endroits insolites comme la chair des aubergines ou le bras d'un nouveau-né. Cette épidémie de signes miraculeux semble là encore correspondre à des revendications intégristes (Campion-Vincent 1991).

Il arrive que des rumeurs soient vraies : c'est ce qui fonde en général leur crédibilité. On connaît le drapeau européen, créé en 1955 et décrit ainsi par le Conseil de l'Europe : « Sur le fond bleu du ciel d'Occident, les étoiles figurant les peuples d'Europe forment le cercle en signe d'union. Elles sont au nombre de douze, symbole de perfection et de plénitude. » En 1989, une petite revue catholique intégriste révélait que l'emblème de l'Europe était un motif extrait de l'image de la médaille miraculeuse, consacrant ainsi l'Europe à la Sainte Vierge ! Une enquête sérieuse menée par des journalistes démontra que le dessinateur du drapeau européen était en effet un catholique traditionaliste fervent et qu'il s'était directement inspiré de l'image de la médaille miraculeuse. La veuve de l'artiste confirma : « Il avait beaucoup de dévotion pour la Sainte Vierge. Mais il fallait garder le secret, car il y a des juifs et des protestants en Europe. On ne pouvait pas dévoiler que c'était la médaille miraculeuse! » (*Le Canard enchaîné*, 20 décembre 1989.) Dans le domaine de la rumeur, même lorsqu'elle est vraie, on est toujours en plein secret et dans la crainte des complots!

J.-B. R.

Bibliographie

Philippe Barbot, « Les plus grandes arnaques du rock », *Télérama*, 1997, 20 avril 1988, p. 12-15.

Véronique Campion-Vincent, « Mythe, défense et légitimation. Rumeurs et signes parmi des populations musulmanes aujourd'hui », *Peuples méditerranéens*, n° 56-57, juillet-décembre 1991, p. 221-226.

Fortean Times, 59, septembre 1991, p. 17.

Jean-Noël Kapferer, *Rumeurs*, 1990, p. 18, 35-39 et 265-268.

Michael Keith, « The bar-code beast », *The Skeptical inquirer*, 12, 4, été 1988, p. 416-418.

Hal Morgan *et alii*, *Vraies ou fausses? Les rumeurs*, 1988, p. 88-96, 99-100 et 135-140.

Mouvements religieux, supplément aux n°s 77-78, septembre-octobre 1986, p. 7-9 (code-barre, Procter & Gamble), n° 104, décembre 1988, p. 10-11 (Pyramide du Louvre), n° 116, décembre 1989, p. 8 (Procter & Gamble).

Michel Servant, *Veillez et priez car l'Heure est proche*, 3 vol., Saint-Germain-en-Laye, Éd. Michel Servant et Tout Restaurer dans le Christ, 1972-1973. Voir t. II, p. 448.

La traite des Blanches

Un jeune couple va faire des courses au centre-ville. Arrivée devant le Babilonia, la jeune fille décide d'y entrer pour acheter une paire de jeans, tandis que son fiancé préfère l'attendre dehors. « Ne t'inquiète pas, j'en ai pour un instant », lui a-t-elle assuré. Cependant le temps passe, dix minutes, une demi-heure, une heure et la jeune fille ne réapparaît pas. Préoccupé, le jeune homme entre et demande ce qui est arrivé à une cliente faite comme ci et comme ça. Mais dans le magasin, on lui répond qu'on n'a vu personne correspondant à cette description. Qu'est-ce ? Notre héros est certain que sa fiancée est entrée et n'est pas ressortie. S'improvisant Sherlock Holmes, il inspecte le magasin et découvre qu'une trappe est dissimulée dans le pavage d'un des salons d'essayage. En dessous, dans une petite pièce noire, il découvre une malle, l'ouvre et y trouve la jeune fille liée, cheveux tondus et droguée, prête à être expédiée dans quelque harem du Moyen-Orient.

Malgré les aspects sinistres de cette histoire, et malgré les mille recommandations de leurs mères qui imploraient leurs enfants, et surtout leurs filles, de ne pas fréquenter un lieu si dangereux, les jeunes Romains accouraient en foule au Babilonia, sans doute avec l'espoir d'être eux-mêmes les protagonistes d'une aventure aussi excitante. La rumeur s'était tant diffusée que le propriétaire du magasin, un jeune Libanais, a décidé de l'exploiter à son tour et a décoré ses vitrines de malles entrouvertes et de mannequins bâillonnés. Et ainsi, sans trop de drames, l'histoire du Babilonia a complété son cycle naturel et s'est éteinte après quelques mois.

(Carbone, 1990, p. 210-211.)

Situé à Rome au milieu des années quatre-vingt, cet épisode de rumeurs d'enlèvements pour traite des Blanches est typique des récits qui courent sur les magasins pratiquant le « prêt-à-déporter ». Mais il est exceptionnel par l'humour distancié – retournant sans doute le public – dont semble avoir fait preuve le propriétaire du Babilonia.

C'était alors un épisode de fin de cycle, car la grande période de ces rumeurs était déjà passée.

En France, les rumeurs accusant des commerçants – autrefois de chaussures, de gants ou de lingerie, depuis une vingtaine d'années de prêt-à-porter « branché » – d'enlèvements de femmes destinées à la traite des Blanches circulaient déjà dans les années trente et quarante, et ont ressurgi dans plusieurs villes à partir des années cinquante. À Paris dès 1955, à Dinan, Rouen et Laval en 1966, au Mans en 1968, à Châtellerault, Poitiers et Orléans en 1969, à Amiens et Dinan en 1970, à Strasbourg en 1971, à Chalon-sur-Saône en 1974, à Dijon et La Roche-sur-Yon en 1985.

Dans les versions les plus anciennes, les commerçants accusés étaient choisis en fonction de leur branche professionnelle : ils vendaient des accessoires ou des vêtements féminins. À cause de leur spécialisation, ces commerçants enfreignaient quotidiennement des tabous et contemplaient des femmes dénudées. Avec l'affaiblissement des interdits concernant la nudité, le message implicite véhiculé par ces rumeurs accusatrices a changé : ce n'est plus « derrière les commerces de la féminité se dissimule le commerce de la chair » (Fischler, 1970, p. 230). Le nouveau message est la stigmatisation de l'étranger, de l'Autre d'autant plus menaçant qu'il semble plus assimilé.

À Orléans, en 1969, les rumeurs visaient six commerçants juifs et pouvaient être considérées comme une résurgence de l'antisémitisme. Cela leur donna un poids considérable, car c'était bien plus important qu'un conte de bonne femme sans fondement, et *La Rumeur d'Orléans* inspira une étude sociologique majeure à Edgar Morin et son équipe. Les accusés mirent d'ailleurs en avant l'antisémitisme de ces rumeurs, ce qui devint une arme contre leur propagation, ceux qui répandaient ces bruits se retrouvant dénoncés à leur tour.

La croyance à la traite des Blanches, à l'existence de réseaux très organisés de malfaiteurs pratiquant l'enlèvement systématique de femmes en Europe, puis les envoyant dans de lointaines régions du globe où elles sont contraintes à la prostitution est très répandue et a été, depuis la fin du XIXe siècle jusqu'aux années vingt, un thème majeur de la culture de masse, la source d'innombrables films, pièces de théâtre, romans populaires et reportages (Rimmer).

Ces croyances existaient toujours dans les années trente à soixante. Elles nourrissaient tout un répertoire mettant en scène des anecdotes où une jeune fille est abusée et échappe de peu à l'enlèvement :

– Au théâtre, un couple d'allure sympathique lui propose de partager leur loge (un ami leur a fait faux bond au dernier moment) alors qu'elle s'apprête à prendre une place au poulailler. Peu après le début de la pièce, le couple traîne l'innocente, endormie par les bonbons drogués qu'elle a acceptés sans méfiance, à travers les couloirs déserts. Sur les marches extérieures, elle est miraculeusement sauvée par le passage fortuit d'un ami proche qui la reconnaît alors qu'on va l'emporter en voiture.

– Un vieil aveugle tout courbé à la démarche hésitante accoste une jeune fille dans le centre-ville et la prie de lui rendre un service. Il s'agit de porter une lettre à une adresse assez lointaine. La jeune fille accepte et s'éloigne avec la lettre. Cependant, s'étant retournée, elle constate que l'aveugle a maintenant une démarche très assurée et s'est redressé. C'est à la police qu'elle porte la lettre. Le message contenu dans celle-ci est : « C'est la dernière que je vous envoie. » Plus tard, à l'adresse indiquée, la police trouve un groupe d'hommes à l'allure inquiétante qui était à l'affût. Cette anecdote a aussi été utilisée dans le contexte – plus dramatique – du commerce de chair humaine (voir *le cannibalisme involontaire* *).

« Le magasin piégé » est un des scénarios de ce répertoire de mises en garde. Sous cette première forme, il s'agit d' « un mythe proprement flottant : ni nommé ni fixé, ni situé ni daté, il n'est pas incarné ». (Fischler, 1970, p. 233.)

Des circonstances diverses – que l'on ne connaît d'ailleurs pas toujours – ont joué un rôle déclenchant pour les incarnations de ce mythe flottant dans les villes françaises. À Laval, en 1966, les rumeurs commencèrent après la conférence d'une dame bien intentionnée de la Société pour la protection de la jeune fille qui avait dressé un catalogue des dangers menaçant cette dernière dans les grandes villes. Elle mettait son auditoire en garde contre des dangers bien réels – séducteurs intéressés, offres d'emplois frauduleuses – et contre des dangers imaginaires, les enlèvements au hasard. À Orléans, en 1969, le cycle de rumeurs avait démarré peu après la publication, dans *Noir et Blanc,* d'un récit d'enlèvement dans un magasin de lingerie à Grenoble (mis en échec *in extremis* par l'intervention du mari) ; ce récit était extrait d'un ouvrage de pseudo-reportages d'origine anglaise sur *L'Esclavage sexuel,* qui venait d'être publié en France. À Amiens, en 1970, une jeune femme avait vraiment disparu : le cas fut élucidé dix ans plus tard avec la découverte de son cadavre ; il s'agissait d'un meurtre et l'un de ses proches fut inculpé. Mais du mythe flottant à la rumeur, ces circonstances ne sont qu'une amorce : il y a surtout une mise en forme élaborée par le public à partir de micro-événements que le récit inquiétant organise et rend signifiants. Démarré dans des milieux homogènes clos sur eux-mêmes – pensionnats, ateliers –, ce processus d'interprétation rationalisante fait boule de neige et gagne l'ensemble de la cité.

La prostitution forcée, le commerce des femmes existent bel et bien. Cependant, ils ne sont pas alimentés par des enlèvements au hasard conduisant à l'avilissement instantané mais par des scénarios de duperie : séduction, mariage ou promesse de mariage, mirage d'un emploi tentant au loin. Ainsi, dans *L'Esclavage sexuel,* on trouvait de nombreux cas authentiques de duperies conduisant à la prostitution forcée à côté d'anecdotes imaginaires de boutiques truquées. Les authentiques récits navrants abondent encore de nos jours dans l'expérience des travailleurs sociaux comme au début du siècle dans les procès à grand retentissement intentés à des trafiquants de femmes en Europe centrale ou aux États-Unis. Ils montrent des jeunes filles et des femmes pauvres dupées par des pseudo-amoureux ou de fausses bonnes fées secourables. Ils sont encore plus touchants que l'imaginaire enlèvement au hasard.

Il n'est pas impossible que des enlèvements au hasard aient eu lieu. Mais il ne s'agit pas d'un procédé efficace : pourquoi enlever des inconnues, qui peuvent être de fortes têtes, appartenir à des familles influentes ou avoir des proches déterminés, alors qu'il existe dans une grande ville tant d'êtres désarmés, isolés, faibles de caractère, survivant au bord de la misère et qu'il est aisé de contrôler rapidement par une tactique mêlant séduction, promesses et dettes, parfois avec la complicité active de leurs proches ?

Ce qui est tout à fait invraisemblable, c'est la fréquence et la régularité que l'on prête à ces enlèvements. C'est aussi la vision de l'organisation toute-puissante qui lierait les trafiquants organisés, disent les rumeurs, en un réseau dessinant sous la ville réelle une ville maléfique. Les boutiques truquées sont reliées entre elles par des souterrains qui donnent sur les fleuves de la cité et aboutissent à des points d'embarquement pour les malheureuses. Les lieux d'enlèvement peuvent varier, ils ont toujours une forte charge symbolique : boutiques exotiques, toilettes publiques (Brunvand), tunnels ou salles de bain des terminus routiers (au Québec : Roberge). On retrouve ici l'univers du feuilleton, dont la ville cachée sous la ville est un thème majeur. Les histoires affolantes du commerce de chair humaine installé au cœur de la cité relèvent également de cet univers du feuilleton basé sur l'escamotage et l'enlèvement (voir *le cannibalisme involontaire* *). Les moyens utilisés pour rendre les victimes inoffensives sont tout aussi romanesques : bonbons drogués, épingles de couturière creuses contenant de puissants soporifiques, aiguille fichée dans le talon des souliers neufs, gaz hypnotique...

La fausse version – enlèvement au hasard, déchéance instantanée, organisation toute-puissante des trafiquants – de la traite des Blanches est apparue voici une centaine d'années. Elle accompagnait les mouvements de réforme sociale et de lutte contre l'expansion et l'internationalisation de la prostitution, phénomènes issus du développement européen et des brassages de populations, l'émigration massive d'Europe centrale notamment. D'initiative anglo-saxonne, le mouvement commença en Angleterre où, vers 1885, une période d'agitation déboucha sur une législation d'une sévérité accrue contre les pourvoyeurs de femmes et une élévation de l'âge du consentement, qui fut porté de douze à seize ans, ce qui facilitait la répression de la prostitution des adolescentes. Puis, à partir de 1899, le mouvement impulsé par le réformateur William Coote s'internationalisa et se centra sur la lutte contre le trafic international des femmes pour la prostitution. La notion de traite des Blanches fut reconnue comme concept juridique par des accords internationaux signés en 1902 et 1910. En 1914, il y avait des sociétés de lutte contre la traite des Blanches dans une douzaine de pays, avec d'importants patronages officiels (Bristow, Pearsall).

À côté de cet authentique mouvement social, se développant en parallèle avec lui et le dynamisant par l'intérêt soulevé dans le public, on trouve la fausse version avec ses épisodes dramatiques d'enlèvement et ses rencontres miraculeuses, comme celle du frère marin retrouvant sa sœur dans un bordel sud-américain où il s'est rendu comme client, épisode convenu d'innombrables films et romans. Comment expliquer le succès de ce thème ? Ces récits ont des racines dans la psychologie de l'inconscient. Ils symbolisent et résolvent des conflits infantiles non liquidés, et projettent la haine ambivalente du père rival sur la figure menaçante de l'enleveur de jeunes filles. Ces récits de reddition sexuelle rencontrent également les fantasmes de femmes et d'adolescentes dont la sexualité s'éveille, et qui ont une attitude ambivalente face à leur désir.

La fausse version ayant accompagné le développement du mouvement de lutte contre la traite des Blanches est un cas particulier des récits mettant en scène l'enlèvement des innocents, des plus faibles du groupe (Goss). On voit apparaître cette fable immémoriale partout. Une de ses incarnations les plus célèbres est l'accusation de meurtre rituel faite à l'encontre des Juifs (mais il faut évoquer aussi la fable du roi lépreux faisant tuer des enfants afin de guérir par des bains pris dans un sang innocent : voir *le cannibalisme volontaire* *). Cette histoire est un élément constitutif des démonologies, des désignations de l'étranger ou du déviant comme être maléfique et inhumain, uni avec ses pareils dans un complot subversif menaçant les bases mêmes de toute vie sociale. Les récits dénonçant l'étranger ou le déviant se centrent sur les horreurs infligées aux enfants, et les accusations de cannibalisme et de meurtre rituel portées contre les chrétiens dans la Rome antique se sont prolongées dans les accusations faites à l'encontre des hérétiques, des Juifs et des sorciers dans la société chrétienne. Même si les récits de traite des Blanches parlent de femmes ou de jeunes filles, il s'agit toujours d'êtres sans défense et d'un groupe organisé de méchants.

Certes on note encore quelques épisodes, comme à Dijon, La Roche-sur-Yon ou Rome en 1985. Et parmi les quelque 500 récits légendaires recueillis par le folkloriste Stefaan Top à l'université de Louvain depuis 1984, 31 relatent des récits d'enlèvement dans des salons d'essayage de boutiques à clientèle féminine. Néanmoins, il semble bien que ce cycle soit sur son déclin. C'est maintenant autour d'histoires de *rein volé* * et d'affirmations d'enlèvements organisés pour greffes d'organes que se concentrent les peurs. En Italie, on entend, en février 1989 à Palerme, comme en août 1990 à Bari, des récits de boutiques truquées ; mais leurs sous-sols cachent des chirurgiens dépeceurs et non plus des trafiquants de femmes (Bermani). Sans doute ce déclin est-il une conséquence de la libéralisation des mœurs, qui rend plus invraisemblable l'existence de jeunes filles ignorant tout de la vie, et qui a fait presque disparaître le scandale de la nudité. Ce qui maintient ce cycle en vie, c'est l'hostilité qu'il permet d'exprimer face à l'étranger (Campion-Vincent).

V. C.-V

BIBLIOGRAPHIE

Cesare BERMANI, *Il bambino è servito*, 1991, p. 251-284.

Edward J. BRISTOW, *Prostitution and Prejudice. The Jewish Fight against White Slavery, 1870-1939*, Oxford, Clarendon Press, 1982.

Jan Harold BRUNVAND, *The Choking Doberman*, 1984, p. 78-81.

Véronique CAMPION-VINCENT, « Complots et avertissements : légendes urbaines dans la ville », *Revue française de sociologie*, 30, 1989, p. 91-105.

Maria Teresa CARBONE, *99 leggende urbane*, 1990 : « Rapimenti », p. 210-215.

Claude FISCHLER, « La rumeur d'Amiens », *in* Edgar Morin, *La Rumeur d'Orléans*, Paris, Le Seuil, 1970, p. 223-242.

Michael GOSS, « The lessons of folklore », *Magonia*, 38, janvier 1991, p. 10-14.

Edgar MORIN *et alii*, *La Rumeur d'Orléans*, Paris, Le Seuil, 1969.

Ronald PEARSALL, *The Worm in the Bud. The World of Victorian Sexuality*, London, Pelican, 1971.

John RIMMER, *The Evidence for Alien Abductions*, Wellingborough, The Aquarian Press, 1984, p. 50-53.

Martine ROBERGE, *La Rumeur*, Québec, Célat-université Laval, 1989.

Stefaan TOP, « Modern legends in the Belgian oral tradition : a Report », *Foaftale News*, 17, mars 1990, p. 3-5.

La jeune femme cuite aux UVA

> Une jeune femme qui désire un bronzage rapide réussit à obtenir des séances supplémentaires et rapprochées de lampes à bronzer dans un salon de beauté. Assez vite, elle se sent mal. La jeune femme consulte alors un médecin qui lui annonce que ses entrailles ont été cuites par une exposition trop prolongée aux rayonnements UVA de la lampe à bronzer.
>
> (Brunvand, 1989, p. 29.)

Cette histoire horrifique est apparue aux États-Unis à la fin des années quatre-vingt. Elle a inspiré le titre du livre de Brunvand, *Curses ! Broiled Again !* (« Malédiction ! Encore brûlée ! »), le folkloriste américain en ayant recueilli les diverses variantes.

Un premier rapprochement peut être fait avec des histoires de fours à micro-ondes qui cuisent l'intérieur du corps.

En 1978, une élève de Brunvand a recueilli dans l'Utah deux récits où des personnes tentent de sécher leurs cheveux mouillés en mettant la tête dans le four à micro-ondes. Un de nos étudiants relata en 1992 une rumeur selon laquelle les fabricants de fours à micro-ondes avaient réduit la taille de la porte des appareils parce que des personnes avaient essayé de sécher leurs cheveux à l'intérieur. Cela rappelle naturellement la légende du *chat dans le four à micro-ondes* *. Un autre raconta l'histoire suivante, entendue en mars 1992 :

> Les fours à micro-ondes dont les portes ne sont pas hermétiques laissent échapper des ondes dangereuses. C'est ainsi que des gens ont eu leur cerveau cuit. Ils ont survécu, mais sont réduits à l'état de légumes.

Ce récit est visiblement une combinaison de trois rumeurs distinctes qui circulaient antérieurement sur les fours à micro-ondes : le danger des portes non hermétiques, les gens qui veulent sécher leurs cheveux et les personnes dont les organes internes ont cuit à cause des micro-ondes.

Dès les années soixante-dix, en effet, des histoires circulèrent aux États-Unis puis en Europe sur des accidents arrivés à des personnes travaillant en permanence devant des fours à micro-ondes.

> Une femme qui travaillait dans un fast food souffrait de symptômes bizarres et allait de médecin en médecin. Son état empirait de jour en jour. Elle mourut et, à l'autopsie, on découvrit que ses organes internes étaient complètement cuits. La cause en était des fuites de micro-ondes qui s'échappaient d'un appareil défectueux.
>
> (Vers 1972, Brunvand, 1984, p. 152.)

> Des techniciens utilisant des fours à micro-ondes et passant fréquemment devant eux, alors que les portes étaient ouvertes et les appareils en marche, ont eu leurs entrailles cuites.
>
> (Vers 1978, Brunvand, 1981, p. 63.)

> Dans la cuisine d'un hôtel, un cuisinier est soudain tombé à la renverse, mort. La raison en était la suivante : il allait et venait devant le four à micro-ondes ouvert et ses reins avaient cuit.
>
> (Brednich, 1990, p. 111-112.)

À la différence des récits sur les animaux cuits, les histoires ci-dessus ne reposent pas sur l'ignorance de l'action des micro-ondes : il est vrai que celles-ci chauffent les aliments à partir de l'intérieur en provoquant une intense agitation des molécules d'eau qu'ils contiennent (d'où le choix des reins dans le dernier récit !). Ce qui est ici en cause, c'est l'invisibilité des ondes et leur imperceptibilité immédiate, à la différence du mode de cuisson traditionnel par le feu. D'où la crainte d'être soumis à notre insu à des rayonnements nocifs. En réalité, si des fuites de micro-ondes peuvent éventuellement provoquer des malaises passagers (fatigue, vertiges, maux de tête), il est tout à fait impossible qu'elles « cuisent » ainsi les viscères. Ces légendes expriment la peur de nos contemporains pour les ondes – à la fois bénéfiques et maléfiques – utilisées par les techniques nouvelles : rayons X, radiations nucléaires, etc.

Ainsi, les micro-ondes sont confondues avec le laser, comme en témoigne une histoire qui a circulé en France au début des années quatre-vingt :

> Un jour, alors qu'elle tendait sa main pour retirer un plat de son four à micro-ondes, une ménagère vit celle-ci tomber, sectionnée net. Selon la rumeur, à force d'entrer sa main dans le four pour y mettre ou en retirer les plats, la ménagère avait laissé les ondes la découper imperceptiblement.
>
> (Kapferer, 1990, p. 141-142.)

Les micro-ondes ont aussi été accusées dans la légende des *lentilles de contact de l'ouvrier soudeur* *.

Dans l'histoire de la femme cuite par la lampe à bronzer, on retrouve non seulement le motif de la cuisson des entrailles, mais aussi les micro-ondes qui, selon plusieurs variantes, sont censées être émises par les lampes à bronzer. En réalité, ici encore, il y a confusion ; car les rayons ultraviolets bronzants et les micro-ondes sont des radiations situées à l'opposé les unes des autres sur le spectre électromagnétique, de chaque côté de la lumière visible. Les lampes à bronzer n'émettent donc aucune micro-onde.

Les variantes du récit proposent diverses motivations au bronzage artificiel : ne pas apparaître avec une peau blanche au début de l'été, plaire à un petit ami, être belle pour le mariage, etc.

De même, les histoires évoquent les ruses de la jeune femme pour obtenir des séances supplémentaires. Ainsi, par exemple, une inscription simultanée dans plusieurs salons de beauté pour échapper à la règle interdisant plus de trente minutes d'exposition quotidienne sous la lampe solaire.

Une variante assez fréquente dans la description des symptômes du mal est l'apparition d'une mauvaise odeur se dégageant du corps de la jeune femme et dont des douches répétées et des aspersions de parfums n'arrivent pas à venir à bout.

Enfin, la plupart des récits donnent des détails morbides sur l'issue fatale : le médecin déclare qu'il lui est impossible de soigner le mal parce que cela équivaudrait à « vouloir redonner vie à un steak cuit » (Brunvand le note ironiquement, il ne serait pas plus facile de ramener à la vie un steak cru !). On décrit une jeune femme devenue aveugle et n'ayant plus que quelques jours à vivre ; on cite le nom de l'hôpital où elle attend une mort inéluctable ; et, naturellement, la malheureuse est bien souvent l'amie d'une amie de la personne qui raconte l'histoire.

D'un point de vue médical, ce récit est totalement impossible : une dose excessive de séances de bronzage produirait seulement, comme un « coup de soleil », des brûlures de la peau. À long terme, l'abus du bronzage – qu'il soit naturel ou artificiel – accélère le vieillissement de la peau et augmente probablement les risques de cancer de la peau. L'idée que les rayons de la lampe à bronzer puissent chauffer les organes internes provient, comme on l'a vu, d'une confusion avec les micro-ondes.

Interprétation de la légende

Comment interpréter cette légende contemporaine ? Elle est d'abord, manifestement, une mise en garde contre les abus d'une pratique dangereuse pour la santé si l'on ne prend pas de précautions. C'est aussi un appel à la méfiance envers les techniques nouvelles, particulièrement les appareils émettant des ondes. Enfin, cette histoire est la parabole morale typique, où la coquetterie est punie : c'est la forme narrative et moderne des *Vanitas* des XVIe et XVIIe siècles représentant une jeune femme qui se coiffe, le miroir à la main, tandis que le diable ou la mort se tient derrière elle.

Mieux même : cette légende contemporaine renouvelle un motif iconographique et littéraire de la fin du Moyen Âge, « Dame Monde » (*Frau Welt* en allemand), figuré par une jolie jeune femme dont le dos est couvert d'ulcères et pourri. Ainsi, une statue du portail sud de la cathédrale de Worms (XIIIe siècle), en Allemagne, représente une belle dame, bien habillée, gracieuse et souriante, aux pieds de laquelle se tient un chevalier amoureux ; si on regarde derrière la statue, on s'aperçoit que son dos est rongé par les vers et n'évoque que pourriture. Le psychiatre américain d'origine allemande Wolfgang Lederer, dans son livre *Gynophobia ou la peur des femmes* (1968), consacre un chapitre entier à « Frau Welt, le parfum de la pourriture ». Il montre que ce motif, exploité par la morale chrétienne, se rencontre aussi dans d'autres cultures et à d'autres époques. L'interprétation de cette allégorie repose sur une chaîne d'équivalences symboliques : monde – corps – femme – pourriture – mort. La signification profonde du motif est que la mort est à l'œuvre dans la vie. La légende de la femme cuite par une lampe à bronzer présente une structure semblable : l'apparence agréable (une jeune femme jolie et bronzée) cache une réalité horrible (les entrailles mortes). Il est significatif qu'aucune version de la légende ne mette en scène un homme.

Le rapprochement du motif médiéval avec le motif contemporain permet de rendre compte de certaines variantes insolites du récit. Ainsi, dans une version recueillie dans l'Indiana en 1988, le médecin déclare à la jeune femme : « Vous vouliez ce bronzage artificiel mais maintenant vous le payez, car vous êtes en train de pourrir de l'intérieur, et en définitive vous mourrez de ce pourrissement » (Brunvand, 1989, p. 35). On ne peut comprendre cette équivalence entre les organes cuits et les organes pourris que si l'on se souvient du motif médiéval. De même, la « mauvaise odeur » mentionnée dans plusieurs versions de la légende est à mettre en relation avec ce que Wolfgang Lederer appelle « le parfum de la pourriture », l'odeur de mort que dégage la femme. Le psychiatre américain évoque aussi à ce propos la légende grecque des femmes de l'île de Lemnos, affligées par Aphrodite d'une odeur repoussante parce qu'elles n'adoraient pas convenablement la déesse.

Un dernier éclairage peut être apporté à la légende contemporaine et à son ancêtre médiéval : c'est la référence à la structure sémantique triangulaire mise en évidence par Claude Lévi-Strauss (1964, 1968), le Cru, le Cuit et le Pourri. Le Cru, en tant que non élaboré, est le pôle non marqué du triangle et symbolise ici le Vivant. Le Cuit et le Pourri, pôles marqués, représentent tous deux l'élaboré et symbolisent la Mort. Mais tandis que le Pourri est une transformation naturelle du Cru, une Mort par la Nature, le Cuit est une transformation culturelle du Cru, une Mort par la Culture. Le motif médiéval de la femme pourrie est donc une allégorie de la Mort naturelle, alors que la légende contemporaine de la femme cuite apparaît comme une allégorie de la Mort causée par la Culture. On retrouve bien ici le message anti-technologique véhiculé par ce récit.

J.-B. R.

Bibliographie

Rolf Wilhelm Brednich, *Die Spinne in der Yucca-Palme*, 1990, p. 111-112.

Jan Harold Brunvand, *The Vanishing Hitchhiker*, 1981, p. 63.

–, *The Choking Doberman*, 1984, p. 152.

–, *Curses! Broiled Again!*, 1989, p. 29.

Jean-Noël Kapferer, *Rumeurs*, 1990, p. 141-142.

Wolfgang Lederer, *Gynophobia ou la peur des femmes*, Paris, Payot, 1970, p. 37-43 (traduit de l'américain par M. Manin).

Claude Lévi-Strauss, *Le Cru et le cuit*, Paris, Plon, 1964, *passim*.

–, *L'Origine des manières de table*, Paris, Plon, 1968, p. 396-411.

Les lâchers de vipères

De tous ceux qui ont vu, c'est Thierry qui a le mieux vu. Il a tellement bien vu qu'il a tout raconté à la radio :

« L'avion a tourné pendant vingt minutes, et puis tout à coup, j'ai vu un truc suspendu en l'air, une espèce de dirigeable noir en forme de chaussette. Ça faisait bien plus d'un mètre et ça descendait tout doucement sur le causse. Il devait y avoir une sorte de caissette suspendue dessous. À dix mètres du sol, il y a eu une explosion. Je ne peux pas vous dire le genre de bruit que ça faisait, ma mobylette tournait et je n'ai rien entendu. Ça doit être un système pour libérer les vipères de la boîte. »

Vipères : le mot a été lâché incidemment, au détour d'une phrase comme une évidente supposition. Bien sûr, ce jour-là, Thierry n'a pas vu les vipères et ce n'est pas le genre de garçon à dire qu'il a vu ce qu'il n'a pas vu. Mais dans les villages de la zone d'écoute de Sud-Radio, personne n'a bronché, tout le monde sait que des écologistes louent des avions pour lâcher des vipéreaux sur la campagne française. Cela fait bientôt trois ans que, dans le Gers, la Dordogne, la Provence ou la Montagne Noire, on retrouve la trace de ces reptiles envahisseurs.

(Harang, 1981.)

Les histoires de lâchers de vipères courant dans notre pays depuis le milieu des années soixante-dix constituent un ensemble de croyances : des vipères pullulent de façon anormale à la suite de lâchers organisés, le plus souvent par la voie des airs, de ces animaux dangereux. Qu'ils soient effectués par les laboratoires, les écologistes ou les autorités officielles, ces lâchers visent un renforcement de l'espèce par souci d'équilibre biologique et accessoirement une utilisation du reptile comme prédateur des rongeurs (dangereux pour les plants forestiers) ou comme nourriture pour les rapaces protégés (buses surtout). Ces histoires s'inscrivent dans l'expérience personnelle. Dans les récits, c'est un ami personnel qui est cité :

> On nous a lâché des sacs de vipères [...] il y a cinq ou six ans sur l'Aubrac.
>
> Moi, j'ai un beau-frère qui a une exploitation sur l'Aubrac et un jour il est tombé nez à nez avec un sac qui n'était pas éclaté. Ils les faisaient tomber d'avion ou par un hélicoptère, en volant assez bas. Il s'était pas éclaté. Les vipères s'étaient pas libérées, elles y avaient crevé. Il y en avait une centaine dedans.
>
> (Entretien de l'ethnologue Bruno Soulier avec Bruno D., Les Salces, Lozère, avril 1988.)

Dans les lettres de protestation que le ministère de l'Environnement reçoit depuis une douzaine d'années, et que j'ai pu étudier, on sent la trace toute proche d'une conversation récente et passionnante avec les voisins témoins :

> Courant septembre 1982, un habitant de Segonzac (Charente) et un habitant de Maynac (Corrèze) ont vu tomber d'un hélicoptère un paquet blanc. [...] À Segonzac, dans les débris du contenaire [*sic*], il y avait trois ou quatre vipères qui avaient été tuées à l'atterrissage. Mais à Maynac, le témoin étant arrivé bien plus tôt du fait de sa proximité du lieu de la chute, il a eu la surprise de voir, sortant du sac plastique, un nombre important de vipères qui partaient dans la nature.
>
> (Lettre de novembre 1982.)

> Voici les faits : il y a environ trois semaines, certains habitants ont vu un hélicoptère atterrir dans un champ, puis décoller très peu de temps après en laissant sur place une

boîte. Un agriculteur, intrigué par la manœuvre de l'hélicoptère, se rendit sur les lieux et remua cette boîte du bout d'un bâton. Il constata que l'emballage contenait une vingtaine de vipères.

(Lettre d'août 1984.)

Ces croyances guident l'interprétation, modifient les perceptions. On explique la présence d'hélicoptères ou d'avions, on voit des parachutes, des chaussettes, des boîtes à vipères. On découvre des serpents, des emballages estampillés « ministère de l'Environnement ». Lâcher des vipères est un acte scandaleux et cette histoire est un récit accusateur qui a visé diverses catégories.

Dans un premier temps, les laboratoires pharmaceutiques, producteurs de sérum antivenimeux réalisé à partir de venin, étaient accusés. Ces laboratoires n'ont-ils pas besoin de stocks plus importants de matière première, c'est-à-dire de venin ? Et puis ils vendront davantage de sérum si les vipères sont bien visibles et nombreuses.

Parallèlement, on désignait les écologistes, amis des animaux sauvages et avocats des mal-aimés d'hier (c'est-à-dire les anciens animaux nuisibles, ce terme étant frappé d'un véritable tabou de nos jours). Ne protégeaient-ils pas avec ferveur les rapaces, les buses en particulier ? Il fallait bien nourrir ces rapaces, et pour cela réintroduire les vipères.

Enfin, l'administration s'est vu incriminer, et surtout la jeune administration de l'Environnement : elle avait pris des arrêtés protégeant les serpents, ce qui était vraiment scandaleux. Par ailleurs, elle s'était lancée dans de nombreuses opérations de réintroduction d'animaux : les castors ou les mouflons avaient une bonne image, mais quand il s'agissait de lynx ou de vautours ! Pourquoi pas les ours et les loups tant qu'on y était ? Et les vipères, bien sûr. Dans cette perspective, les lâchers de vipères apparaissaient comme un exemple particulièrement atterrant d'une série de lâchers de « mauvais » animaux correspondant aux idées (déplorables) du temps, des écologistes et des princes qui nous gouvernent. Des histoires proches d'apparitions de fauves et de *félins-mystères* * se sont développées peu après. Les catégories sociales accusées varient, tout comme les motifs qu'on leur prête. Au fil du temps, les laboratoires disparaissent du tableau tandis que l'administration est plus fréquemment visée. On passe également à des formes socialement plus acceptables, on voit moins d'hélicoptères, de parachutes ou d'avions, mais on trouve toujours des emballages et des serpents. Les émotions des années 1981 à 1983 se sont calmées ; cependant, on note toujours des flambées locales et cet ensemble de croyances est solidement installé dans une bonne partie de la population, nullement limitée à des personnalités fragiles et suggestibles ou aux ennemis des écologistes.

La loi de 1976 sur la protection de la nature et les arrêtés d'application de 1979 concernant les reptiles et amphibiens ont modifié le statut légal de nombreuses espèces animales en France. Vipères et couleuvres sont maintenant des animaux protégés que l'on ne peut détruire (destruction qui demeure cependant autorisée pour les deux espèces venimeuses les plus répandues, *Vipera aspis* et *Vipera berus*), acheter ou vendre, transporter, naturaliser ou exporter sans une dérogation délivrée par le ministère de l'Environnement pour les besoins exclusifs de la recherche scientifique.

Il s'agissait d'un changement total des principes et pratiques existant jusqu'alors, et ces mesures ont mis à mal un système d'exploitation qui fonctionnait en toute bonne conscience pour des animaux généralement craints et détestés. Des primes de destruction, modestes, étaient distribuées par les pouvoirs publics. Les laboratoires producteurs de sérum anti-venimeux achetaient des animaux pour confectionner leurs produits. Le plus connu, l'Institut Pasteur, avait lancé avec la collaboration des pharmaciens une véritable campagne de destruction dans les années trente et l'on sacrifiait encore quelque 20 000 vipères par an au centre de Garches de cet institut en 1956. Les vipères étaient également utilisées à la préparation de trophées et d'un alcool aromatisé au venin, la vipérine, spécialité gastronomique réputée à laquelle on prêtait également des vertus médicinales. Pour tous ces motifs, en 1979, lors de la promulgation des arrêtés d'application, quelque 10 000 vipères étaient encore sacrifiées chaque année avec l'active collaboration d'une vingtaine de chasseurs, personnages marginaux et pittoresques souvent peu ou prou guérisseurs. Ménageries et expositions itinérantes parcouraient foires et écoles, mêlant de spectaculaires serpents exotiques aux vipères et couleuvres locales. Les plaintes de ces professions marginales ont été ignorées par l'administration.

J'ai insisté sur ces modifications législatives, car elles sont l'expression juridique d'un changement de mentalité ; elles traduisent l'adoption de nouvelles normes face aux animaux et à la nature. Mais les histoires de lâchers de vipères existaient avant ces mesures juridiques, elles sont apparues en réaction aux changements de mentalité qui les ont précédées.

Inspirateurs de la nouvelle législation protectrice et étroitement associés à son application, écologistes et scientifiques ont été spécialement virulents dans leur attaque des conceptions traditionnelles qui voyaient dans de nombreux animaux des nuisibles à détruire car ils gênaient l'homme. Ils ont fait preuve d'un grand zèle dans cette entreprise de réhabilitation, dénonçant le piégeage comme les pratiques traditionnelles cruelles souvent entachées de magie (chouettes clouées, rapaces ou vipères trophées), faisant modifier la réglementation à leur sujet. Cette volonté de réhabilitation et l'intérêt manifesté pour les nuisibles ont marqué la conception que le grand public se fait des écologistes et rendent vraisemblables les histoires de lâchers de vipères.

Quelle a été la diffusion de cette histoire ? Elle a fait le tour de la France rurale, où elle a provoqué quelques questions orales de parlementaires et visé de nombreux parcs naturels. Hors de nos frontières, on la retrouve dans le Valais suisse, surtout dans la partie francophone, à partir de 1982. Fin 1989, elle est signalée en Italie du Nord où le cafetier d'un village montagnard trouve un parachute à vipères (la photo de l'objet, tenu par un carabinier étonné, a été publiée dans *La Stampa* du 13 octobre 1989).

Des lâchers de vipères ont bien eu lieu. Non pas organisés et à grande échelle, mais des lâchers d'amateurs, de collectionneurs.

> Pour ma part, j'avoue avoir effectué plusieurs lâchers de serpents. Habitant dans la banlieue clermontoise, j'ai cru bon, lorsqu'un endroit riche en reptiles allait être urbanisé, de déménager ses habitants et de les reloger dans des lieux plus favorables. Mais cela n'a rien à voir avec des lâchers industriels ; une quinzaine d'individus par an ont été déplacés de quelques kilomètres.
>
> (Lettre du 23 décembre 1987 d'un « herpétologiste amateur » ; Sabatier, annexe 8.)

> M. le sous-préfet informe que, selon M. le professeur Baumgart, des lâchers de vipères ont eu lieu en 1973 (100 *Vipera aspis*) et 1979 (100 *Vipera aspis* et 65 *Vipera berus*) à Ribeauvillé, Bonhomme et Lapoutroie [...]. Il n'y a pas lieu d'engager une campagne de presse, qui créerait inévitablement un affolement : une information plus discrète est plus indiquée. M. le sous-préfet propose de convoquer le père de l'auteur du lâcher de vipères pour le mettre en garde contre les agissements de son fils.
>
> (Compte rendu de la réunion relative aux vipères du 6 avril 1984 ; Sabatier, annexe 9.)

Les dérogations pour captures accordées aux laboratoires peu après la publication des arrêtés concernaient 5 000 animaux en 1980 et 1 500 en 1981. L'administration leur conseillait de s'orienter vers la couverture de leurs besoins en animaux par l'élevage et l'importation, d'URSS surtout (ce qu'ils ont fait par la suite), mais aussi de relâcher les animaux après prélèvement du venin, ce qui a entraîné des lâchers de vipères. On demandait que ces lâchers soient opérés en ordre dispersé et sur les lieux mêmes des captures, mais il est probable que les chasseurs de vipères opérant pour les laboratoires ont alors procédé à des lâchers « groupés », plus commodes.

Les histoires de lâchers de vipères ont-elles entraîné des lâchers ? Sont-elles devenues des modèles poussant au passage à l'acte ? Un fait troublant, rapporté dans une émission diffusée en novembre 1988 sur les rumeurs par la Télévision suisse romande dans le cadre de la série « Temps présent », pourrait le donner à croire :

> Évoquant des faits qui remontaient à 1982, le directeur de la compagnie de location d'hélicoptères Air Glacier, dont le siège est à Sion, capitale du Valais, racontait avoir reçu par téléphone, d' « un bureau de Genève », une demande de location d'hélicoptère dans le but de déposer des vipères dans la montagne. Devant son refus indigné, le mystérieux correspondant lui avait alors dit : « On se débrouillera autrement, avec la France. » Et deux jours plus tard, un hélicoptère français refusant de s'identifier selon les règles habituelles avait traversé la vallée puis s'était posé dans les montagnes. Canular puis surinterprétation, comme l'affirmait dans l'émission un leader écologiste responsable de WWF Genève ? Il semble difficile de trancher avec certitude, et même s'il ne s'agit que d'une plaisanterie, la possibilité d'un lâcher de vipères est bel et bien envisagée par le mystificateur.

Les principaux accusés de lâchers de vipères méprisent les aspects irrationnels de cette histoire et ridiculisent ceux qui la répandent, les présentant comme des superstitieux, des malades mentaux, coupables d'une chasse aux sorcières contre les écologistes. C'est au contraire en analysant l'histoire dans sa totalité, sans négliger ses aspects irrationnels, que nous arriverons à saisir son message, à déchiffrer sa signification.

L'histoire des lâchers de vipères unit deux éléments narratifs : les vipères et les avions-hélicoptères.

Les vipères sont l'archétype de l'animal mauvais dans son essence ; leur réintroduction volontaire est un comble, un exemple parfait de bonnes intentions échappant à tout contrôle. Les choix des vipères – tapies dans l'ombre, elles sont toujours prêtes à l'attaque – désigne l'administration et les écologistes comme des apprentis sorciers oublieux des hommes dans leur passion pour la nature.

Hélicoptères et avions, qui pourraient à première vue sembler un détail d'embellissement, un ajout superflu, sont en fait le nœud de l'histoire. Certes, l'utilisation de ces appareils dans les campagnes est maintenant très répandue. Mais si nous avons une légende structurée en récit type – et non pas simplement une brève rumeur accusant tel ou tel groupe de pratiquer des lâchers de vipères –, c'est à cause de l'extravagante, de l'incroyable présence de l'avion-hélicoptère, à cause de l'atterrissage en douceur de la caissette, boîte ou chaussette. C'est cet élément inouï qui attire l'attention, en fait une histoire bonne à répéter et à diffuser, amusante, indignante, une bonne histoire qui donne envie de participer. Cet élément fantastique et irrationnel (l'hélicoptère est trop cher : une jeep ou un camion serait plus efficace et moins voyant ; les vipères risquent de s'écraser en arrivant au sol) déconsidère, dans notre univers logique, ceux qui y font référence ; il n'aurait pas été employé par des propagandistes organisés. Sa présence est le meilleur argument contre la thèse du complot anti-écologiste et prouve que l'histoire n'obéit pas à une logique de la propagande, mais à une logique de l'expression symbolique qui procède par masques et détours. L'avion-hélicoptère est encore le nœud de l'histoire en ce qu'elle unit l'aérien et les entrailles de la terre dont relève le serpent, le technique avancé et le naturel sauvage. Il lie des contraires inconciliables.

Le pouvoir de persuasion de cette histoire est dû au fait qu'elle permet l'expression cryptée, codée, de pensées à demi formulées circulant dans le grand public à propos de ces pratiques de protection et de réintroduction d'espèces sauvages. Celles-ci rencontrent une approbation officielle et elles semblent sympathiques ; mais elles engendrent inquiétude et hostilité quand elles s'appliquent aux espèces nuisibles.

Face à l'orthodoxie toute-puissante de la science, qui a partie liée avec les autorités officielles dont elle suscite et inspire les décisions de protection de la faune sauvage, l'histoire des lâchers de vipères est la voix de ceux auxquels on ne demande pas leur avis et qui posent timidement une question inquiète : les nouvelles idées n'amèneront-elles pas les puissants à préférer les animaux – même et surtout les pires – aux hommes ?

V. C.-V.

Bibliographie

Véronique Campion-Vincent, « Histoires de lâchers de vipères : une légende française contemporaine », *Ethnologie française*, 20, 1990, 2, p. 143-155.

Maria Teresa Carbone, *99 leggende urbane*, 1990, p. 230-233.

Jean-Baptiste Harang, « D'où sortent ces serpents qui sautent sur nos têtes ? », *Libération*, 11 août 1981.

Valérie Périgne, *Les Vipères ont-elles des ailes ?*, université Paris-V René-Descartes, 1989.

Élisabeth Rémy, *La Rumeur des lâchers de vipères*, SRETIE, 1989.

Lydie Sabatier, *Analyse d'une rumeur contemporaine : les lâchers de vipères en France*, université de Lyon-II, 1988.

Le voleur dupé

Sans doute est-il préférable de parler de voleuse dupée. Car cette série met en scène des femmes le plus souvent. L'une de ces femmes, seule et vivant en meublé, cherche à se débarrasser du cadavre encombrant de son chat mort.

> Elle a pris rendez-vous dans un salon de thé situé dans un centre commercial avec une amie qui possède une maison à la campagne et lui a promis de prendre le chat pour l'enterrer dans son jardin. Elle se met en route, le chat dans un sac de papier kraft. En attendant l'heure du rendez-vous, elle flâne dans un grand magasin, oublie le sac en papier sur un comptoir et ne l'y trouve plus quand elle revient le rechercher. L'employé compatit et explique que le magasin est victime de vols répétés. La femme quitte le magasin – heureuse malgré tout d'avoir résolu son problème – quand elle se trouve devant un attroupement. Curieuse, elle se glisse aux premiers rangs et aperçoit une grosse femme évanouie, serrant sur sa vaste poitrine un sac d'où dépasse la tête de son chat mort.
> (Brunvand, 1981, p. 104, qui cite un article du journal local de Bloomington, Indiana, du 28 mai 1959.)

Publiée à intervalles réguliers comme une anecdote authentique depuis les années cinquante, cette histoire connaît une variante où il n'y a pas de vol puni, mais une substitution.

Dans la version anglaise, tout au long d'une journée d'emplettes et de déplacements, la malheureuse femme seule tente en vain de se débarrasser du sac en papier marron où, bien emballé, se trouve le cadavre de son chat. Elle l'oublie dans le bus, ne le réclame pas à la consigne du musée, le laisse au vestiaire du restaurant, puis au dépôt du grand magasin. À chaque fois, une personne bien intentionnée se précipite pour lui rendre le sac. En dernier recours, elle appelle une amie vivant dans une maison avec un jardin, qui accepte qu'elle vienne y enterrer l'animal. Une fois arrivée chez l'amie secourable, notre héroïne ouvre le sac pour jeter un dernier regard sur son compagnon. Surprise : elle y trouve un beau gigot...

(D'après Brunvand, 1981, p. 107, qui cite un article publié en 1953 dans *Arkansas Folklore.*)

Une chanson cockney publiée en 1960 immortalise cette histoire loufoque. C'est une portée de sept chatons qui a remplacé la dépouille...

Dans les années quatre-vingt, l'histoire de la voleuse dupée change de séquence introductive.

On ne voit plus une femme seule ayant à se débarrasser du cadavre encombrant d'un animal de compagnie, mais deux jeunes femmes soucieuses d'environnement. Après avoir écrasé par mégarde un chat inconnu qui s'est jeté sous leur voiture dans les allées d'un centre commercial un jour de grande fréquentation, elles ramassent la dépouille et la mettent dans un sac en papier portant la griffe d'un magasin prestigieux. Ayant trouvé une place de parking, elles descendent en laissant le sac sur la banquette arrière et partent faire leurs courses. Après quelques pas, l'une d'entre elles se retourne : une femme à l'air respectable se dirige vers un snack, leur sac à la griffe prestigieuse au bras. Elles la suivent jusqu'au snack et prennent place à quelques tables de là pour l'observer. Sa commande passée, la voleuse respectable glisse la main dans le sac convoité et s'évanouit. Les ambulanciers accourus la transportent sur un brancard vers une ambulance. La voleuse sort alors de son inconscience et hurle : « Le sac ! Le sac ! – Ne vous inquiétez pas, madame, il est bien là », affirme un badaud bien intentionné qui ramasse le sac et le pose sur le brancard. Et les ambulanciers l'emmènent...

(D'après Brunvand, 1984, p. 216-217, qui cite un article du journal local d'Ipswich, Massachusetts, du 29 décembre 1982.)

Parfois, c'est la serveuse qui arrête les ambulanciers pour placer avec sollicitude le sac sur l'estomac de la voleuse évanouie. Ainsi dans la version relatée par Reaver et située en Floride.

Deux variantes amusantes des années quatre-vingt attestent la vitalité de l'histoire du voleur dupé.

À New York, on fait dans le gigantisme. Si, au tourniquet du métro, une femme se fait voler une valise par un jeune costaud qui prétendait vouloir l'aider, c'est une énorme valise... qui contient le cadavre de son grand danois qu'elle conduisait au cimetière des chiens...

À Chicago, on est soucieux de sa réputation. Découvrant en fret à destination de Rome un caniche mort dans le container qu'ils chargent, des bagagistes craignent d'être poursuivis pour dommages et se cotisent pour acheter un caniche de même robe. À l'arrivée en Italie, le chien sorti de sa boîte à claire-voie saute au cou de sa propriétaire... à sa grande frayeur, car elle faisait rapatrier en Italie son caniche pour l'y enterrer.

(D'après Brunvand, 1987, p. 32-34.)

Pour en revenir au vol et à l'adage « tel est pris qui croyait prendre », on trouve, en parallèle à la série du chat mort – qui évoque bien entendu le cadavre plus encombrant de la *grand-mère volée** –, une autre série que l'on peut appeler le spécimen volé. L'héroïne, car il s'agit toujours d'une femme, se fait voler une bouteille de whisky posée sur la banquette arrière de sa voiture, portée dans un sac dans l'autobus, dépassant d'une sacoche de vélo, etc. Celle-ci contient un spécimen d'urine qu'elle porte pour analyse au laboratoire. Moins élaborée, cette anecdote ne met pas en scène le voleur dupé, présenté implicitement comme un alcoolique marginal. Une variante américaine réunit un propriétaire de chien consciencieux et des jeunes garçons dont la déception est comique à imaginer !

L'étonnant est que cette histoire est vraie, elle est arrivée à mon père. Celui-ci promène son chien deux fois par jour et, en propriétaire responsable, il ramasse les excréments qu'il dépose dans un sac papier et porte ensuite jusqu'à la poubelle. Un jour, il a utilisé un petit sac blanc du genre de ceux des boulangers. Il terminait sa promenade en passant dans un quartier de petites boutiques quand trois jeunes garçons le dépassent en courant et lui arrachent son sac. Naturellement, il ne les a pas poursuivis. Et il rit encore en pensant aux garçons en train d'ouvrir ce sac, pensant y trouver un petit pain chaud...

(Brunvand, 1984, p. 129; témoignage oral.)

En 1978, le folkloriste Doyle a proposé une interprétation rapprochant les anecdotes de voleur dupé et de *grand-mère volée* * des récits de *cannibalisme involontaire* *. Il voyait dans le cadavre de l'animal domestique, tabou sur le plan alimentaire, ou dans l'excrément, des substituts du corps humain.

Voleuses et voleurs dupés se méprennent sur le bien qu'ils dérobent. Dans un autre ensemble, le voleur se trompe sur la situation même : il se juge volé, croit récupérer son bien et se retrouve voleur et non justicier comme il le pensait. Bien qu'elles commentent des questions sociales d'importance, puisqu'elles parlent de la condition d'anonymat et d'incertitude marquant la plupart de nos contacts sociaux dans les grandes villes modernes, et qu'elles évoquent les dangers des comportements d'autodéfense, ces anecdotes de vol par méprise demeurent dans un registre plaisant. Elles n'explicitent pas leur morale qui demeure sous-entendue.

Parfois, le justicier affronte directement celui dont il pense être victime et l'assaille à découvert. Ces récits mettent en scène des hommes.

Un jogger new-yorkais du petit matin court à Central Park avant d'aller à son bureau quand il est bousculé et dépassé sur la piste par un autre coureur. Surpris par le choc, il tâte sa poche arrière et découvre que son portefeuille a disparu. « Non, je ne me laisserai pas faire », s'écrie-t-il. Il sprinte, arrive à la hauteur de l'autre et lui dit d'un ton décidé, l'air menaçant pour cacher sa peur : « Donne-moi le portefeuille ! » L'autre, terrorisé, s'exécute rapidement en silence et notre héros rentre chez lui pour s'y changer. Mais il découvre son portefeuille sur la table et comprend alors qu'il porte dans sa poche celui d'un autre.

(Brunvand, 1984, p. 188.)

Quand cette histoire est racontée à Jan Brunvand en 1982 par un radiochroniqueur, il doute immédiatement de son authenticité, pourtant attestée par le journaliste. L'anecdote figurait dix ans plus tôt dans le magazine *Parade* sous la rubrique « Les bonnes blagues ». Elle était située à New York dans le métro. Elle courait les États-Unis et la folkloriste Linda Dégh l'avait entendue à la radio cette année-là. Originaire de Hongrie, Linda Dégh y reconnut aisément l'histoire que vingt ans plus tôt, à Budapest, son oncle lui racontait en affirmant en avoir été le héros.

Débarquant un beau jour du bateau sur le Danube pour aller au bureau dans la foule qui se presse, il sentit une main dans sa poche, qui lui prit sa montre en or. Il saisit le poignet de son voisin et cria : « Donne-moi cette montre ! » L'homme obéit immédiatement. Après quelque temps, oncle Pierre découvrit une deuxième montre en or au fond de sa poche.

Linda Dégh doutait déjà de la sincérité d'oncle Pierre. N'entendit-elle pas un autre homme respectable, un architecte d'âge mûr, lui narrer un peu plus tard une expérience encore plus étonnante ?

Il avait poursuivi son voleur supposé dans les rues sombres et l'avait coincé sous une porte cochère, puis en se déshabillant une fois rentré chez lui, il s'était aperçu qu'il possédait désormais deux montres. Il se précipita à la police pour déposer la montre et il y rencontra celui qui l'avait perdue, lequel, l'ayant reconnu lors de la poursuite, venait porter plainte !

(Dégh et Vàzsonyi, 1974, p. 229.)

Parfois, la récupération se fait discrètement : il n'y a pas de menace directe, mais un contre-vol furtif. Ces histoires concernent des femmes ; elles se déroulent dans un décor typique de la vie moderne, comme le train de banlieue familier et inquiétant où chaque jour nous côtoyons et frôlons des inconnus.

En 1946, un journal d'Indianapolis publie la mésaventure d'une banlieusarde qui, alors qu'elle s'éclipse quelques instants après un repas pris à la cafétéria avec une connaissance de rencontre, se croit volée d'un gros billet de 50 dollars. Elle regagne sa place à table sans rien manifester et rend à celle qui l'a flouée la monnaie de sa pièce en reprenant son billet dans le portefeuille de son amie lorsque cette dernière s'éclipse à son tour. Elle s'aperçoit de sa méprise trop tard pour la réparer.

À la lecture de ce fait divers, Ernest Baughman rapproche ce récit de celui qu'a recueilli en 1912 la folkloriste anglaise Katharine Briggs et lui assigne le numéro N360 (A) dans son index des contes anglo-américains. Le récit de Katharine Briggs évoque une époque lointaine : 5 livres (50 francs) étaient alors une somme d'importance ; par ailleurs, les trains ont trois classes et sont, comme dans toute l'Europe à cette période, sans couloir, on y est enfermé avec ses voisins de compartiment pendant le trajet. La différenciation sociale est alors bien marquée, et le récit met l'accent sur le fossé qui sépare la justicière et celle qu'elle soupçonne de vol.

> Un frère et sa sœur d'âge mûr vivent ensemble en banlieue et un jour la sœur se rend à Londres pour y faire des emplettes. Le frère lui remet un billet neuf de 5 livres et elle prend le train de bonne heure. Seule une vieille femme mal habillée, dodelinante et somnolente, partage son compartiment. Fatiguée par son lever matinal et son départ en hâte, Miss M. s'endort quelque temps, puis se réveille pensant qu'il n'est pas sûr de dormir dans un compartiment où elle est seule avec une inconnue. Elle ouvre son sac pour noter les courses à faire et s'aperçoit que le billet de 5 livres a disparu. Elle regarde sa voisine qui dort profondément, un gros sac fatigué à ses côtés. Se penchant, elle ouvre doucement le gros sac : un billet neuf de 5 livres lui apparaît, surmontant un fouillis. « La gredine ! » se dit Miss M. Puis elle pense : « Vieille et pauvre, elle a été tentée. » Elle se demande que faire. Appeler la police ? Il y aura bien du retard et du tracas. Et puis ce serait cruel pour la vieille femme. Cependant, elle a besoin de récupérer cet argent. Elle rouvre donc tranquillement le sac, prend discrètement le billet et le referme.

À l'arrêt suivant, la vieille femme se réveille et descend. En ville, Miss M. fait une grande journée de courses et revient les bras chargés de paquets. Son frère, venu la chercher à la gare, est très surpris : « Mais comment as-tu fait ? Je m'attendais à te trouver dans tous tes états. Tu as laissé le billet sur la desserte. »

(Briggs et Tongue, 1965, p. 101-102.)

Histoires de voleuses dupées, de voleurs et de voleuses honnêtes agissant par méprise, toutes jouent sur les confusions, qui sous-tendent de nombreux récits anecdotiques. Il serait aisé de leur trouver des parallèles dans la tradition savante et les recueils anciens d'historiettes et de traits de vérité. On note dans ces séries des degrés croissants de méprise. Le récit du voleur dupé est un quiproquo portant sur l'objet du vol tandis que le vol par méprise repose sur une fausse appréciation de la situation. Commentant l'anonymat caractéristique des grandes cités modernes et les possibilités de méprise qu'il entraîne, ces anecdotes mettent en cause l'ordre social établi. On y voit en effet des gens, dont on souligne la respectabilité, s'y conduire en voleurs, n'hésitant pas à agresser autrui en réponse à une agression dont ils se croient victimes. Ces récits soulignent les dangers de l'autodéfense, ils mettent en scène de fausses victimes transformées en justiciers. Un véritable message social peut se lire dans l'anecdote de 1912. Trop sûre d'elle, trop à cheval sur ses droits, la respectable Miss M. cause un véritable dommage à un être sans défense, dommage qu'elle se trouve dans l'impossibilité de réparer.

Au milieu des années soixante-dix, l'anecdote du vol par méprise a repris du service comme leçon sur les attitudes à adopter face aux immigrés. De 1972 à 1974, les journaux britanniques ont publié trois fois cette « histoire vraie » qu'un lecteur a signalée un an plus tard à la revue *Folklore*.

Une voyageuse (un voyageur) s'achète une tasse de thé et un paquet de sablés au comptoir du buffet de la gare (du wagon-restaurant), puis vient s'asseoir à une table qu'il partage avec un Pakistanais (Antillais ou Africain). Entamant un sablé après une gorgée, elle est stupéfaite de l'effronterie de son vis-à-vis qui pioche dans le paquet.

Elle se sert silencieusement, le Pakistanais aussi, et chacun continue jusqu'au dernier sablé, coupé en deux par l'immigré et partagé sans un mot. La voyageuse découvre ensuite un paquet intact et comprend qu'elle a floué le Pakistanais.

(Smith, 1975, p. 139.)

En 1976, l'histoire fait le sujet d'une pièce radiophonique à la BBC. Son auteur, une adolescente, a entendu ce récit d'une amie de sa mère. Le président de la Folklore Society, W.M.S. Russell, fait le lien avec l'histoire signalée un an plus tôt (1981).

Le récit du partage par méprise poursuit une belle carrière et semble avoir atteint le monde entier. Le situant à Milan, où les protagonistes partagent une soupe, l'*Europeo* l'a publié en 1989.

Un jeune homme ayant fait des courses dans les grands magasins proches de la piazza Duomo s'arrête pour prendre une assiette de potage au restaurant du supermarché. Ayant trouvé une place, il s'assied et accroche sous la table le sac contenant ses achats. Il s'aperçoit qu'il a oublié de prendre une cuillère au self et retourne au comptoir, laissant son potage sur la table. À son retour, il trouve un Noir assis à sa table, en train de manger le potage. Le jeune reste de marbre. Il regarde l'homme, qui riposte par un regard parfaitement tranquille.

Le jeune homme décide de relever le défi. Il s'assied, cuillère au poing, face au Noir, et prend une cuillerée de potage. L'homme ne dit rien, le regarde un instant, puis pousse l'assiette au centre de la table avec un geste d'invite. Le duel continue. Une cuillerée pour le jeune très énervé, une cuillerée pour l'autre bien tranquille. En silence jusqu'à ce que l'assiette soit complètement vide. Alors le Noir se lève et s'en va.

Secouant la tête, le jeune s'apprête à partir également et met la main sous la table pour prendre ses achats. Il s'aperçoit que le sac a disparu. « Non, c'en est trop, pas seulement le potage, mais aussi les courses ! » s'exclame-t-il furieux, se levant et se dirigeant vers la sortie. C'est alors qu'il voit le sac, accroché sous une autre table, sur laquelle l'attend son assiette de potage.

(*Europeo*, 3 février 1989 ; cité par Carbone, 1990, p. 143-144.)

Cette fable express commente les erreurs auxquelles nous exposent les lieux sans repères où nous passons tant de temps, cafétérias, buffets de gare, où toutes les tables se ressemblent. Elle parle également des limites à ne pas dépasser, du danger des inférences faciles et renverse la situation : l'« envahisseur » est envahi, l'agresseur agressé, l'étranger se montre un modèle de patience et de tolérance. Le récit du partage par méprise a envahi la fiction télévisée et cinématographique.

Le 27 janvier 1992, *Variety* raconte qu'on a échappé de peu à un scandale des oscars. Le jury s'est en effet demandé si Adam Davidson, son lauréat de 1991 pour le court métrage *The Lunch Date* (rendez-vous au déjeuner), n'était pas un plagiaire. En effet, ce film, où l'on voyait une femme bien vêtue partager sans un mot un plateau-repas dans une cafétéria avec un Noir mal habillé (celui-ci lui apportait silencieusement deux cafés pour conclure), pour s'apercevoir que son propre plateau était demeuré sur une table voisine, ressemblait à un film hollandais jumeau, *Bœuf bourguignon*. L'auteur s'est défendu en faisant remarquer qu'il n'avait jamais entendu parler de *Bœuf bourguignon* ; qu'il s'était inspiré d'une histoire entendue quand il était étudiant en 1985 ; enfin il a indiqué qu'un film japonais relatant la même histoire avait été projeté à Tokyo en complément de son propre court métrage. Certains des membres du jury des oscars se souvenaient également d'avoir entendu cette histoire et le réalisateur a conservé son oscar.

(*Foaftale News*, 25, mars 1992, p. 11.)

Nous n'avons pas trouvé de version française de cette anecdote. Peut-être suppose-t-elle des relations entre voisins plus détendues que celles qui existent dans notre pays ? Un analogue français de cette histoire – l'autochtone sûre d'elle s'y montre mal élevée et sans finesse face à un étranger courtois qui se révèle supérieur – est sans doute cette blague que l'on racontait vers la fin des années cinquante.

Une provinciale imbue de son importance, très choquée d'avoir été placée à côté d'un Africain dans un dîner officiel, ne cesse de parler petit nègre à son voisin pour lui commenter les plats : « Ya bon kougloff », explique-t-elle à l'arrivée du dessert. Cependant, l'Africain n'est autre que l'agrégé de grammaire française Léopold Sedar Senghor, hôte d'honneur du repas, qui prononce un discours éblouissant et se rassied en disant aimablement : « Ya bon discours » à sa sotte voisine ébaubie.

Dans le même esprit, un sketch de Fernand Reynaud des années soixante montre un franchouillard alcoolique parlant petit nègre dans un bar à son voisin, un Africain qui lui répond dans un français impeccable.

V. C.-V.

Bibliographie

Ernest W. Baughman, *Type and Motif-Index of the Folktales of England and North America*, La Haye, Mouton (« Indiana University Folklore Series », 20), 1966

Katharine M. Briggs et Ruth L. Tongue (eds.), *Folktales of England*, Chicago, University of Chicago Press, 1965.

Jan Harold Brunvand, *The Vanishing Hitchhiker*, 1981, p. 103-113, 122, 188-189.

–, *The Choking Doberman*, 1984, p. 5, 127-130, 137-141, 188-193 et 216-219.

–, *The Mexican Pet*, 1987, p. 31-34, 89-90 et 137-141.

Maria Teresa Carbone, *99 leggende urbane*, 1990 ; « Furti » : p. 130-132 ; « Gatti » : 133-135 ; « Immigrati » : 142-144 et « Jogging » : 149-151.

Linda Dégh et Andrew Vàzsonyi, « The memorate and the proto-memorate », *Journal of American Folklore*, 87, 1974, p. 225-239.

Charles Clay Doyle, « Roaming cannibals and vanishing corpses », *Indiana Folklore*, 11, 1978, p. 133-140.

J. Russell Reaver, « From *rhema* to *logos* : contemporary Florida legends », *in* Paul Smith (ed.), *Perspectives on Contemporary Legend. Proceedings of the Conference on Contemporary Legend, Sheffield, July* 1982, Sheffield, CECTAL, 1984, p. 179-196.

W.M.S. Russell, « Folktales and the theatre », *Folklore*, 92, 1981, p. 3-24.

A.W. Smith, « Yet another modern legend ? », *Folklore*, 86, 1975, p. 139.

David White, « There's something nasty in the fridge », *New Society*, 1er novembre 1979, p. 248-249.

Le voyou à la chaîne

L'histoire du *voyou à la chaîne* est plus européenne qu'américaine, et l'Anglais Stewart Sanderson en a parlé dès 1969 comme d'une histoire liée au folklore de l'automobile. Pour le Suédois Bengt Klintberg, qui l'a signalée en 1976 en indiquant qu'elle courait depuis une dizaine d'années dans son pays, c'est certes une légende mettant en scène des styles de vie déviants et leurs terribles conséquences, mais c'est aussi une légende de vengeance. Elle a existé également dans les pays latins : en 1980, elle est apparue dans le supplément culturel du journal italien *La Repubblica* sous le titre « La main qui te suit. Le cauchemar de la violence : histoire vraie d'une inconnue ». Elle était située à Paris.

Paris. Une nuit sur un boulevard proche de la Bastille.

Yvonne J., vingt-quatre ans, rentre seule chez elle dans sa petite voiture. Pendant qu'elle est arrêtée au feu rouge, elle sent un coup sur la carrosserie à l'arrière. Dans le rétroviseur, elle voit le phare d'une moto et se retourne pour protester ; l'envie lui en passe vite. Derrière sa voiture, elle a vu plusieurs phares, tous tournés vers elle, arrêtés puis avançant par à-coups. Les motos l'entourent : surmontant les épaules gainées de cuir, Yvonne devine les têtes des conducteurs sous les casques métalliques tournés vers elle. Aux guidons s'accrochent des mains qui serrent de grosses chaînes métalliques.

Aucun autre véhicule n'est arrêté au feu. Sur les trottoirs, plus personne à cette heure. Une chaîne s'abat contre un flanc de l'auto, mais Yvonne comprend qu'il lui faut rester immobile, le regard fixé droit devant elle, évitant de les regarder. Elle est tombée sur une de ces bandes de motards – qu'auparavant on appelait blousons noirs et qu'on nomme maintenant loubards – qui sillonnent la ville la nuit, cherchant occasions et victimes sur lesquelles assouvir leur passion d'agresser et de détruire.

Sitôt le feu passé au vert, Yvonne fonce en avant, les yeux fixés sur la file des lumières s'échelonnant au long de l'avenue, rangée de points verts qui semble lui faire signe. Mais voici que les feux deviennent rouges les uns après les autres, les plus lointains d'abord, puis les plus proches : Yvonne doit s'arrêter de nouveau et la bande des loubards lui tombe dessus, brandissant leurs chaînes. La tôle de la carrosserie résonne comme un tambour ; un bruit de verre cassé l'avertit qu'un coup de chaîne a détruit un des feux arrière. Des mains secouent les poignées des portes, des gestes et des appels lui ordonnent de descendre. Il ne reste plus à Yvonne qu'à espérer que les verrous et les vitres résisteront. [...]

Les voici arrivés à une des portes de la ville. D'après les panneaux, Yvonne voit qu'il lui suffirait de tourner à droite ou à gauche pour s'engager sur le boulevard périphérique qui rejoint l'autoroute. C'est l'heure où les camions quittent les dépôts de la capitale. « Si je réussissais à m'échapper par surprise, pense Yvonne, et à me glisser dans le flot du trafic qui sort de la ville, à me glisser entre deux camions... » Mais les motos la forcent à rester dans l'allée centrale qui se poursuit vers une sinistre banlieue.

Le feu passe au rouge. Yvonne, freinant, se dirige vers la droite pour se réserver une liberté de manœuvre. Mais les loubards ont compris son projet : une moto lui barre la route, une chaîne s'abat sur le pare-brise ; le verre résiste mais commence à se fêler... Yvonne décide de jouer le tout pour le tout : elle passe au rouge, bousculant les motos qui l'entourent de toute part... Voici qu'elle se dégage et s'engage sur la rampe d'accès, se glissant dans le flot des voitures qui la séparent de ses poursuivants. [...]

La voici près de chez elle... Elle entre dans le parking souterrain, se gare, éteint le moteur... Il lui faut rassembler ses forces, retrouver son calme, descendre de la voiture et constater dans quel état elle a été mise par les vandales.

Les jambes encore tremblantes, elle descend et se retourne vers la voiture. La première chose qu'elle voit, c'est une chaîne étalée sur le sol. Une des chaînes des loubards est restée accrochée au moyeu d'une roue. Quelque chose pend au bout de la chaîne. Yvonne se penche, prête à ramasser l'objet, pousse un cri et se cache les yeux. C'est une main. Le poignet est sectionné à la hauteur du bracelet d'acier auquel est attachée la chaîne.

Aussitôt remise, Yvonne appelle la police [...]. « Ne vous en faites pas, répondent les policiers cherchant à calmer la jeune femme, chaque semaine à Paris, on retrouve une main ou un pied sans savoir à qui ils appartiennent et sans que qui que ce soit vienne les réclamer. »

(Italo Calvino, *La Repubblica*, mardi 26 août 1980 ; cité par Carbone, 1990, p. 69-73.)

L'auteur de cet article de *La Repubblica* est le romancier Italo Calvino, qui a fait preuve à notre avis de beaucoup d'humour dans son récit d'angoisse. Calvino n'est pas folkloriste, mais il connaît bien le folklore traditionnel : il a édité un recueil de contes italiens [1]. Il présentait pour conclure deux hypothèses sur cette « histoire vraie » arrivée à « des amis d'amis » *(aduas :* voir *le cou de dinde *).* Il pouvait s'agir d' « une légende des métropoles modernes se transmettant de bouche à oreille » ou d' « une histoire se répétant dans la réalité, puisque dans les grandes villes tous ces éléments sont présents et peuvent se combiner dans cette séquence comme une réaction chimique en éprouvette ».

Les versions anglaises signalées par Stewart Sanderson prêtent l'aventure à un conducteur attaqué par une bande de piétons qui tentent de retourner sa voiture à un feu rouge mais ne brandissent pas de chaînes. Le conducteur démarre en trombe et trouve des doigts sectionnés dans le radiateur le lendemain. Versions moins violentes, où l'opposition attaqué-attaquants est moins nette.

En Scandinavie, on parle d'attaques menées par des voyous circulant en automobile. Bengt Klintberg indique que les premières versions de cette légende, souvent relatée comme information authentique par les journaux, remontent aux années soixante et ont coïncidé avec l'apparition de bandes réelles de « che-

1. *Fiabe*, Paris, Delpire, 1959.

veux longs » circulant dans des voitures qu'ils avaient « gonflées » et dont les exploits agressifs – des invasions de petites villes par des bandes pour le week-end surtout – étaient alors largement connus grâce à la presse. Les motifs de la conductrice isolée et de l'attaque avec des chaînes sont bien présents.

Il ne s'agit là que de variations mineures, d'adaptations de vraisemblance aux conditions locales.

Histoire d'automobile, présentation des méfaits des déviants mais aussi de leur châtiment, l'histoire du voyou à la chaîne est construite autour d'un motif de mutilation qui la rapproche de l'histoire du *doberman qui étouffe* * comme de celle du *fou au crochet* *. Cette dernière, à l'intrigue très proche, est cependant différente par le public où elle circule et qu'elle concerne : c'est une histoire de jeunes. Le voyou à la chaîne, tout comme le *doberman qui étouffe* *, est une histoire d'insécurité, elle concerne des adultes, parmi lesquels elle circule. Les honnêtes gens attaqués sont vengés par leurs auxiliaires – un doberman ou une voiture – sans qu'ils se montrent personnellement agressifs. Leurs assaillants subissent une mutilation grave, qui est une forme atténuée de mort. Autrefois – et aujourd'hui en d'autres lieux –, le supplice de la main coupée était le sort réservé par la justice aux voleurs.

Dans nos sociétés, où la vengeance privée et sanglante n'est plus admise, ces récits nous permettent de dire la vengeance sans éprouver de culpabilité : leur message implicite est-il qu'il serait souhaitable d'exterminer les déviants ?

Le motif de la mutilation accomplissant la vengeance est présent dans un récit du XVIe siècle français qui présente avec l'histoire de la conductrice parisienne face aux loubards de fortes analogies :

> *D'un volleur qui eust la main couppée.*
> Un jour un homme de par le monde, gaillard, dispos et bien accort, autant hardy que Richard sans Peur pour le

moins, passant par un estroit sentier de la forest, vint sortir sur lui un volleur guestant les bois, lequel (mettant la main à la bride de son cheval) lui dit : « Demeure, rends la bourse ou tu es mort. » Le passant, qui n'estoit facile à effriter, mit à l'instant la main à l'espée, et vous lui donna si beau coup sur la main de laquelle arrestoit son cheval qu'il la luy trancha tout netement; cela fait, picque et passe outre, chevauchant si roydement qu'en peu de tems arriva en sa maison. Son serviteur prit son cheval et le mit à l'estable. Mais venant à le desbrider, il advisa une main qui pendoit à la bride, de quoy il eust une merveilleuse tremeur, et ainsi effrayé qu'il estoit, courut hastivement à la maison où il trouva son maistre, auquel (en tremblant) raconta comment il avoit trouvé une main couppée tenant encore la bride de son cheval. Son maistre de prime face fut aucunement esbahy entendant ce propos; mais après avoir un peu pensé, il luy vint à souvenir qu'il avoit donné un coup d'espée à un guetteur de chemins qui lui avoit arresté son cheval, parquoy alla quérir ladicte main qu'il deferma de la bride avec grand difficulté et l'attacha à la porte de son logis comme trophée.

(Philippe d'Alcrippe, *La Nouvelle Fabrique des excellents traicts de vérité. Livre pour inciter les resveurs tristes et mélancoliques à vivre de plaisir* 1579. Cité d'après l'édition critique de 1983.)

On voit que la vengeance est ici directe, et que son auteur en est fier, faisant un trophée de la main coupée. Tout en témoignant de la fascination ancienne exercée par le motif de la mutilation, cette version confirme l'analyse de Klintberg, lequel explique le nombre élevé de légendes contemporaines de vengeance par notre refus des sentiments de représailles, jugés primitifs, qui nous habitent. Nous apprécions donc ces récits où la vengeance s'accomplit sans notre intervention directe, grâce au chien ou à un auxiliaire automobile.

Organe le plus mobile de l'anatomie humaine, la main symbolise notre capacité d'action sur le monde. La main coupée qui, même séparée du corps, semble avoir une vie propre, est donc un objet angoissant. Elle permet des plaisanteries macabres. Ainsi, Pierre Castex raconte que Guy de Maupassant voulait suspendre une main momifiée au cordon de sonnette de sa porte d'entrée. Les plus grands auteurs du genre fantastique – Sheridan Le Fanu, Maupassant, Gérard de Nerval, Jean Ray, Maurice Renard – ont exploité le sentiment d'épouvante suscité par l'image d'une main coupée.

V. C.-V.

Bibliographie

Jan Harold Brunvand, *The Choking Doberman*, 1984, p. 34-37.

Maria Teresa Carbone, *99 leggende urbane*, 1990, p. 69-74.

Pierre-Georges Castex, *Le Conte fantastique en France*, Paris, José Corti, 1951.

Bengt af Klintberg, « Why are so many modern legends about revenge ? », *in* Paul Smith (ed), *Perspectives on Contempory Legend. Proceedings of the Conference on Contemporary Legend, Sheffield, July 1982,* Sheffield, CECTAL, 1984, p. 141-146.

–, « Legends today », *in* Reimund Kvideland et Henning K. Sehmsdorf (ed.), *Nordic Folklore*, Bloomington, Indiana University Press, 1990, p. 70-89.

Stewart Sanderson, « The folklore of the motor-car », *Folklore*, 60, 1969, p. 241-252.

Conclusion

À l'issue de ce cheminement dans la forêt des légendes, depuis l'*alligator* * des égouts jusqu'au pitoyable *voleur dupé* *, il est tentant de regrouper ces thèmes par familles et de les classer selon leur message second. On trouverait ainsi des légendes d'avertissement avec l'*animal avalé* *, la série du *cannibalisme involontaire* *, l'*effet Gremlins* *, les *lentilles de contact de l'ouvrier soudeur* *, les *décalcomanies au LSD* *, le *chat dans le four à micro-ondes* *, l'*os de rat* *, le *rein volé* *, le *serpent de grand magasin* *, la *jeune femme cuite aux UVA* *. Puis des légendes de mobilisation et de protestation sociale avec les *avions casseurs de nuages* *, les *félins-mystères* *, les *lâchers de vipères* * et de nouveau les *décalcomanies au LSD* *. Ou encore des histoires à faire peur avec l'*auto-stoppeur fantôme* *, la *baby-sitter hippie et l'enfant rôti* *, le *fou au crochet* *, les *maniaques urbains* *, le *voyou à la chaîne* *. Enfin des histoires à faire rire avec le *cou de dinde* *, l'*éléphant* * *assis sur une 2 CV*, la *grand-mère volée* *, le *plombier malchanceux* *, la *vengeance à la superglu* *. Cependant, cet exercice reste artificiel et tourne rapidement court car les histoires comportent souvent plusieurs messages cachés. Par ailleurs, plusieurs dimensions les caractérisent : elles comportent un message implicite, mais également certain type d'action ou de personnages.

Malgré quelques éléments comiques, c'est l'angoisse qui domine dans ces histoires. Elles expriment l'inquiétude, la crainte et le rejet du monde qui nous entoure. Néanmoins cette noirceur n'est qu'apparente et les légendes contemporaines ont des effets positifs et dynamisants sur leurs narrateurs.

Nous l'avons vu, le récit de la légende contemporaine présente, au travers de l'intrigue narrative, une représentation symbolique des croyances et expériences du groupe où il circule. Validant les normes partagées dont il clame l'excellence, c'est également un commentaire élaboré collectivement autour de questions sociales complexes non résolues et jugées préoccupantes.

Pourquoi raconte-t-on ces histoires ? Parce qu'elles sont exemplaires et symboliques, parce qu'elles donnent corps à la pensée emblématique dont les appellations varient selon les auteurs : elle s'appelle « pensée sauvage » pour Claude Lévi-Strauss, « pensée naturelle ou sociale » pour Michel-Louis Rouquette, « pensée mythique » pour Nicole Belmont, « pensée métaphorique ou analogique » pour Peter Lienhardt. Cette pensée emblématique n'est pas, comme on l'a longtemps affirmé, l'apanage des paysans, des primitifs, des milieux isolés. De fait, chacun de nous fonctionne alternativement sur les deux modes de la pensée emblématique et de la pensée rationnelle et réflexive.

Tout est symbole dans ces histoires. Les lieux où elles se déroulent sont des sas et passages entre univers différents (un salon de beauté, une cabine d'essayage, l'orée d'un bois, les égouts), mais aussi des supermarchés, ces temples de la consommation, notre valeur suprême, où s'accumulent les biens. Les personnages qu'elles mettent en scène opposent des marginaux – fous, criminels, voleurs, trafiquants, étrangers – aux gens « normaux ». Les animaux typés qu'elles montrent, des chiens, des chats, nous sont très familiers ou au contraire tout à fait rejetés, comme les araignées, les insectes, les serpents, les reptiles, les rats. Les objets qu'elles utilisent sont des objets de la modernité comme l'automobile ou le four à micro-ondes, ou des objets éternels comme les aliments et le corps.

Ces narrations déploient un art de la persuasion, une rhétorique qui joue sur le contraste (le quotidien y est piégé, les causes et effets disproportionnés), l'hyperbole (l'exagération et son degré suprême, le comble, y fleurissent), la métaphore (l'animal intrus y représente l'immigré, la grande ville est une jungle), la métonymie (le four à micro-ondes signifie la modernité), les effets de vérité (les témoignages irréfutables et les expertises garantissant l'authenticité y foisonnent).

Les contours de ces histoires sont flous, comme ceux des mythes, et leur logique, liée à celle de l'inconscient et à ses équivalences, est proche du rêve. Leur thématique combine nos peurs et nos désirs. Nos désirs y sont fréquemment satisfaits par le détour de la justice immanente qui règle leur compte aux méchants en les mutilant. Les peurs y règnent en maître, multiples et contradictoires : peur de la technologie et de la sauvagerie, de la violence urbaine, de la drogue, des pouvoirs occultes et des complots, angoisses pour la santé et les enfants. La légende contemporaine nomme ces peurs diffuses qu'elle rassemble dans un récit. Nommer et désigner sont salutaires ; cela permet de définir le danger puis de l'exorciser par des actes symboliques. C'est l'histoire du Rumpelstiltskin des *Contes* de Grimm : le petit être maléfique perd tout son pouvoir sur la reine – et il ne pourra pas lui enlever son enfant – le jour où celle-ci découvre son nom secret (Ellis).

La morale de ces légendes est contradictoire : elle mêle fascination et répulsion pour la transgression des normes. C'est une morale conservatrice, elle refuse toute évolution.

Ces histoires sont exploitées par les minorités actives dans leur discours mobilisateur. Ces minorités de convaincus font en effet une large place aux légendes d'avertissement et relayent activement celles qui se diffusent par le support écrit du tract. Elles sont utilisées également par les professionnels qui tentent d'influencer l'opinion publique. Ainsi, dans leurs campagnes de persuasion, le propagandiste politique, mais aussi le publicitaire qui tente de susciter certains comportements d'achat, font grand usage des légendes contemporaines. Ils les traitent cependant surtout par allusion. Enfin, les créateurs de la culture de masse leur font une large place dans les intrigues des feuilletons et séries de télévision, des romans policiers et des récits d'aventures, des scénarios de bandes dessinées. Les récits d'écrivains fantastiques comme Richard Matheson ou Stephen King semblent des pastiches de légendes contemporaines, ils en partagent la structure et la thématique.

Les légendes contemporaines circulent par la communication orale mais aussi – il faut peut-être dire surtout – par l'écrit. En premier lieu, on trouve les médias d'information, qui les dénoncent ou qui les relatent comme des faits divers authentiques ou encore gauchissent des incidents relatés selon le modèle légendaire. Enfin, elles s'expriment par des comportements : tout au long de cet ouvrage, nous avons donné de nombreux exemples du phénomène d'ostension.

Le maillage toujours plus serré de notre village planétaire par les médias d'information laisse prévoir de beaux jours à la création collective de légendes contemporaines. L'hétérogénéité culturelle de nos sociétés constitue également un facteur favorisant leur éclosion. Cernés par une complexité toujours croissante et bombardés d'images incompréhensibles toujours plus nombreuses, nous communiquons en créant, racontant, écrivant, lisant et agissant les légendes contemporaines. « Vérité qui est le produit de notre imagination » (Röhrich), la légende dévoile le vrai visage du monde qui nous entoure, exorcise nos angoisses, désigne des coupables, introduit du sens dans notre monde difficile et enfin joue un rôle positif en nous donnant l'illusion d'un contrôle. Par l'élaboration des légendes, la société met en lumière ses peurs et ses désirs dans des récits fantasmatiques.

Les auteurs animent un réseau d'échanges sur les légendes contemporaines. Les lecteurs souhaitant y participer peuvent écrire aux adresses suivantes : Véronique Campion-Vincent, 27 rue de Liège, 75008 Paris; Jean-Bruno Renard, université Paul-Valéry, BP 5043, 34032 Montpellier Cedex 01.

Bibliographie

Nicole Belmont, « Folklore », *Encyclopaedia Universalis*, 1984, t. VII, p. 95-101.

Bill Ellis, « Fables of fright », *American Way*, 25, 15 janvier 1992, p. 38-41.

Claude Lévi-Strauss, *La Pensée sauvage*, Paris, Plon, 1962.

Peter Lienhardt, « The interpretation of rumour », *in* J.H.M. Beattie et R.G. Lienhardt (eds), *Studies in Social Anthropology. Essays in Memory of E.E. Evans-Pritchard by his Former Oxford Colleagues*, Oxford, The Clarendon Press, 1975.

Lutz Röhrich, « Le monde surnaturel dans les légendes alpines », *Le Monde alpin et rhodanien*, 1982, p. 25-42.

Michel-Louis Rouquette, « La pensée sociale », *in* Serge Moscovici (dir.), *Introduction à la psychologie sociale*, Paris, Larousse, 1973, t. II, p. 298-328.

Index

Les expressions en italiques suivies d'un astérisque correspondent à des chapitres étudiés dans cet ouvrage.

Table des matières

Petite Bibliothèque Payot

Guy Achard, La communication à Rome / **211**
Alfred Adler, Connaissance de l'homme / **26**
Alfred Adler, Le sens de la vie / **47**
Alfred Adler, Le tempérament nerveux / **84**
Alfred Adler, L'enfant difficile / **122**
Alfred Adler, L'éducation des enfants / **390**
Ernest Aeppli, Les rêves et leur interprétation / **64**
Giorgio Agamben, Enfance et histoire / **387**
Alexandrian, Histoire de la philosophie occulte / **205**
Alexandrian, Histoire de la littérature érotique / **230**
René Alleau, De la nature des symboles / **319**
Anne Ancelin-Schutzenberger, Le psychodrame / **394**
Jacques André, Être médecin à Rome / **256**
Gérard Apfeldorfer, Je mange, donc je suis / **140**
Hannah Arendt, Politique et pensée / **289**
Jean-Paul Aron, Le mangeur du XIXe siècle / **8**
Paul-Laurent Assoun, Freud et la femme / **219**
Piera Aulagnier, Un interprète en quête de sens / **43**
Pierre Avril, Essais sur les partis politiques / **41**
David Bakan, Freud et la tradition mystique juive / **395**
Michael Balint, Le défaut fondamental / **44**
Michael Balint, Les voies de la régression / **383**
Ilse Barande, Ferenczi / **270**
Jean-Pierre Barou, L'œil pense / **283**
Blandine Barret-Kriegel, L'État et les esclaves / **4**
Charles Baudouin, L'œuvre de Jung / **133**
Jean Bayet, La religion romaine / **360**
Walter Benjamin, Charles Baudelaire / **39**
Pierre Benoit, Le langage de la maladie / **318**
Edmund Bergler, La névrose de base / **382**
Edmund Bergler, Les parents ne sont pas responsables des névroses de leurs enfants / **399**
Eric Berne, Analyse transactionnelle et psychothérapie / **37**
Roger Beteille, La chemise fendue / **288**
Alfred Binet, Le fétichisme dans l'amour / **393**

Bronislaw Malinowski,
La sexualité et sa répression dans les sociétés primitives **/ 28**
Bronislaw Malinowski, La vie sexuelle des sauvages **/ 378**
Bronislaw Malinowski,
Trois essais sur la vie sociale des primitifs **/ 413**
Thomas Mann, Goethe et Tolstoï **/ 366**
Jean Markale, La femme celte **/ 108**
Karl Marx, Misère de la philosophie,
Textes choisis et présentés par Jean Kessler **/ 294**
Henri Massé, Anthologie persane **/ 330**
Les Matérialistes au XVIIIe siècle,
Textes choisis et présentés par Jean-Claude Bourdin **/ 280**
Predrag Matvejevitch, Bréviaire méditerranéen **/ 251**
Annelise Maugue,
L'identité masculine en crise au tournant du siècle **/ 409**
Marcel Mauss, Manuel d'ethnographie **/ 13**
Gérard Mendel, Pour décoloniser l'enfant **/ 5**
Jack Messy, La personne âgée n'existe pas **/ 180**
Jacques Meunier, Le monocle de Joseph Conrad **/ 150**
A. de Mijolla / S. A. Shentoub,
Pour une psychanalyse de l'alcoolisme **/ 40**
Pierre Milza, Voyage en Ritalie **/ 224**
Eugène Minkowski, La schizophrénie **/ 328**
Eugène Minkowski, Vers une cosmologie **/ 370**
Marie Moscovici, Il est arrivé quelque chose **/ 46**
Georges Mounin, La sémantique **/ 317**
J. D. Nasio,
Enseignement de 7 concepts cruciaux de la psychanalyse **/ 111**
J. D. Nasio, Cinq leçons sur la théorie de Jacques Lacan **/ 203**
J. D. Nasio, L'hystérie **/ 263**
J. D. Nasio, Le plaisir de lire Freud **/ 356**
J. D. Nasio, Le silence en psychanalyse **/ 400**
André Neher, L'identité juive **/ 198**
André Neher, Prophètes et prophéties **/ 272**
Jean-Pierre Néraudau, Être enfant à Rome **/ 295**
Rudolf Otto, Le sacré **/ 218**
Rudolf Otto, Mystique d'Orient et mystique d'Occident **/ 278**
Marc-Alain Ouaknin,
Concerto pour quatre consonnes sans voyelles **/ 186**